Ingrid Thurnher
AUF DEN SPUREN DES UDO PROKSCH

Ingrid Thurnher

AUF DEN SPUREN DES UDO PROKSCH

Der Zuckerbäcker,
der eine ganze Republik verführte

ecoWIN

Ingrid Thurnher
Auf den Spuren des Udo Proksch
Der Zuckerbäcker, der eine ganze Republik verführte

FSC
Mix

Produktgruppe aus vorbildlich bewirtschafteten Wäldern
und anderen kontrollierten Herkünften

Zert.-Nr. SGS-COC-004295
www.fsc.org
© 1996 Forest Stewardship Council

Das für dieses Buch verwendete FSC-zertifizierte Papier
EOS lieferte Salzer, St. Pölten

Umschlagidee und -gestaltung: **kratkys.net**

1. Auflage
© 2011 Ecowin Verlag, Salzburg
Lektorat: Dr. Arnold Klaffenböck
Coverfoto: Kristian Bissuti
Gesamtherstellung: www.theiss.at
Gesetzt aus der Sabon
Printed in Austria
ISBN 978-3-7110-0002-6

1 2 3 4 5 6 7 8 / 13 12 11

www.ecowin.at

www.westlicht.at

Inhaltsverzeichnis

Eine Art Vorwort	9
Danke	10
Das Proksch-Archiv	13
Rüdiger Proksch	13
Peter Coeln	14
Das Archiv	15
Der Zufall	16
Die Gerichtsakten	21
Udo Proksch – eine Annäherung	25
Wer ist Udo Proksch?	25
Vater	30
Mutter	37
Udo	38
Lehr- und Wanderjahre	42
Der Überflieger	53
Der Brillen-Pionier	53
Wilhelm Anger	54
Serge Kirchhofer	58
Der Goldfinger	60
Die USA-Geschäfte / Udo goes international / Roland Pleterski	65
Brillen für die Stars	69

Udo und die Frauen 77

Alles Plastik 95
Eine große Vision 95
Udo, der Spion? 95
Das „Gutruf" 101
Liebling der Gesellschaft/Partylöwe 101
Der Verein „Freunde der Senkrecht-Bestattung" 112
Die Plastik-Armee 121
Minister X 136
Hirtenberger Munition 138
XP 19 geht weiter – oder doch nicht? 144
Das Plastikhaus 146
Der Bubbleman 148

Der Zuckerbäcker 155
Demel 155
Neue Zeiten 176
Schaufenster-Skandale 184
Kein Zutritt für Japaner – Off limits for Japanese! 195
Der Doppeladler 196
Die erste Adresse – oder Treffpunkt für Prominenz 196
Udo, der Gönner 198

Club 45 205
Macht, Mythen und Märchen 205
Der Club, die Politik und die Geschäfte 227
Geschichten vom Dr. Kreisky 236
Der AKH-Skandal 241
Imelda Marcos 251
Der Auto-Plan 260

Udo überall 265
Tänzer auf vielen Hochzeiten 265
Black Mountains 266
Civil und Militär 268
Fayez Chlache 277

Der „Fall Lucona" 281
Der Untergang 282
Die Vertuschung 284
Das Scheingeschäft 290
Udo und Jörg Haider 295

Kulissen, Kostüme, Kerker 307
Simplicius Simplicissimus 307
Udos „Schwarzes Schloss" 309

Eine Art Nachwort: Udo – ein Simplicissimus? 317

Lebenslauf 319

Namenregister 323

Eine Art Vorwort

Am 27. Juni 2001 stirbt Rudolf Proksch, genannt Udo, im Alter von 67 Jahren in der Strafanstalt Graz-Karlau. Sich einer Figur wie ihm zu nähern, das ist auch Jahre nach seinem Tod noch eine delikate Angelegenheit. Es scheint in der Wahrnehmung seiner Person geradezu verfeindete Gruppen zu geben. Die einen, die den Lebens-Künstler verehren und ihn zum Genie hochstilisieren, die anderen, für die er vor allem ein Mörder und ein Scharlatan war.

In diesem Buch soll keine Wertung vorgenommen werden. Seiner Sammelleidenschaft, der Organisation seines Bruders Rüdiger, dem Fotografen und Betreiber der Galerie „WestLicht" Peter Coeln und einem Zufall ist es zu verdanken, dass tausende Belege seines jedenfalls bewegten und höchst ungewöhnlichen Lebens heute in einem Archiv zusammengefasst sind.

Dieses Buch erhebt auch keinerlei Anspruch auf Vollständigkeit. Und es zieht nicht in Zweifel, was die Gerichte über Udo Proksch befunden haben: dass er nämlich für den Tod von sechs Menschen auf dem versenkten Schiff „Lucona" verantwortlich war und dafür als sechsfacher Mörder zu einer lebenslangen Haftstrafe verurteilt wurde.

Die Abbildungen sind großteils noch nie veröffentlichte Fotos, Zeichnungen, Entwürfe und Dokumente aus dem Proksch-Archiv der Galerie „WestLicht". Viele Zitate von Udo Proksch sind verschiedenen erhaltenen Filmaufnahmen und Interviews entnommen.

Udo Proksch wird im Text dieses Buches der Einfachheit halber nur als Udo bezeichnet – das soll nicht als Anbiederung verstanden werden, sondern die Annäherung an diesen außergewöhnlichen Menschen erleichtern.

Bei allen Euro-Umrechnungen von Schilling-Beträgen wurde eine durchschnittliche Inflationsrate mit einberechnet, um die aktuelle Kaufkraft der angeführten Summen darzustellen.

In den (kursiven) Zitaten wurde die Rechtschreibung aus den Original-Vorlagen übernommen, lediglich sinnstörende Rechtschreib- und Grammatikfehler wurden stillschweigend korrigiert.

Danke

an Peter Coeln und Rüdiger Proksch für ihre Unterstützung,
an Arnold Klaffenböck, meinen unnachgiebigen, aber immer höflichen Lektor,
an Hannes Steiner, den personifizierten Ecowin Verlag,
an Monika Thurnher, meine Schwester, für moralische Unterstützung, Motivation und Recherche,
an meinen Mann für seine Nachsicht und sein großes Verständnis.

Das Proksch-Archiv

Rüdiger Proksch

Am Ende des etwa vier Meter langen Tapeziertisches sitzt der gedrungen wirkende Mann mit dem wirren, schütteren Haupthaar, über einen Aktenordner gebeugt. Immer wieder steht er auf, nimmt einen weiteren Ordner aus einem der Regale, die ihn umgeben. Mit selbstverständlichen, zielsicheren Handgriffen findet er dieses Dokument, jenes Foto, eine bestimmte Zeichnung, eine ganz besondere Aufstellung oder genau den Brief, der den gefragten Sachverhalt darstellt.

Erst auf den zweiten Blick offenbart sich die Ähnlichkeit: Rüdiger Proksch hat die Züge und die Körpergröße seines Bruders Udo, nicht aber dessen Selbstbewusstsein und Ausstrahlung. Rüdiger war immer die zweite Geige im Proksch-Orchester, dessen Instrumente Udo alle zu spielen vermochte.

Aber Rüdiger Proksch wird schon früh fixer Bestandteil in Udos Leben. ... *Rüdiger, der Dich liebt, wie dies eben nur ein Bruder kann und der für Dich jede Demütigung, und Du gingst mit solchen Demütigungen nicht sparsam um, ertrug ...*, schreibt der Vater später an Udo über das brüderliche Verhältnis. 1965 holte Udo seinen um ein Jahr jüngeren Bruder aus Salzburg, wo er als Maschinensetzer bei einer Druckerei in der Bergstraße arbeitete, nach Wien in sein „Studio für Werbegestaltung", nachdem sein Werbeleiter bei einem Unfall tödlich verunglückt war. Seit diesem Zeitpunkt war Rüdiger Proksch auch Udos Archivar. Er hatte den Auftrag, alle seine Unterlagen laufend zu sammeln, zu fotokopieren und zu ordnen. Dabei liefen Berufliches und Privates untrennbar ineinander, und so wurde die Sammlung zugleich Firmen-, Familien- und Udos höchst persönliches Archiv. Das reicht zurück bis in Udos Studienzeit an der Wiener Akademie für angewandte Kunst, wo er zwischen 1954 und 1958 einige Semester Design belegt hatte. Bis heute besitzt Udos zweiter Bruder, der Architekt Roderich Proksch, von damals noch etliche Stoffmuster-Entwürfe und Aktzeichnungen. Roderich und Udo hatten sich zu ihrer Studienzeit in Wien eine Wohnung in der Wiener Köllnerhofgasse im ersten Gemeindebezirk geteilt.

Der Umgang mit archivierten Unterlagen, sagt Rüdiger Proksch heute, sei für seinen Bruder typisch gewesen: *Wenn's einmal in der Kiste war, ist es dringeblieben.* Waren die Dokumente also fein säuberlich im Ordner abgeheftet, war die Angelegenheit für Udo im Grunde erledigt und interessierte ihn fortan nicht mehr. Eingesehen wurden die Akten später nur dann, wenn etwas gebraucht wurde, zum Beispiel, als im Zivilprozess um den „Lucona"-Untergang Unterlagen beigebracht werden mussten, um Schadensersatz-Forderungen an die Versicherung zu stellen – Forderungen, die bekanntlich niemals erfüllt wurden – oder um alte Ideen wieder hervorzukramen.

Der Raum in der Wiener Galerie „WestLicht" war zwei Jahre lang der Arbeitsplatz von Rüdiger Proksch. Tausende Dokumente, Fotos, Entwürfe, Zeichnungen, Briefe, Akten, Korrespondenzen, Bilder, Rechnungen, Brillenmuster, das alles galt es zu sortieren, katalogisieren, ordnen. Alles Material, das Peter Coeln, dem Besitzer der Galerie, auf bizarren Wegen in die Hände fiel.

Peter Coeln

„WestLicht" in der Wiener Westbahnstraße stellt so etwas wie ein Dorado für Freunde der Fotokunst und Kameratechnik dar. Der Leica Shop im Erdgeschoss, das Museum, das immer wieder spektakuläre Schauen zeigt, das ist das Reich des Peter Coeln. Der renommierte Fotograf gründete unter anderem die „Rare Camera

Company" in London, das weltweit größte Auktionshaus für Kameras „WestLicht Auktionen" und 2001 das Museum „West-Licht – Schauplatz für Fotografie". Für den 56-jährigen Coeln ist seit seinem 16. Lebensjahr alles rund um die Fotografie Profession und Obsession. 1970 traf ihn die Leidenschaft wie der Blitz. Ausgelöst durch ein von ihm geschossenes Foto von Jochen Rindt auf dem Salzburgring, sechs Tage vor dessen Tod in Monza. Wenig später gewann der gebürtige Linzer mit dem Porträtbild einen Wettbewerb und die Perspektive auf seinen weiteren Lebensweg.

Das Archiv

Westbahnstraße 40, erster Stock, das letzte Zimmer hinten links. Eine ganze Wand mit Ordnern. Dutzende Kisten. Vier Schränke mit je zehn Laden für Fotos, alle voll. Zusammengerollte Pläne. An der Wand lehnt ein Porträt von Udo Proksch – gemalt von Otto Muehl. Ein wertvolles Bild, es sollte irgendwann einmal aufgehängt werden, aber wo? Hier im Hinterzimmer ist kein Platz, und es ist wohl auch nicht der richtige Ort. An dem kleinen Stück Wand, das nicht von Regalen verstellt ist, da hängt schon ein Bild. Klein und oval, eine Fotografie von Erika Pluhar mit einer großen, schwarzen, runden Brille. Dann steht da ein etwa 30 Zentimeter langes und 15 Zentimeter hohes Modell eines Extruders – einer Maschine zum Herstellen von Kunststoffteilen. Und ganz oben auf einem der Regale versteckt sich ein Werk des Objektkünstlers Padhi Frieberger mit Brillen aus der Hand des Designers Serge Kirchhofer alias Udo Proksch.

Der Zufall

Irgendwann im Jahr 2005 bekam Peter Coeln Besuch von einem Händler. Der Mann sei bekannt auf Flohmärkten, kaufe und verkaufe alles Mögliche. Er hätte da ein paar Fotos, unter anderem ein Nacktfoto der 14-jährigen Erika Pluhar. Peter Coeln kennt sich aus mit Fotos. Sofort vermutete er den Fotografen Roland Pleterski als Urheber. Pleterski war mit Erika Pluhars älterer Schwester Brigitte verheiratet und experimentierte schon früh mit Akt-Fotografie – das Foto von Erika Pluhar entstand lange, bevor Udo in ihr Leben treten sollte.

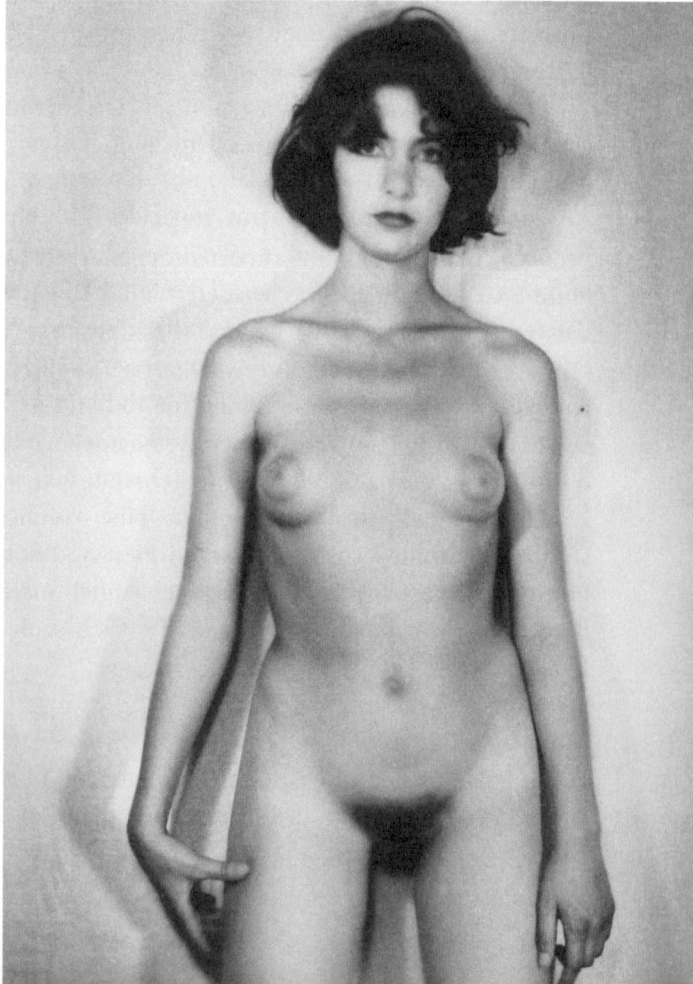

In den USA war Pleterski später ein gefragter Modefotograf und arbeitete mit den Top-Models seiner Zeit. Dort fertigte er für Udo Proksch mehrere Fotoserien seiner Brillen an. Nach seiner Rückkehr nach Wien 1966 fand er sich stets in Udos Tross. Er begleitete ihn auf privaten und beruflichen Reisen, und auch davon sind zahlreiche Bilder erhalten. (Einige davon sind in der ersten umfassenden Werkschau zu sehen, die Peter Coeln 2007 in Buchform über die Arbeiten von Pleterski veröffentlicht hat.)

2000 Euro wollte der Mann für die Bilder. Peter Coeln zahlte und freute sich über seine Neuerwerbung. Kurze Zeit später kam der Mann wieder, er hätte da noch mehr Fotos, wieder 2000 Euro. Und dann: Zeichnungen. 2000 Euro. Brillenentwürfe. 2000 Euro. Ja, und er habe noch viel mehr von dem Zeug. In einem Keller in der Nähe von St. Pölten.

Peter Coeln konnte kaum glauben, was dieser Keller im Schein einer Taschenlampe offenbarte. Unzählige Dokumente von und über Udo Proksch. Er setzte sich mit Erika Pluhar in Verbindung, einer langjährigen Freundin und der ersten Ehefrau von Udo Proksch. Gemeinsam kontaktierten die beiden Rüdiger Proksch, der die Gegenstände sofort wiedererkennt. Es ist vieles von dem, was sein Bruder im Lauf seines Lebens zusammengetragen, geschrieben, gezeichnet und entworfen hat. Zuletzt gesehen hatte Rüdiger Proksch all diese Dinge im Keller des Hauses in der Schäffergasse im fünften Wiener Gemeindebezirk, in dem auch das Büro der Firma „Pinosa" untergebracht war.

Die „Pinosa" war ursprünglich eine ländliche Genossenschaft, die im niederösterreichischen Piesting Baumharz gewann und daraus verschiedene Produkte erzeugte. Später war es eine der vielen Firmen, mit denen Udo Proksch seine Projekte und Ideen vertrieb. Und dann nutzte Rüdiger Prokschs Sohn den Standort als Magazin und Lager.

Er muss es wohl gewesen sein, der in den Jahren 2004 und 2005 Teile aus den alten Beständen heimlich an den Zwischenhändler verkaufte, über den das Material dann in die Hände von

Udos „Hinterlassenschaft", Schäffergasse

Peter Coeln gelangte. Coeln nahm sich schließlich auch jener Objekte an, die in der Schäffergasse bereits zu verschimmeln begannen – ein Schatz, der *„Lucona"-mäßig gehoben werden musste*, sagt er heute. Zunächst war er aber mit Widerstand der beiden Söhne von Udo Proksch konfrontiert – sie hielten Rüdiger Proksch vor, Bestände veräußert zu haben, obwohl er dazu nicht berechtigt gewesen sei. Dabei hatte ihm Udo Proksch nach seiner Flucht auf die Philippinen und in die USA eine notariell beglaubigte Vollmacht zukommen lassen, datiert mit 13. April 1989, die ihn ermächtigt, ... *bewegliche und unbewegliche Sachen und Rechte zu veräußern, zu verpfänden oder entgeltlich oder unentgeltlich zu übernehmen, Anleihen- oder Darlehensverträge zu schließen, bei Erbschaften bedingte oder unbedingte Erbserklärungen zu überreichen ...*

Die Vollmacht wurde von einem Notar in Nevada ausgestellt und liegt in deutscher Übersetzung vor.

Vollmacht,

welcher ich (wir) Herrn/Frau

Rüdiger Proksch ℅ Demelhouse
Vienna I
Kohlmarkt 14.

Prozeßvollmacht erteile(n) und ihn überdies ermächtige(n), mich (uns) und meine (unsere) Erben in allen Angelegenheiten, einschließlich der Steuerangelegenheiten, sowohl vor Gerichts-, Verwaltungs- und Finanzbehörden als auch außerbehördlich zu vertreten, Prozesse anhängig zu machen und davon abzustehen, Zustellungen aller Art, insbesondere auch Klagen, Urteile und Grundbuchbescheide anzunehmen, Vertretungen zu begehren und zu leisten, Rechtsmittel aller Art zu ergreifen und zurückzuziehen, Exekutionen und einstweilige Verfügungen zu erwirken und davon abzustehen, Einverleibungs-, Vorrangeinräumungs- und Löschungserklärungen abzugeben, Gesuche um Bewilligung grundbücherlicher Eintragungen und Rangordnungsanmerkungen jeder Art zu unterfertigen, Vergleiche jeder Art, insbesondere auch solche nach § 205 Z. P. O. abzuschließen, Geld und Geldeswert zu beheben, in Empfang zu nehmen und darüber rechtsgültig zu quittieren, bewegliche und unbewegliche Sachen und Rechte zu veräußern, zu verpfänden oder entgeltlich oder unentgeltlich zu übernehmen, Anleihen- oder Darlehensverträge zu schließen, bei Erbschaften bedingte oder unbedingte Erbserklärungen zu überreichen, eidesstättige Vermögensbekenntnisse abzugeben, Gesellschaftsverträge zu errichten, sich auf schiedsrichterliche Entscheidungen zu einigen und Schiedsrichter zu wählen, bei Konkurs-(Ausgleichs-)verhandlungen den Masseverwalter und die Gläubigerausschüsse zu wählen, Treuhänder und Stellvertreter mit gleicher oder minder ausgedehnter Vollmacht zu bestellen und überhaupt alles vorzukehren, was er für nützlich und notwendig erachten wird.

Zugleich verspreche(n) ich (wir), seine und seines Substituten in Gemäßheit dieser Vollmacht unternommenen Schritte und Maßregeln für genehm zu halten und verpflichte(n) mich (uns) seine und seines Substituten Honorare und Auslagen in
zur ungeteilten Hand zu berichten und erkläre(n) mich (uns) einverstanden, daß ebenda auch der bezügliche Anspruch gerichtlich geltend
könne. Der Honorarverrechnung werden

STATE OF NEVADA   )
                 : ss.
COUNTY OF CARSON)

On *April 13*, 19 *89*, personally appeared before me, a Notary Public, *ODO PROKSCH*, and acknowledged to me that *he* executed the herein described document.

NOTARY PUBLIC

CEIL CARLSON
NOTARY PUBLIC - NEVADA
CARSON CITY
My Appt. Expires Sept. 27, 1992

Heute ist alles verfügbare Material im Archiv des Museums „WestLicht" zusammengetragen. Mithilfe einer Galerie-Mitarbeiterin und von vier Kunst-Studentinnen wurden die Bestände in zweijähriger Arbeit sortiert, konserviert, inventarisiert und zum Großteil auch digitalisiert.

2007 wurde eine Vereinbarung zwischen dem Museum für angewandte Kunst (MAK), der Universität für angewandte Kunst und „WestLicht" getroffen. Die Projektziele waren neben der wissenschaftlichen Aufarbeitung eine Ausstellung im MAK, eine Buchpublikation und ein Dokumentarfilm. („Out of Control" wurde inzwischen sehr erfolgreich unter der Regie von Robert Dornhelm produziert.)

Im Archiv finden sich heute etwa 5600 Fotos, 4700 Negative, 2300 Dias, fast 9000 Briefe, Notizen, Dokumente und Zeitungsausschnitte, 3500 Werbemittel aus der Demel-Zeit und von den anderen wirtschaftlichen Aktivitäten, darüber hinaus tausende Skizzen und Entwürfe für Brillen, Schmuckgegenstände und Designobjekte, 875 Brillen-Prototypen sowie 80 Film-Fragmente und Hörspiele.

Eine Sammlung, mit der Udo Proksch seine eigene Geschichte unverfälscht erzählt. Von seiner nationalsozialistisch geprägten Kindheit, seiner Kreativität, seiner Lust am Spiel im Kreis der Mächtigen, seinem Hang zum Militärischen, seiner Sucht nach Frauen und Liebe, seiner Gier nach Öffentlichkeit und seiner Suche nach Anerkennung. Er zeigt uns mit seiner Hinterlassenschaft das Bild eines Mannes, der alles tun kann, ganz einfach, weil er sich über die meisten Konventionen hinwegzusetzen versteht. Er gibt den Künstler und den Hofnarren, den General und den Verführer, den Vermittler und den Geschäftsmann, das PR-Genie und den Politik-Berater, ganz wie es im passt.

Nur eines findet sich nicht im Archiv: die finstere Seite des verurteilten sechsfachen Mörders Udo Proksch – abgesehen von seiner These vom „unausrottbaren Tötungstrieb im Mann", die er bei jeder passenden Gelegenheit zitiert. Sonst: Kein Plan, das

Schiff „Lucona" mit als Uranerz-Aufbereitungsanlage getarntem Schrott zu versenken, wofür er schließlich zu lebenslanger Haft verurteilt wird. Kein Schriftstück, mit dem sich ein geplanter Versicherungsbetrug beweisen lässt. Kein Nachweis versuchter Zeugenbestechung oder nachträglicher Beweismanipulation. Wo also ist der „Akt Lucona" abgeblieben?

Die Gerichtsakten

Die österreichische Gesetzeslage sieht vor, dass Akten von Strafprozessen 30 Jahre lang bei Gericht aufzubewahren sind. Einblick darf nur nehmen, wer ein berechtigtes Interesse vorweisen kann: Also zum Beispiel Angehörige, die Rechtsansprüche geltend machen wollen. Insgesamt 250.000 Seiten soll der Akt Udo Proksch und „Lucona" umfassen. Zur Zeit des Prozesses, also Ende der 1980er und Anfang der 1990er Jahre, wird noch nicht getwittert oder geblogt. Gerichtsberichterstatter dürfen nur einen Notizblock mit in den Saal nehmen. Von Wikileaks noch weit und breit keine Spur.

Aber Udos Geschichte besteht ohnehin aus mehr als nur dem „Fall Lucona". Und diese Geschichte soll hier erzählt werden.

Udo Proksch – eine Annäherung

Wer ist Udo Proksch?

Die Wahrnehmung von Udo in der Öffentlichkeit muss immer unter dem Eindruck der Zeit verstanden werden, zu der sie formuliert wird. Wenn da – auch in internationalen Medien – von einer *schillernden Persönlichkeit voller Widersprüche*, einem *bunten Bürgerschreck* oder einem *genialen Meister der Selbstdarstellung* die Rede ist oder die Schweizer „Weltwoche" Udo einmal als *chaotisches Gemisch aus Salvador Dalí und Orson Welles* beschreibt, dann ist das vielleicht zur Zeit von Udos künstlerischen Aktivitäten hoch gegriffen, trifft aber dennoch irgendwie den Nagel auf den Kopf. Hans Pretterebner, der Autor des Aufdecker-Buches „Der Fall Lucona", bezeichnet ihn als *kriminelles Gesamtkunstwerk*.

Je mehr ich mich mit seiner Person beschäftige, desto klarer wird: Er ist alles davon und gleichzeitig nichts davon. Ein paar Eigenschaftswörter und Vergleiche reichen nicht, um diese Ausnahmeerscheinung zu charakterisieren. Gibt's heute noch einen Typen wie ihn? Hätte er eine Chance, hochzukommen, in unserem heutigen Umfeld? Oder war das gesellschaftliche Biotop, in dem er groß geworden ist, seine einzige Chance?

Bringen nur Familiengeschichten wie seine Persönlichkeiten wie ihn hervor? Machen nur politische Verhältnisse wie damals seinen Aufstieg möglich? Ist es der Mann, der ein System bis an die Grenzen benutzt, oder ein System, das einen Mann wie ihn walten lässt? Kann sich nur einer wie er, dem jede politische Ideologie fern, Religion zuwider und Konvention egal ist, bis in die herrschende Klasse hinauf durchlavieren? Vermutlich von allem etwas.

AUFNEHMEN

AUSTRIAN WELCOME CLUB
Gesellschaft zur Förderung
Internationaler Beziehungen
Wien   I.,
Riemergasse   6 / 10
Telefon: R 29 2 60

A n t r a g

Ich beantrage die Aufnahme in den AUSTRIAN WELCOME CLUB, Gesellschaft zur Förderung Internationaler Beziehungen, und erkläre mich damit einverstanden, daß diese Aufnahme von der gewissenhaften Beantwortung der nachstehenden Fragen abhängig gemacht wird.

Ich möchte gerne als ordentliches, außerordentliches (förderndes, unterstützendes, usw.) Mitglied aufgenommen werden. Nichtzutreffendes bitte streichen.

Mein Name ist: __UDO RUDOLF PROKSCH__
Ich bin geboren am: __29.5.1934__ in: __Rostock/Deutschland__
Ich wohne im allgemeinen in: __Salzburg-Stockholm-Wien__
Derzeit wohne ich: __Wien__
Meine Telefonnummer lautet: _____
Ich bin __Österreich__ Staatsbürger.
Mein Beruf ist: __Entwerfer von seltsamen Dingen__
Ich studiere __Entwurfsarchitektur__ an der __A.f.ang.Kunst__
Ich übe derzeit den Beruf eines(r) __Vertragsbediensteten__ aus
Ich habe während meines Studiums die (die) Beruf(e) eines(r) __Einlauf-Krüppel-Händler-Kumpel(Kohle)-Koch-Bauer-Futterer-Portier__ ausgeübt.

Beantworte bitte keine der nachfolgenden Fragen, nur um sie zu beantworten. Wenn Du auf eine Frage keine Antwort geben kannst, dann lasse sie unbeantwortet. Es hängt nicht von der Beantwortung aller Fragen ab, ob Du im Interesse den Clubs als Mitglied aufgenommen wirst. Es hängt nur davon ab, w i e Du einzelne Fragen beantwortest.

Was bedeutet der Club für Dich jetzt? __Soviel als der Tod unseres Bundespräsidenten (Gegenwart)__
Was möchtest Du, daß der Club für Dich sei? __nicht als das Tool der obig. genannten__
Warst Du jemals in einer Organisation? Wenn ja, in welcher? __D.J. N.A.P.O.L.A. Pfadfinder__ Funktion? __Knacks auf Lichtermast__
Welche Fremdsprachen sprichst Du? __englisch-schwedisch-deutsch__
Warst Du jemals im Ausland, wenn ja, wo? __zu viel__
Bist Du verheiratet? __nein__ Kinder? __ja 1__
Was sind Deine Ziele a) auf materiellem   b) auf ideellem Gebiet?:
a) __Millionär__
b) __Würfel in Kugel verwandeln__

AUFNEHMEN

Wie verbringst Du am liebsten Deine Freizeit? _spielend_

Welchen Sport betreibst Du? _Liegestützen (20) + 50 Kniebeugen_
Betreibst Du einen Leistungssport? _seitwärts Armschleudern u. Andere_
Bist Du Sammler? _ja_
Spielst Du ein Instrument? Welches? _Blockflöte (deutsches Volkslied)_
Welche Gesellschaftsspiele beherrschst Du? _Spielchen_
fangerln - Räuba und Gendarm
Kannst Du tanzen? _schlecht_ Welche Tänze tanzt Du wirklich gerne? _Nackt Tänze_

Hast Du ein eigenes Einkommen und kannst Du davon normal leben? _ja aber nicht normal_
Hast Du ein eigenes Fahrzeug? _____ Welches? _____
Hast Du ein Fahrzeug zur Verfügung? _____ Welches? _____
Hast Du eine eigene Wohnung? _____ Lebst Du bei Deinen Eltern? _____
Welches Wissensgebiet interessiert Dich am meisten? _____
Schöpferische Leistungen (ausgeführt oder in Planung)? _____
_ja   ja_

Was kannst Du am besten? _Leben_
Welchen Nationen bringst Du Sympathie entgegen? _____
Welchen nicht? _____
Welche Persönlichkeiten der Geschichte bis zur Gegenwart (Politiker, Philosophen, Dichter, Künstler, usw) haben Dich besonders beeindruckt und warum?

Papst Pius d. XII (unter Dichter)

Welche Persönlichkeiten lehnst Du kategorisch ab, und warum? _____

Papst Pius d. XII (weil Dichter)

Soll die Todesstrafe wieder eingeführt werden? _nein_ Warum? (Warum nicht)
Egoismus (Regierungswechsel)

Kannst Du Deine weltanschaulichen Prinzipien und Werturteile darlegen?
ja noch nicht, aber ich werde es noch wagen

AUFNEHMEN Diesen WAHNSINNIGEN ALS FÖRDERNDES

Nenne 5 Deiner Lieblingsbücher: _____

Nenne Deiner Lieblingswerke der Musik: _____

Auf welche Deiner bisherigen Handlungen bist Du am stolzesten? _____

Was war der größte Fehler, den Du Deiner Meinung nach je machtest? _____

Was betrachtest Du als Deine positivsten Eigenschaften? _____

Worin erblickst Du Deine negativsten Eigenschaften? _____

Hast Du Tiere gern? _____ Hast Du Kinder gern? _ja_

Schreibe bitte nachfolgend eine Autobiographie, die nicht mehr als 10 - 30 Maschinschreibzeilen (auch Handschrift) umfaßt und k e i n üblicher Lebenslauf ist. :

AUFNEHMEN

Was würdest Du im Falle einer Aufnahme Deinerseits für den Club gerne tun?

reden

Hast Du einen Freund (eine Freundin) und möchtest Du, daß diese(r) auch als Mitglied in den Club aufgenommen wird?   Ja

Ich habe die Fragen beantwortet, so gut ich konnte und bin mir bewußt, daß ich als eventuelles Mitglied des AUSTRIAN WELCOME CLUB gesellschaftliche, fachliche und vor allem menschliche Verpflichtungen übernehme.

Datum: 6.1.1967   Unterschrift

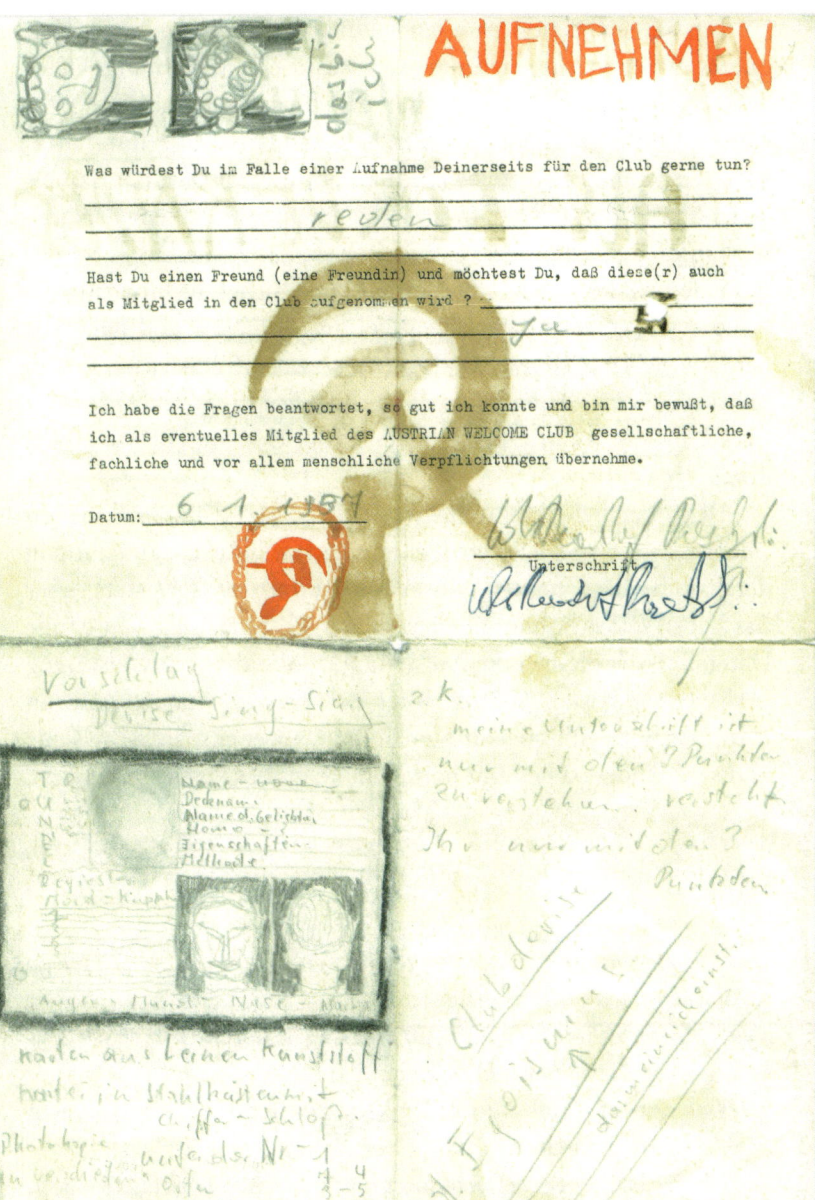

Dass er sich schon früh ein – höflich formuliert – etwas verqueres Weltbild zurechtzimmert, wird in einem Formular deutlich, in dem er die Mitgliedschaft zu einem „Austrian Welcome Club" beantragt. Diese „Gesellschaft zur Förderung Internationaler Beziehungen", wie es auf dem Formular heißt, hat damals ihren Sitz in der Wiener Innenstadt, heute gibt es keinen Nachweis ihrer Existenz mehr. Udo dekoriert das Aufnahmeformular mit einem Hakenkreuz, mit Hammer und Sichel, beantwortet die Frage nach seinem materiellen Ziel mit *Millionär* und nach seinem ideellen mit *Würfel in Kugel verwandeln*. Was er am besten könne? *Leben. – Aufnehmen diesen Wahnsinnigen als förderndes* (wohl förderndes Mitglied gemeint), fügt Udo zum Schluss noch hinzu.

Dem Versuch, ein umfassendes Bild des Udo Proksch zu zeichnen, kommt die Sammelleidenschaft zugute, die eindeutig in der Familie liegt. Schon Udos Vater Rudolf versucht stets, über das Leben seines Sohnes Buch zu führen. Tabellarisch listet er alle Daten auf, oft bleiben die Aufstellungen allerdings unvollständig und werden später ergänzt. Aber der Vater ist immer dran an Udo, seinem berühmten ältesten Sohn. Dass er sich auch um seine anderen Kinder so bemüht hätte, davon gibt es keinen Nachweis.

Vater

Udo! Das Zahlen- und Datengerippe eines Lebens. Das Fleisch dazwischen war allem ausgesetzt – was das Leben zum Leben macht. Aber es wurde gelebt. In einer Zeit, deren Unmenschlichkeit in ihrer Größe lag. Der Vater.

Das notiert Vater Rudolf Proksch handschriftlich auf seinem eigenen, nur für Udo verfassten Lebenslauf.

Mehr als über den erlernten kaufmännischen Beruf lässt der in Baden bei Wien Geborene seine Nachwelt über sein politisches Engagement erfahren. Nicht ohne Stolz vermerkt er da:

1925: NS Deutsche Arbeiterjugend (H.J.) sog. Bauer-Jugend. 1926–1931: SA (zuerst Vaterländischer Schutzbund) 1928: NSDAP Nr. 116.409. H.J. (RJF) Ehrenrang: 1935 Unterbannführer, 1939 Bannführer, Jänner 1944 Ehrenvoller Abschied. Reichsleitung NDSAP: 9. Nov. 1941: Abschnittsleiter, 9. Nov. 1943: Oberabschnittsleiter

Man erfährt auch, dass er zunächst stellvertretender Bundesführer der „Artamanen" wird, zuständig für Organisation, Werbung, Presse und Ideologie. Der formal 1926 in München gegründete „Bund Artam e. V." war eine Jugendorganisation im deutschnationalen Flügel der Deutschen Jugendbewegung und des radikal-völkischen Siedlungsbundes. Unter dem Motto „Gläubig dienen wir der Erde und dem großen Stirb und Werde" versammeln sich dort Vertreter einer völkischen, agrarromantischen Blut-und-Boden-Ideologie, die einen freiwilligen Arbeitsdienst in der Landwirtschaft propagieren.

1929 zerstritten und zersplitterten sich die Artamanen, und als die Nationalsozialisten 1934 alle Organisationen der „bündischen Jugend" und der „freien Jugendbewegung" im Zuge der Gleichschaltung auflösten und verboten, wurde der „Bund der Artamanen" als einzige Ausnahme im Oktober 1934 korporativ in die „Hitlerjugend" übernommen und bildete später den Kern des Landdienstes der HJ.

Auch Rudolf Proksch bewältigt nahtlos den Sprung von den Artamanen in die Hierarchie der NSDAP. Vom „Reichsnährstand" der Landesbauernschaft Mecklenburg-Rostock in die Reichsleitung der NSDAP als Adjutant und persönlicher Referent des Hauptschulungsleiters der NSDAP Friedrich Schmidt, und schließlich 1943 Oberabschnittsleiter in der Reichsleitung der NSDAP. Nebenbei zum Gebirgsjäger ausgebildet, nimmt er am Einmarsch in Rumänien und in Griechenland teil und wird später Dienststellenleiter in der Ukraine und in Polen. 1945 notiert er dann: *Attentatsplan auf Bormann.* Ob er daran beteiligt gewesen sein will oder warum er das sonst in seinem Lebenslauf vermerkt,

Daten Proksch

Udo! Das Zahlen- und Datengerippe eines Lebens. Das Fleisch dazwischen war dem ausgesetzt, was das Leben zum Leben macht. Aber es wurde gelebt. In einer Zeit, deren Unmenschlichkeit in ihrer Größe lag. Dein Vater

30/4.68

Vater: Geb. 27. 2. 1878
Gärtner, Goldschmiedewerkstatt; Entwerfer, Kanzleibeamter im
Fürsorgewesen. Gestorben 20.5.1925.

Mutter: Geb. 27.10. 1881
Gest. 11.6.1960
Tochter des Stadtmaurermeisters, Ehrenbürgers und vielfachen Hausbesitzers Franz Fasching (2 Weingärten, Pferdekutsche und Pferdeschlitten, Baugründe vom Haus Nr. 3 - bis - 15) Braunstraße

Rudolf Proksch:
Geb. 16.6.1908 in Baden bei Wien, Braunstraße 17. 5-Kl. Volksschule
Leesdorf: 15.9.1914 - 15.7.1919. 3 Kl. Bürgerschule Baden 16.9.1919
- 15.7.1922.
Berufe: Kaufmännische Lehre (Lebensmittel-Spezerei- u. Delikatessen)
Johann Steindl, Baden, und dreijährige kaufm. Fortbildungsschule
(1922 - 1924), abgeschlossen mit Vorzug. 15.9. 1922 - 15.9.1925
Lehrling . Handlungsgehilfe 16.9.25 - 13.2.1926.
Arbeitslos mit Mitte 1926 (Versuche als Auslagendekorateur)
Mitte 1926 bis 30.10. 26 Kohlenauslader, danach Buchhalter und
Inkassant bei Speditionsfirma Fritz Hubler, Baden bei Wien.
1. Nov. 1926 - 25.2.1928 Kanzleibeamter (Buchhalter) im Bezirksfürsorgerat Baden.

Artamane
Ende Februar 1928 Bauernhochschule Bad-Berka/Weimar Artamanenlehrgang

15.3.1928 - 1.1.1929 Artamane der Stammannschaft des Umschulungslagers Rittergut Lausnitz bei Neustadt a.d. Orla, Thür.
Besitzer: Luci von Wurmb.
Jänn. bis Feb. 1929 Bauernhochschule Bad-Berka/Weimar.
Feber bis 31.3.1929 Rittergut Lavelsdorf /Vorpommern (Besitzer:
von Behr-Negendank), dazwischen Stettin/Pommern (Wilh.
Peter Fink) und Baden b.Wien.

5.6. - 18.10.41   Sicherung von Kreta (Rethymon, Spilli, Süd-
                   küste, Kloster Prebelli I + II)

11.12.41   U-Ka gestellt für Sondereinsatz Osten

Kriegsauszeichnungen bzw. Beförderungen
1.3.1941 Gefreiter
12.8.1941 E K II
Mut. Oktober 1941 Kretastreifen
1943:   KVK II Kl.
5.41944 : KVK II mit Schwertern
  1.1.1942 ERR-Hauptarbeitsgruppe Kiew Obereinsatzführer (Oberleutna
  Mai bis Dezember 1942: Lazarett München - Blinddarmdurchbruch mit
            Vereiterung der Bauchhöhle
  1943 Kiew - Leiter der "Auswertung" Entstehung und Arbeit nach
            "Plan Proksch". *Vorbereitung einer ukr. Regierung*
            Haupteinsatzführer (Hauptmann)
            Versuch Kodes (Reichskommissar Ukraine) mich aus
            zuweisen. Schwere Auseinandersetzungen mit
            Höherem SS-und Polizeiführer Ukraine um
            Wassil Martschenko
  1944 bis 25.1.44 Leiter der Auswertung in der Dienststelle Morszyn
            bei Lemberg
  26.1.1944 bis 7.7.1944 Komm. Leiter der Hauptarbeitsgruppe
            Ukraine im ERR, Sitz Bialistock mit Nebenstelle
            Krynica bei Krakau
  2.4.44 (22,20) Partisanenüberfall auf Zug Bialistock / Warschau
  1944 Verlegung der Dienststelle nach Frauenberg, Steiermark
            Davor Aussprache mit höheren SS und Polizeiführer: Bereit
            zum Abtransport der Deutschen aus Bialistock

  1. - 14. März 1945 : Sonderkommando Ratibor ca. 3 Wochen, bis
            zum Fall der Stadt (Abtransport ERR-Material)
  8. - 10. April 1945 : Prag. Sonderauftrag (Reichsprotektor Frank
            bewilligt tschech. Regierung Flug zu Eisenhower Frankreich)
  12. - 16. 4. 1945 : Berlin (Letztes Gespärhc mit RL Rosenberg
            Attentasplan auf Bormann, Flucht vor Gestapo (Horn)

22.4. - 25. 4.45 : Prag
26.4. - 27.4.45   Mährisch-Schönberg : Aktenvernichtung
28.4. - 29.4. 45   Prag - Ende des Auftrags
Mai 1945   Kapitulation (Frauenberg, Stmk.)

Nach 1945 Mai
─────────────

22.6.45 - 20.1.1946 Bäckereihilfsarbeiter in Lend, Pinzgau,
                     Bäcker Macho.
21.1.46 - 11.7.1947 Haft : Zell am See (21.1. - 2.2.46)
xxxxxxxxxxxxx   Camp Marcus W. Orr (Glasenbach)
11.7.1947 - 17.12.47 : Landesgericht Wien I.
12.3.1948   1. Volksgerichtverfahren
....   2. Volksgerichtverfahren
6.1.1948 - 30.9.1954: SAG-Lend (Salzburger Aluminium-Gesellschaft
                     Lend)
                     Hilfsarbeiter der Bauabteilung Jänner - März 48
                     Ab dann Ofenarbeiter (Rahmensetzer - 2 Mann Parti
                     im Södenbergbetrieb),Arbeit zusätzlich im Büro,
                     später Arbeiterbetriebsrat, Mitarbeiter der
                     Werkszeitung und der kulturpol. Arbeit
Ab 1. Okt. 1954 :   Landesverkehrsamt Salzburg
                     Statistik, Reisebüro-Informationen, Presse,
                     Insertion, Organisation der Gebietsverbände,
                     Marketing etc.

Sozialreferent in der "Aktion zur politischen Erneuerung" (graf Strachwitz)
Mitgründer der parteifreien Betriebsräte Österreichs.
1. Landesleiter der parteifr. BR Salzburgs. Kandidat zum nat. Rat.

Familie
───────
1934 ausgetreten aus der kath. Kirche
2.7.1933 verlobt (Leezen /Scwherin) mit Annelis Eidt, geb. 1.9.1913
          Mettenleidelheim, Rheinpfalz
22.9.1933 Hochzeit in Zittow/Schweriner See (Standesamt) und
          Leezen

Kinder
──────
29.5.1934, Rostock, Rudolf   12.2.1938, Berlin,Roderich
28.5.1935 , Rostock, Rüdiger   6.5.1941,München, Rodlinde
28.6.1946, Schwarzach/Salzbg. Rodtraut   20.3.1945 Wien Rodlinde
                                                  gestorben

ist unklar. Ob da Albert oder Martin Bormann gemeint ist, geht nicht hervor: Beide Brüder sind in Spitzenfunktionen der NSDAP tätig: Martin als Leiter der Partei-Kanzlei, dann „Reichsleiter" und später „Sekretär des Führers", einer der mächtigsten Drahtzieher im Hitler-Regime; Albert zunächst als Hitlers Adjutant und als Abgeordneter im Reichstag.

Vater Proksch notiert zum Kriegsende: *12. – 16.4.1945: ... Flucht vor Gestapo (Horn), 22.4. – 25.4.45 Prag, 26.4. – 27.4.45 Mährisch-Schönberg: Aktenvernichtung, 28.4. – 29.4.45 Prag – Ende des Auftrags, Mai 1945: Kapitulation (Frauenberg, Stmk.)*

Nach einiger Zeit der Arbeitslosigkeit jobbt er gelegentlich als Bäckerei-Hilfsarbeiter in Lend im Pinzgau, wird dann „registriert" und kommt ins Internierungslager Glasenbach in Salzburg. In solchen Einrichtungen wollten die Alliierten Kriegsverbrecher, Angehörige der SS und NSDAP-Funktionäre „entnazifizieren". 12.000 bis 20.000 Menschen durchlaufen zwischen 1945 und 1947 das „Camp Marcus W. Orr", benannt nach einem amerikanischen Offizier. Die Insassen werden allerdings keinerlei Umerziehungsmaßnahmen unterworfen, diese Strategie der Amerikaner ist bis heute umstritten. Die damals geknüpften Netzwerke sollen nämlich später zur Gründung des VdU (Verband der Unabhängigen) führen, der sich als politische Vertretung ehemaliger NSDAP-Mitglieder, Heimatvertriebener und Heimkehrer positioniert und bei den zweiten freien Nationalratswahlen nach dem Zweiten Weltkrieg 11,7 Prozent der Stimmen einfährt. 1956 geht der VdU in der neu gegründeten FPÖ auf.

Auch für Rudolf Proksch bietet der VdU eine neue politische Heimat, er baut die Partei in Lend auf.

Ab Anfang 1948 findet er bei der SAG (Salzburger Aluminium-Gesellschaft) in Lend einen Job, zunächst als Hilfsarbeiter, später als Arbeiterbetriebsrat und Mitarbeiter der Werkszeitung und in der kulturpolitischen Arbeit.

1954 holt ihn das Salzburger Landesverkehrsamt auf Initiative des damaligen Landeshauptmannes Josef Klaus als Mitarbeiter für Statistik, Presse und Marketing. Fortan nennt er sich „Chefredakteur" und gibt als solcher auch in der Pension einen Informationsbrief heraus, der sich häufig mit seinem Sohn Udo befasst. „Informationen Exklusiv. Nachrichten über Theater, Kunst, Mode, Diamanten, Schmuck und Accessoires" erscheint erstmals 1961 und geht 1966 mit Einverständnis von Rudolf an Udo über.

Rudolf und Annelies Proksch, München 1942

Mutter

Auch der Lebenslauf der Mutter stammt aus der Feder des „Chefredakteurs". Man erfährt, dass *eine (mütterliche) Linie direkt in die Familie Goethes* führt.

Die zentrale Figur der Familie sei sie gewesen, schreibt er. Rudolf lernt Annelies Eidt vermutlich bei den Artamanen kennen, wo sie ab Winter 1931 *freiwillige Arbeitsdienste auf dem Lande* verrichtet, einen davon in Mecklenburg. Dort verlobt sie sich mit dem *stellvertretenden Bundesführer* Rudi Proksch, am 22. September 1933 heiraten die beiden in Zittow in der Nähe des Schweriner Sees.

Annelies Eidt, 1913 in Hettenleidelheim in der Rheinpfalz geboren, ist von früher Jugend an als Turn-Sportlerin in den nachher nationalsozialistischen Jugendorganisationen dabei. Ihr späteres Leben bleibt aber ohne politisches Engagement. Sie bringt fünf Kinder zur Welt: 1934 Udo in Rostock/Mecklenburg, 1935 Rüdiger, ebenfalls in Rostock. 1938 kommt Roderich zur Welt, da lebt die Familie kurzzeitig in Berlin. 1941, mitten im Krieg, wird Tochter Rodlinde in München geboren, sie stirbt 1945 in Wien während eines Luftangriffes auf dem Weg ins Krankenhaus an der Lungenpest und wird in einem Splittergraben beerdigt, später in ein Massengrab umgebettet, das heute nicht mehr existiert.

Und schließlich kommt 1946 Tochter Rodtraut in Schwarzach bei Lend in Salzburg zur Welt.

Mutti mußte in der Zeit von 1940 bis 1947 die Familie selber am Leben erhalten. Udo hat, vor allem bei der Geburt von Rodtraut (ich in Glasenbach) – aber auch sonst ganz allgemein, der Mutti ganz entscheidend geholfen. Zuletzt haben alle drei Söhne in den Berghängen Holz gefällt und so die Wärme kommender Winter gesichert, notiert Rudolf Proksch in dem Lebenslauf, den er 1995 für seine Kinder verfasst, und er schließt mit der Bemerkung:

Der Anlaß zu diesem Brief ergab sich für mich aus Erfahrungen, die ich in letzter Zeit machen konnte. ... Jeder von uns ist das Produkt seiner Vergangenheit. Muttis und meine Vergangenheit haben uns geprägt. Wir haben trotzdem die Stunde null überstanden und uns bemüht, „darüber" – im Sinne des Wortes, nachzudenken. Wir lebten in „unserer Zeit", heute betrachten wir diese Zeit und sehen, neben ihren Schattenseiten auch jene Seiten, zu denen wir vorbehaltlos „Ja!" sagen konnten und auch gesagt haben und heute noch sagen.

Udo

Udo wächst also in einem stramm nationalsozialistischen Elternhaus auf. Die Kindheit ist für ihn kein Zuckerschlecken. Immer wieder übersiedelt die Familie, weil der Vater an unterschiedlichen Standorten seinen beruflichen Verpflichtungen nachkommt. Von Rostock nach Berlin, von dort nach München, wo die Wohnung 1943 ausgebombt wird, dann nach Salmannsdorf in den Wiener Nobelbezirk Döbling, wo sie bei einem Onkel von Rudolf Proksch im Erdgeschoss von dessen Villa unterkommen. Dann stirbt Udos Schwester Rodlinde, und die sowjetischen Truppen rücken heran – Annelies Proksch beschließt, mit ihren Kindern Richtung Westen zu flüchten. Zusammen mit einer befreundeten Familie machen sie sich mit einem KdF-Fahrzeug auf den Weg. KdF, „Kraft durch Freude", ist die nationalsozialistische Freizeitorganisation, eine Unterorganisation der „Deutschen Arbeitsfront". Sie soll die Freizeit der Bevölkerung gestalten, überwachen und gleichschalten. Mit dem „Amt für Reisen, Wandern und Urlaub" ist die KdF auch das größte Reisebüro im „Dritten Reich".

Reiseziel ist zunächst Frauenberg bei Admont in der Steiermark, der vereinbarte Treffpunkt mit der Einheit des Vaters, die schon auf dem Rückzug aus dem Osten ist. Dann geht es weiter Richtung Salzburg. In Lend endet die Fahrt, weil der fahrbare

*Annelies Proksch mit Tochter Rodtraut,
davor v.l.n.r. Rüdiger, Udo und Roderich, Lend 1946*

Udo vor der „Deutschen Heimschule für Jungen" auf dem Kreuzberg bei Bischofshofen

RUDOLF PROKSCH
CHEFREDAKTEUR
A-5020 SALZBURG
KLESSHEIMER ALLEE 100

den 30. Jänner 1988

Daten zu UDO-PROKSCH-SERGE KIRCHHOFER

Geburt - Kindheit - Schule:

Geboren am 29. Mai 1934 in Rostock/ Mecklenburg- Privat Klinik Dr. Büttner
   Wohnung der Eltern bis 1.Juli 1934 :Rostock,Am Waldessaum bei Prof. Gerdessen.

Eltern: Annelis Proksch,geb. Eidt, geboren am 1.9.1913 in der Rheinpfalz. Vorfahren: mehrere Vorfahren Hugenotten,eine (mütterliche) Linie direkt in die Familie Goethes.
   Rudolf Proksch,geboren 16.Juni 1908 in Baden bei Wien. Vorfahren:väterlicherseits NÖ und Nordmähren.Vorfahren der Mutter NÖ (Umland von Baden/Wien).

Übersiedlung nach Berlin ab dem 1. Juli 1934
   (In Rostock drei und in Berlin drei Wohnungen)
   Wohnhaft in Berlin von Juli 1934 bis 11. November 1937.

Übersiedlung nach München: November 1937. Zuerst kleines Haus,später Mietwohnung.

Ausgebombt in München: 9. März 1943

Übersiedlung nach Wien: am 1. April 1943 bis 1. April 1945 (Flucht)
21.3.1945. Tod von Rodlinde -vier Jahre alt. Wohnung in Salmannsdorf- vermietet durch Onkel Meier/Baumeister bei Siemens & Halske.

Schule:

München: ab Herbst 1939,mit fünf Jahren -Volksschule.

Wien: Von 1943 bis Herbst 1944,Volksschule Neustift am Walde/ Wien. Wohnhaft: Salmannsdorf.

Bischofshofen/Pongau/Salzburger Land: Herbst 1944 bis Mai 1945
   "Staatliche Oberschule (Heimschule) für Jungen"-im ehemaligen Missionshaus St. Rupert,am Kreuzberg,über Bischofshofen. Normale Mittelschule,jedoch unter der Oberleitung von Karl Springenschmidt,daher als NS-Schule angesehen -auch von den Schülern.

Lend im Pzg. Hauptschule Lend, vom Herbst 1945 bis Juli 1948.
   (vom 8. Oktober 1945 bis 10. Juli 1948)
   Noten: drei Genügend in: Englisch,Mathematik, Kurzschr drei :Befriedigend, sieben :Gut,ein: Sehr gut
   Wohnungen in Lend: ab 16. Mai 1945 im Luftschutzkeller, ab Sept. 1945 in einer FLUCKO- Baracke,bis Jän. 1948, vom Jän.1948 bis 1952 im "Bretteldörfel", danach bis Juli 1955 in einem Haus im Ort.

U D O / S K : Seite 2

<u>Landwirtschaftliche Lehre (dreijährig)</u> beim Bauer Friesacher in
Anif bei Salzburg. Besondere Ausbildung in der Schweinezucht
Vom Herbst 1948 bis Herbst (?) 1951.

<u>Hilfsarbeiter in Lend</u>: in einer privaten Aluminium-Gießerei und
"Austräger" bei Kaufmann Hnat im Ort Lend. Bis Ende 1951.

"<u>Höhere Landwirtschaftliche Mittelschule</u> für alpine Landwirtschaft "
in Seefeld in Tirol. Vom Jänner 1952 bis Juni 1952.

Verließ die Schule einer Versetzung seines Freundes
wegen. Dennoch besaß Udo die Achtung des Direktors der
Schule. Siehe eine Stelle in einem Brief des Direktors
an Udos Eltern, vom 30. Juni 1952: "... Trotzdem würde
es mich freuen, wenn Ihr Sohn vielleicht, nachdem er sich
die Hörner abgelaufen hat, an die Anstalt zurückkehren
würde...". Dort <u>Sixtus Lanner</u> zum Freund gewonnen!

<u>Nach dem Weggang von der Schule</u>:
"Reise" quer durch Europa: Italien, Schweiz, Deutschland,
Dänemark. In der Schweiz auch längere Arbeit bei einem
Bauern, dem U d o eine neue Methode des Heureuth/erns
beibrachte. <u>Rückkehr nach Lend</u>: ....

<u>Familie (Eltern)</u> ab 1. 7. 1955 wohnhaft in Salzburg
Siezenheimerstraße 98. Ab Nov. 1965 Klessheimer Allee 100.
Vater seit Oktober 1954 im Landesverkehrsamt der
Salzburger Landesregierung. Mutter Gymnastiklehrerin im
Turnverein Maxglan und in Kursen der "Salzburger Volks-
hochschule". Auch Masseurin. Vater 1973 pensioniert.

<u>Lend/Salzburg</u>: Beurteilung durch den Berufsberater des Salzburger
Landesarbeitsamtes nach Udos Rückkher von seiner "Reise"!
Beurteilung: Gastgewerbe oder kreativen Beruf.

"<u>Salzburger Bundesgewerbeschule, Abteilung Textil</u>" (Frau Prof. Michna)
Da durch verspätete Rückkehr eine rechtzeitige Anmeldung
bei der "Bundesgewerbeschule " nicht möglich war- Status
im ersten Jahr: Gaststschüler. Dann Vollschüler. Schule ab:
1953 und 1954 .... *und Textilentwurf*

W i e n : Akademie für angewandte Kunst (Industrieelle Formgebung)
bei Prof. Haertel. Ab 1954........
Beteiligung an der Internationalen Ausstellung in Venedig:
"Centro Internationale Delle Artie Del Costume (Int.
Zentrum der Künste) im Palazzo Grassi, Venecia. Int. Wett=
bewerb zum Thema "Entwürfe von Sommergeweben für Damen-
kleidung. U d o erhielt einen Preis in Höhe von 50.000 Lire.
An der Akademie Arbeiten für die "Berndorfer Metallwaren-
Fabrik" für die Gemeinde Wien(Leichentücher)...später
dann erste Entwürfe für Wilhelm Anger+Brillenfirma Traun.

Die Begegnung mit Wilhelm Anger veränderte in der Folge das
Leben U d o s nach jeder Richtung...!!!!

Untersatz, ein Pritschenwagen, den Geist aufgibt. In Lend haust die Familie zwischen 1945 und 1950 zuerst monatelang im Keller des Aluminiumwerks und später in einer Baracke.

1950–1955 – Eine Wohnung in einem richtigen Haus, notiert Rudolf Proksch, *Siezenheimerstraße, 64 m², Telefon, Parterre.*

1944/45, im letzten Kriegsjahr, besucht Udo die „Deutsche Heimschule für Jungen" auf dem Kreuzberg bei Bischofshofen. Das Gebäude wurde Anfang des Jahrhunderts als „Missionshaus St. Ruprecht" errichtet und nach dem „Anschluss" von den Nazis beschlagnahmt.

Nach dem Krieg wechselt er an die Hauptschule in Lend, wo der spätere Salzburger Landeshauptmann Hans Katschthaler einer seiner Schulkollegen ist.

Lehr- und Wanderjahre

Udo Proksch ist ein aufgeweckter Junge, der viel Interesse und Freude am landwirtschaftlichen Beruf hat, schon richtig zuzupacken versteht und trotz seiner Jugend schon eine gewisse Selb-

Udo bei Friesacher in Anif bei Salzburg, 1948

Tanzschule Pichy, Salzburg 1952

ständigkeit besitzt, und mit Ehrgeiz an die Erfüllung der ihm übertragenen Aufgaben herangeht. Udo Proksch ist gut erzogen, seine Lebensführung ist ordentlich und anständig; er ist talentiert und verdient in jeder Weise eine Förderung in seiner beruflichen Ausbildung.

Das bescheinigt sein Lehrherr Michael Friesacher, Landwirt in Anif bei Salzburg, am 13. Juli 1951 seinem Praktikanten nach dreijähriger Lehrzeit. Er beherrsche das fachgemäße Melken, Abferkeln und Ausmästen, wurde im Schlachten und Aufarbeiten von Schweinen und Kälbern angelernt, wisse über Güllerei und Koppelwirtschaft Bescheid und sei auch mit allen Arbeiten der Feldwirtschaft vertraut. Mit einer landwirtschaftlichen Karriere sollte es aber nichts werden.

Als Hilfsarbeiter in einer privaten Aluminium-Gießerei in Lend, in der auch sein Vater beschäftigt war, schlägt er sich nur

Michael Friesacher
Bauer und Gastwirt
Anif bei Salzburg
Fernruf Nr. 242

Anif bei Salzburg, den 6. Dez. 48.

Lieber Kamerad Proksch !

    Nun ist es endlich so weit, dass ich Ihnen Lehrvertrag zur Fertigung einschicken kann. Bitte mir alle 3 Stücke unterzeichnet wieder zu retournieren, von hier aus gehen sie an die Kammer für Landwirtschaft u. Ernährung damit dürfte der Aktengang beendet und der Vertrag rechtswirksam sein. Udo ist immer ordentlich und fleissig, ich habe keine Klage. Als Lehrling muss er nun beginnen ein Tagebuch zu führen Übrigens eine sehr nützliche Beschäftigung für angehende Landwirte, Udo ist damit sehr einverstanden.

    Hoffe, dass Sie nun auch Ihre Ansprüche wieder geltend machen können, hoffe Sie gelegentlich wieder zu sehn und sende Ihnen und Ihrer Frau Gemahlin inzwischen herzliche Grüsse

                          Ihr *M. Friesacher*

zurück am 20.12.48

M. Friesacher
Gasthof und Landwirtschaft
Anif/Salzburg
Tel. Salzburg 1242

Anif, den 13.Juli 1951

Praxiszeugnis

zur Vorlage bei der höheren Bundeslehranstalt in Seefeld.

Udo P r o k s c h , geboren am 29.5.1934 in Rostock, ist seit 1.Oktober 1948 auf meinem Hof tätig.

In dieser Zeit wurde der Genannte in allen Sparten der Wirtschaft planmässig eingesetzt. So ist er nun mit allen vorkommenden Arbeiten der Feldwirtschaft vertraut, aber auch im Kuh-, Jungvieh-und Schweinestall,war er durch eine Reihe von Monaten in Verwendung. So erlernte er fachgemässes Melken, ordnungsgemässe Pflege der Tiere, richtige Fütterung, angefangen von der Kälberaufzucht bis zur Ernährung der hochleistungsfähigen Milchtiere. Den Schweinestall mit etwa 60 Tieren hat Udo Proksch durch viele Monate allein versorgt und alle vorkommenden Arbeiten, von der Abferkelung angefangen, bis zur Betreuung der Muttersauen und Ausmästung der Tiere gründlich erlernt.

In der Güllerei und Koppelwirtschaft war Genannter auch oft mittätig undweiss Bescheid in der Handhabung der Güllereigeräte und Technik der Beweidung.

Im Hackfruchtbau, auf dessen richtige Durchführung hier grosser Wert gelegt wird, ist Proksch ebenfalls zu selbständigen Arbeiten verhalten worden und besitzt auch auf diesem Zweig der Wirtschaft gute Kenntnisse; auch die im Hof anfallenden Arbeiten hat Udo Proksch oftmals verrichtet. Unter anderem bedient er selbständig die Brechmühle, die Kreissäge und wurde auch im Schlachten und Aufarbeiten von Schweinen und Kälbern angelernt.

Udo P r o k s c h ist ein aufgeweckter Junge, der viel Interesse und Freude am landwirtschaftlichen Beruf hat, schon richtig zuzupacken versteht und trotz seiner Jugend schon eine gewisse Selbständigkeit besitzt, und mit Ehrgeiz an die Erfüllung der ihm übertragenen Aufgaben herangeht. Udo Proksch ist gut erzogen, seine Lebensführung ist ordentlich und anständig; er ist talentiert und verdient in jeder Weise eine Förderung in seiner beruflichen Ausbildung.

M. Friesacher

ein paar Monate durch, die „Höhere Bundeslehranstalt für alpine Landwirtschaft" in Seefeld in Tirol verlässt er nach einem halben Jahr – mit der Einladung zurückzukehren, *wenn er sich die Hörner abgelaufen hat* – wie der Direktor dem Vater schreibt und dieser in Udos kurzer Lebenschronik vermerkt –, und er fügt hinzu: *Dort <u>Sixtus Lanner</u> zum Freund gewonnen.* Lanner schloss die Ausbildung ab, graduierte an der Hochschule für Welthandel und gelangte über die Landwirtschaftskammer in die Agrarpolitik. Später wurde er Direktor des Bauernbundes, wurde in den Nationalrat gewählt und fungierte von 1976 bis 1982 als ÖVP-Generalsekretär unter den Bundesparteiobmännern Josef Taus und Alois Mock.

Dass diese Freundschaft über die Schulzeit in Seefeld hinaus Bestand gehabt hätte, darauf findet sich später keinerlei Hinweis mehr.

In die „Alpine Landwirtschaft" zieht es Udo jedenfalls nicht mehr zurück. Stattdessen schuftet er einen Sommer lang als Bergarbeiter in Gelsenkirchen im deutschen Ruhrgebiet, um sich Geld für sein Studium zu beschaffen.

Udo macht einen letzten Anlauf an einer Schule, der Salzburger Bundesgewerbeschule, Abteilung Textil.

Als „Kumpel" in Gelsenkirchen, 1953

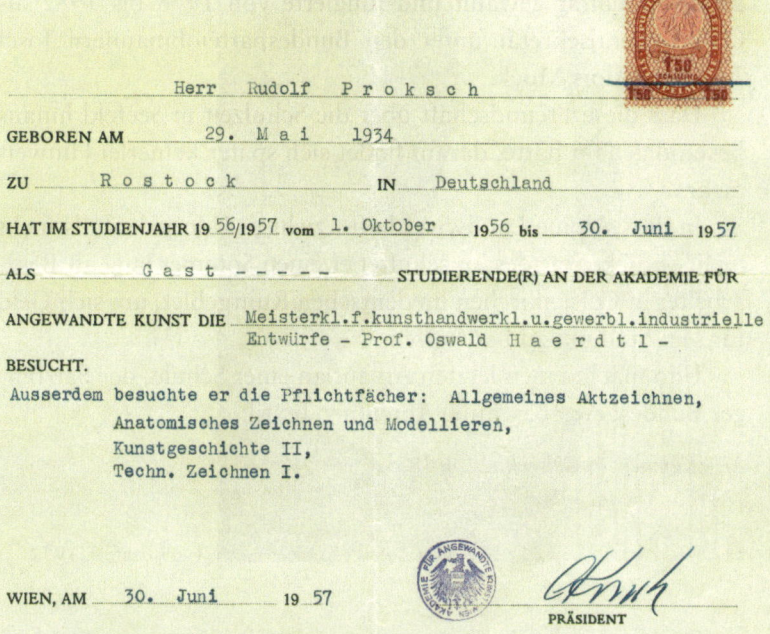

Gschnasfest, 1952

Da hat er offenbar eine seiner vielen Berufungen gefunden: Jedenfalls inskribiert er – nach einem kurzen Zwischenstopp als Gastschüler am Max-Reinhardt-Seminar – an der Akademie für angewandte Kunst in Wien (industrielle Formgebung und Textilentwurf) und macht dort erste Erfahrungen mit Branchen, die später in seinem Leben eine entscheidende Rolle spielen sollten: Er arbeitet für die „Berndorfer Metallwarenfabrik", entwirft Leichentücher für die Bestattung der Gemeinde Wien und zeichnet

Vor eigenen Arbeiten, 1950er Jahre

Student Udo im Heiligenkreuzerhof, Sitz der Design-Abteilung der Akademie, 1956

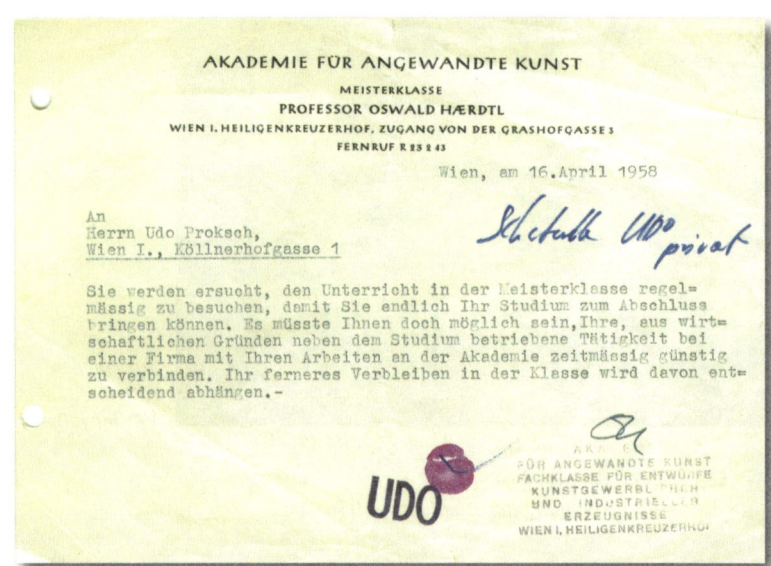

erste Brillenentwürfe für Wilhelm Anger. *Die Begegnung mit Wilhelm Anger veränderte in der Folge das Leben Udos nach jeder Richtung …!!!!*, vermerkt der Vater. Und tatsächlich beginnt sich Udos Karriere kometenhaft zu entwickeln, unterbrochen von einer Weltreise, die er mit seinen ersten erfolgreichen Entwürfen finanziert. Er geht in die USA, wird Statist bei Hollywood-Filmen, feiert ausgelassene Feste in New York, jobbt als Kellner und Skilehrer und zieht dann weiter nach Japan, Hongkong, Indien und Pakistan bis nach Afghanistan. Von dort holt ihn Wilhelm Anger zurück, und Udo beginnt, in Österreich Fuß zu fassen.

Der Überflieger

Der Brillen-Pionier

Zunächst einmal residiert er bei der Firma Wilhelm Anger in Traun in Oberösterreich, später in deren Wiener Atelier, und er erweist sich als durchaus produktiv mit seinen Kreationen – was seinen Vater zu beinahe hymnischen Ovationen über die Arbeit veranlasst:

<u>Udo entwarf für die Firma Wilhelm A n g e r OHG die Modellinien:</u> *„VIENNALINE", „SERGE KIRCHHOFER SCHMUCKBRILLEN", die Skibrille „CARRERA" und „CARRERA SUPER".*

Udo entwickelte die Werbelinie für „Viennaline" und für die „SK – Schmuckbrillen" (Ideologie: Brille für das Auge der Frau!!)

Designer bei Wilhelm Anger in Traun, frühe 1960er Jahre

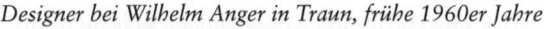

Ihm verdankt die Firma Anger den Slogan: "Brillenmode aus Wien" und damit die neue Rolle der Brille als ein wichtiges Teil der Mode. Die Brille, vor allem jene für die Frauen, erhielt durch Udo jene neue Rolle im Leben der Frau, die später dann auch von anderen Brillenfirmen (DIOR etwa!!) übernommen und "ausgebeutet" wurde!!!

"Die Brille als unentbehrliches Accessoire der modernen Frau", zumindest, soweit sie Brillenträgerin sein mußte, dies gelang Udo mit seiner Ideologie und mit seinen Entwürfen ungezählter Brillenmodelle, die in dem Sammelbegriff "VIENNA-LINE" enthalten waren.

Ähnliches gilt auch für die Exklusiv-Modelle der "SERGE KIRCHHOFER-SCHMUCKBRILLEN". Auch hier wurde eine große Vielfalt von Modellen entwickelt. Die SK-Modelle eroberten sich auch auf Grund der von UDO entwickelten Verkaufsstrategie (Nur wenige Optiker in einer Stadt durften diese Modelle führen) den Markt. Die Werbemittel für den Optiker wurden in besonderer Qualität entworfen und hergestellt, den Auslagen der SK-Modelle führenden Optiker besondere Aufmerksamkeit gewidmet.

Unter der Führung von Wilhelm Anger entwickelt sich Udo also tatsächlich zu einem gefragten Fachmann seiner Branche – er hat dem Mann viel zu verdanken. Trotzdem ist die Beziehung der beiden nicht immer ungetrübt.

Wilhelm Anger

Im Alter von weit über 80 Jahren macht Wilhelm Anger 2010 einen neuen Anlauf als Brillen-Produzent. Er bringt die ersten rein geklebten Randlos-Brillen mit dem Namen "Lensbond" auf den Markt. *Lensbond ist mein Grande Finale. Das wird ein Welterfolg, das werde ich noch erleben*, so selbstbewusst geht Anger in sein neues unternehmerisches Unterfangen. Das passt zu dem

Wilhelm Anger
z.Zt.
Mondsee, 25.8.1977

Lieber Udo,

ich muß Ihnen heute von einer Geschichte erzählen, die wohl unglaublich, aber leider wahr ist. Wie Sie wissen, befindet sich die OPTYL AG, von welcher ich die Majorität besitze, seit ungefähr 1 1/2 Jahren auf dem allerbesten Weg zur Gesundung. Wir haben im letzten Jahr genau 10 % vom Umsatz rein netto an sehr konservativ berechnetem Gewinn erwirtschaftet und im 1. Halbjahr 1977 12,5 %. Wie Sie wissen, gelang es im April d.J, alle Übernahmebemühungen seitens des Minderheitsaktionärs abzublocken. Trotz größter Streitereien konnte ich wieder im Verwaltungsrat tätig werden. Der neuen Geschäftsführung und den Präsidenten, Herrn Dkfm. Bauer und Herrn Rittershaus (ADCA) als Vize-Präsident, gelang es, ein Team zu bestellen, das in kürzester Frist erfolgreich aktiv wurde. Wir konnten Mißstände aufdecken, die eine Verschwendung und Blockierung von ca. SF 20 Mio aufdeckten, und sozusag. in letzter Minute konnten wir den Trend zu einer guten Entwicklung herbeiführen.

Plötzlich, vor 5 Wochen kündigte das Haus Slomann-Hardy, Tochter der Dresdener Bank, den bestens besicherten Kredit im Zusammenwirken mit dem Minderheitsaktionär und dem ehemaligen Generalbevollmächtigten. Diesem schlossen sich ebenfalls völlig unmotiviert das Bankhaus Berger und vor allem die Schweizerische Volksbank an. Um die Lage wieder zu ordnen, regten die beiden Präsidenten eine Bankensitzung für gestern, dem 24.8. in Salzburg an. Was nun auf dieser Sitzung geschah, hat nichts mehr mit kaufmännischen Gepflogenheiten zu tun, sondern gehört in den Bereich der Gosse! Trotzdem der Präsident einen glänzenden Halbjahresabschluss vorlegte, und die Bitte vortrug, dass die kündigenden Banken zu ihren Zusagen stehen sollten, wurde dies - vor allem von Slomann und der Schweiz. Volksbank - nicht nur abgelehnt, sondern es entstanden die wüstesten Streitereien, bei denen eigentlich nur noch Handgreiflichkeiten fehlten. Zunächst konnte ich einmal gar nicht verstehen, was überhaupt gespielt wurde, doch um 14.oo h war dann "die Kuh vom Dach". Ich wurde in den Versammlungsraum geholt, wie ein Delinquent plaziert, und nunmehr mit der Frage konfrontiert, die eigentlich ein Befehl war, daß ich sofort meine Majoritätsanteile an meinem Lebenswerk, der OPTYL AG, abzugeben hätte. Man wollte von mir sofort eine schriftliche Erklärung haben, mit der Begründung, Herr Derr verkaufe seine 20 %-igen Anteile an BALLY. Da BALLY aber eine Minderheit nicht kaufe, hätte ich sofort soviele Aktien abzugeben, daß BALLY die Mehrheit hätte. Ich erklärte in sehr verbindlichen Worten, daß ich rein juristisch diesem Vorgang nicht zustimmen könne, bat darum, daß Herr Derr mir sein Paket anbieten sollte, so wie es für diesen Fall vertraglich geregelt sei. Dann würde ich dem Wunsch des

Herrn Slomann Folge leisten und in Verhandlungen mit
BALLY eintreten. Diese meine korrekte Vorgangsweise
löste geradezu tumultartige Szenen aus. Man unter-
stellte mir, Zwischengewinne machen zu wollen, und der
uneingeschränkte Wortführer dieser Runde, Herr Slomann,
beschimpfte mich mit den Worten "Verbrecher", "Betrüger",
"Dieb", "Bandit" und weiteren, nicht wiederzugebenden
Ausdrücken. Ich habe daraufhin nicht umhin kommen können, Herrn Slomann einen "Erpresser" zu nennen und das
ganze Manöver als erpresserisch darzustellen.

Die Bankiers, wenn man sie so nennen kann, verhielten
sich wie folgt: Berger, Donau, Sparkassa Linz, ADCA
versöhnlich; das Haus Hardy-Slomann, vertreten durch
3 Herren, Volksbank Winterthur, vertreten durch 2 Herren, waren in ihren Hass- und Wuttiraden nicht mehr
zu überbieten. Der Minderheitsaktionär braucht im
selben Sinne wohl nicht genannt zu werden.

Das Fazit dieses zehnstündigen Spektakels war: Herr
Dr. Frick erhielt den Auftrag, mit mir und dem Minderheitsaktionär zu BALLY zu gehen und unverzüglich
Verhandlungen aufzunehmen. Da dies einige Tage dauern
wird, wurde verlangt, daß für die Übergangszeit der
ehemalige Generalbevollmächtigte sofort wieder als
solcher etabliert wird, was Herr Dkfm. Bauer als Präsident des VR rundweg ablehnte.

Die Kreditlinien Slomann, Winterthur bleiben gesperrt.
Weitaus schärfere Maßnahmen wurden angedroht.

Nicht verhehlt soll werden, dass Herr Präs. Bauer zu
Beginn der Sitzung SF 15 Mio zur Rückführung von Kre-
diten in den nächsten 3 Monaten angeboten hatte. Der
Vorschlag wurde als lächerlich abqualifiziert.

Besonders betrüblich finde ich, daß die CA, vertreten
durch Herrn Gen.-Dir. Vranitzky, Herrn Foidel und Herrn
Dr. Krempler, nicht im mindesten in der Lage waren, bei
diesen unglaublichen Desaster ordnend einzugreifen, und
wenn man so sagen will, absolut keine wie immer gearte-
te, konstruktive Rolle gespielt hat.

So sehen Sie, lieber Udo, was alles passieren kann, wenn
einige Spekulanten wie Derr und einige, kaum zu qualifi-
zierende Bankiers wie Slomann und Dr. Frick (Winterthur)
sich zu einer solchen absurden Erpressung zusammenfinden.
Selbstverständlich wird weiter gekämpft, denn letztend-
lich trage ich die Verantwortung für die größte Brillenfabrik der Welt mit einer enormen Ertragslage und 2.600
Mitarbeitern.

                Mit herzlichsten Grüßen

                        Ihr

Parade-Industriellen. Ein Leben als Entrepreneur wie aus dem Bilderbuch liegt hinter ihm. Mit vielen Höhen, aber auch einigen Tiefen. Seine und Udos Lebensgeschichte weisen einige Parallelen auf: Der Sudetendeutsche Wilhelm Anger schlägt sich nach dem Krieg nach Österreich durch, hält sich als Landarbeiter über Wasser, später als Hausierer. Wie viele Selfmade-Männer dieser Generation hat er irgendwann die zündende Idee: Aus alten Gasmasken bastelt er Schutzbrillen für Schweißer und tingelt mit seinem Fahrrad durchs Land, um sie zu verkaufen. Das ist der Anfang einer sagenhaften Erfolgsgeschichte. Anger wird mit Brillen und später mit anderen Kunststoffprodukten zu einer der großen Unternehmer-Persönlichkeiten der Wirtschaftswunder-Generation. Immer wieder beauftragt er Studenten der Wiener Kunstakademie mit Brillenentwürfen – und wird auf den Studenten Udo Proksch aufmerksam. Als er Udo in seine Firma holt, setzen die beiden mit den ersten Designerbrillen neue Maßstäbe. Als sich Udo später von ihm trennen wird und seine eigene Brillenfirma gründet, wird das Verhältnis merklich getrübt. Udo wirft Anger ein diktatorisches Führungsprinzip vor, Rücksichtslosigkeit bei der Verfolgung seiner geschäftlichen Ziele, Härte und Kälte.

Udo tut sich schwer, mit Angers Autorität umzugehen, die dominante väterliche Führungsfigur hat er schon in der eigenen Familie. Dennoch bleibt zumindest gegenseitiger Respekt. Als Angers mittlerweile beachtlicher Konzern mit 2600 Mitarbeitern und dutzenden Vertriebsgesellschaften im Ausland 1977 in finanzielle Schieflage gerät und Kredite über Nacht fällig gestellt werden, wendet sich Anger brieflich an den mittlerweile bestens vernetzten Udo – und der weiß, was er seinem einstigen Lehrherrn schuldig ist.

Er nutzt seine Kontakte und interveniert an den höchsten Stellen für ihn. Vergeblich, wie sich zeigt. 1978 setzen die Gläubigerbanken Anger einen neuen Eigentümer vor die Nase, Anger bleibt Geschäftsführer, sein Unternehmergeist ist jedoch bis heute ungebrochen. Sein einstiger Star-Designer geht aber nach einigen Jahren der Zusammenarbeit eigene Wege.

Serge Kirchhofer

Das Image des Udo Proksch ist nicht ein Zufallsprodukt, sondern das Ergebnis sorgfältiger Planung. Aus Udo Proksch wird der Designer Serge Kirchhofer. Wie dieser Name zustande kommt, darüber kann auch sein Bruder Rüdiger Proksch heute nur noch spekulieren. Der Vorname Serge dürfte auf Udos Faible für alles Russische zurückzuführen sein. Und Kirchhof heißt angeblich die aktuelle Freundin Udos zu der Zeit, als er gemeinsam mit Wilhelm Anger an einer neuen Brillenlinie tüftelt. (Auf seinen Künstlernamen erhält Udo – vermutlich auch dank seiner Kontakte zur Politik – später einen eigenen Reisepass, was durchaus ungewöhnlich ist.)

An den Fotografen Roland Pleterski, der zu dieser Zeit in New York lebt und arbeitet, schreibt Udo am 9. März 1961:

Ich werde Ihnen nun erzählen, wer und was, was und wer das ist. „Serge Kirchhofer" bin ich, doch bin ich unter diesem Namen nicht greifbar, man schwebt ja so dahin. – Eine Firma „A. Schmied" ist mein Partner. Diese Firma hat den Verkaufsapparat und die finanziellen Mittel zur Hand, ich den Serge Kirchhofer – eine von mir erfundene mystische Figur, die in der kommenden Zeit einigen Staub aufwirbeln wird, und dem Namen (und Geschäft) alle Ehre machen wird. Nicht leicht war es für mich, für wahr, die nötigen Partner zu finden, und nun heißt das Unternehmen (letztes Jahr gegründet – Verkaufsbeginn vor ca. drei Wochen) Serge Kirchhofer. ... Jetzt noch Linz ... doch später werde ich in Wien die nötigen Räumlichkeiten (eben dafür geeignet) beziehen. (So Gott will)

S.K. (so will ich fürderhin Serge Kirchhofer nennen) ist nun bemüht in kleiner Serie die teuersten und schönsten u.s.w. Artikel zu erzeugen und zu verkaufen. Nicht nur Einzelstücke, sondern auch kleine Serien. So z.B.

Kostbare Brillen (Gold, Schildpatt und einfache Materialien auch mit Steine und Edelsteine)

Blusen aus bester Seide mit Goldknöpfen und Saphirknöpfe.

Parfum in herrlicher Verpackung und dem Geruch des Todes oder Astern. Dies werde ich erst bestimmen!

Schmuck – teuer, echt.

Schmuck – billig, Bijouterie.

All diesen Dingen liegt folgendes System zu Grunde: Der Name S.K. wird durch einen Dienst (Information Exklusiv) (Anm.: der „Pressedienst" des Vaters) *verbreitet, zur Zeit nur für die deutschsprachige Presse, um durch kleine Notizen aufzuscheinen. Außerdem verfaßt dieses Pressebüro sämtliche Reportagen nach einem Plan, der von mir vorher gezeichnet wurde. S.K. bringt in Abständen sehr exklusive und namenswerte Dinge heraus, um die es sich lohnt kostenlose Reportagen zu bringen.*

1. einen goldenen Finger, von besonderer Schönheit und hohem Wert, so hohem Wert, daß es wohl den meisten Menschen schwerfallen wird, ihn zu erstehen. ...

Die Pressewerbung muss und wird zu einem gut funktionierendem Mittel werden um S.K. bekannt zu machen, außerdem die hervorragende europäische Qualität, Marktkenntnisse, hohe Preise, das System des Verkaufs, und die direkte Werbung des Produktes!" ...

Zur Zeit werden nur Exklusivbrillen verkauft, aber alles andere ist im Laufen und braucht halt nur seine Zeit. Gut Ding braucht Weile. Ich persönlich kenne U.S.A. ganz gut und komme zu dem Schluß, daß drüben (also bei Ihnen) nicht nur guter Verkauf notwendig ist, sondern man müßte auch eventuell Canada dazu nehmen und eine Luxusrepräsentation in U.S.A. aufbauen, mit Sitz Aspen Colorado und New York.

Möglich, daß Sie unser Mann sein wollen – ich würde mich freuen, denn Sie scheinen meine Pläne zu verstehen – und aus

Ihren Photos, die mir Frl. Pluhar freundlicherweise zeigte entnehme ich einiges. Auch würde sich einige Arbeit von S.K. auf dem Photogebiet in Österreich machen lassen. Viele Dinge eben!

Der Vater greift in die Tasten, seine PR-Arbeit erweist sich als durchaus erfolgreich, und in seiner Udo-Lebenschronik notiert er:

Unabhängig von der Firma Wilhelm A n g e r OHG entwickelte (erfand) U d o den „SK GOLDFINGER". Es war ein exzentrisches Schmuckstück, nicht für die breite Käuferschicht gedacht, eher eine PR-Aktion, um den Namen SERGE KIRCHHOFER, der ja für den Verkauf der „SK-Schmuckbrillen" einer besonderen „Heraushebung" bedurfte (es sollte aus PR-Gründen eine, mit besonderen Eigenschaften ausgestattete Persönlichkeit sein, die solche Brillen erfand und produzierte), mit einem Hauch von Skurrilität, aber auch mit einem Hauch von Geheimnis, zu umgeben.

Der Goldfinger

Der „Goldfinger" ist eigentlich nur die Draufgabe auf einen weltweiten Erfolg mit den Designer-Brillen. Das ausgefallene Schmuckstück zum Aufstecken auf einen Finger wird zwar nie zum Verkaufsschlager, dafür rühmt sich Udo einer anderen, nicht belegten Episode: Der „Goldfinger" erweckt bei einer Ausstellung die Aufmerksamkeit des britischen Autors Ian Fleming. Er kauft Udo die Idee ab, der Rest ist bekannt: 1964 läuft der gleichnamige James-Bond-Film an, in dem Auric Goldfinger, ein großer Goldschmuggler, mit illegalen Goldverschiebungen das internationale Währungssystem gefährdet und von James Bond actionreich zur Strecke gebracht wird. Der Film wird zum Welterfolg und gilt unter Fans als der beste Streifen der James-Bond-Serie. Klar, dass Udo die Filmpremiere nutzt, um dort wiederum seinen Goldfinger zu bewerben.

Model und Fotografin Elfie Semotan als „Goldfinger", 1964

Als Goldgriff erweist sich auch Udos Idee der Vermarktung seiner Kreationen. Er überredet Wilhelm Anger zu einer vollkommen neuartigen Form der Präsentation. Auf der Mailänder Industriemesse 1964 wird den staunenden Besuchern erstmals ein Ausstellungsstand präsentiert, auf dem die Brillenmodelle in eine Art Gesamtkunstwerk eingefügt sind. Die künstlerische Kulisse stellen Exponate junger österreichischer Maler und Bildhauer der Wiener Schule des Phantastischen Realismus. Mit dabei: Ernst Fuchs und Udos Freund Friedensreich Hundertwasser. Für sie und viele andere erwirkt Udo bei Wilhelm Anger ein großzügiges Mäzenatentum.

Messestand bei der „optica 74" in Karlsruhe

„Schmetterlingsdisplay"

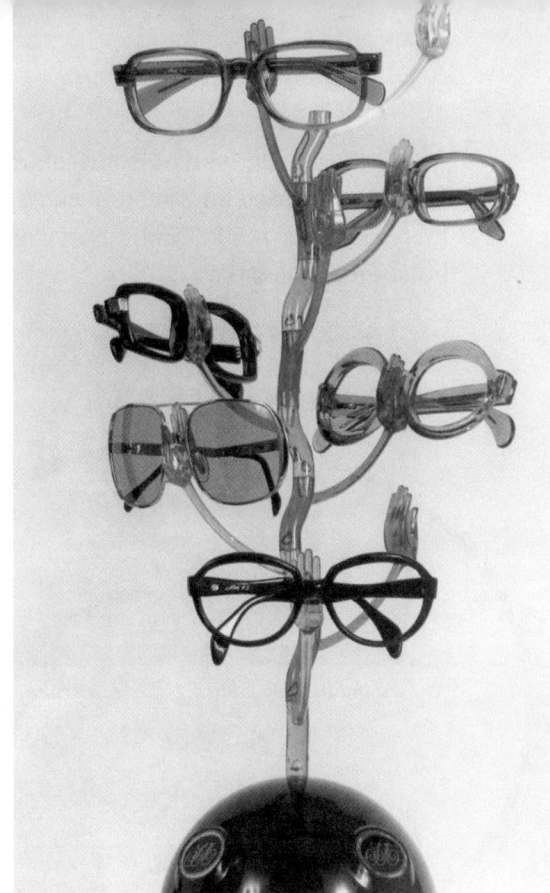

„Händchenbaum"

Schaufenstergestaltung für die Design-Linie „Viennaline"

Auch was die Verkaufspräsentation seiner Brillen-Entwürfe betrifft, legt Udo eine unglaubliche Kreativität an den Tag: Vom Preisschild bis zur Präsentationsvitrine ist alles im Serge-Kirchhofer-Design gestylt.

„Herzauge"

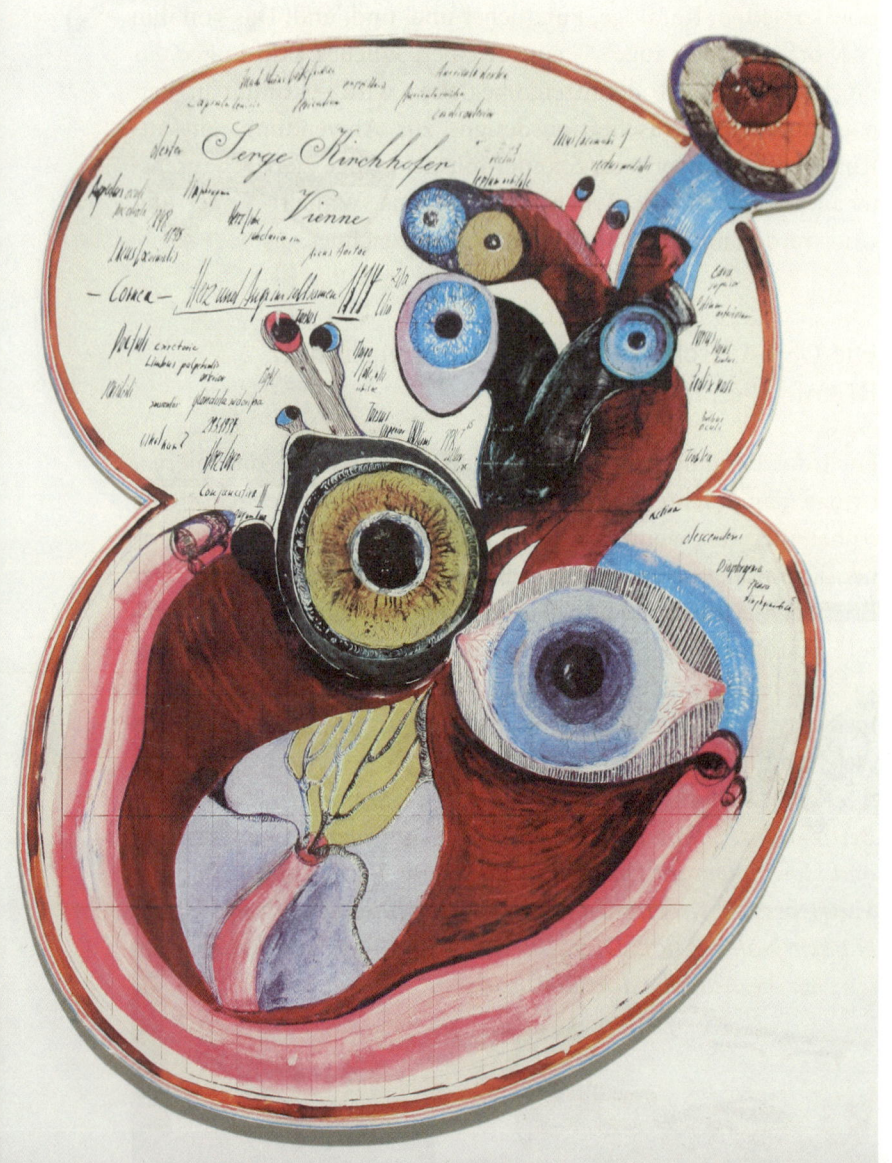

Das SK-Goldrohr, zum Beispiel, eine Brillen-Kassette für sechs Brillen, bestehend aus einer halbierten, vakuumvergoldeten PVC-Röhre mit eingeklebten Fächern und zwei Abschlusskappen. Oder Damenhände aus Polyurethan-Hartschaum als Brillenständer. Dazu gehören Stoffe zum Drapieren mit Designerlogo, Gold- und Silber-Aufsteller, Beschriftungsstreifen für Etuis, Seidenpolster mit Goldprägung, mit Edelsteinen besetzte Präsentationskassetten, Kataloge, Putztücher und, und, und. Das von ihm entworfene „Herzauge" – eine Art persönliches Udo-Logo, das ihn bis zu seiner Todesanzeige begleiten wird – kommt in Verpackungs- und Präsentationsdesigns zur Anwendung, ein aus Kunststoff aufgespritzter Ständer mit dem Auge ziert Schaufenster und Vitrinen. Die Arbeit zahlt sich aus: Wilhelm Anger und Udo werden mit dutzenden Preisen ausgezeichnet.

Die USA-Geschäfte/Udo goes international/ Roland Pleterski

Für Udos Bemühungen, sich auch international zu positionieren, ist das kein Nachteil. Die USA-Geschäfte sollten aber schon viel früher anlaufen, wenn auch nicht ohne Schwierigkeiten. Als Partner in Amerika ist der Fotograf Roland Pleterski auserkoren. Der Briefwechsel zwischen den beiden Männern zieht sich über mehrere Jahre hinweg und sollte später in eine freundschaftliche Beziehung münden. Zunächst bittet Udo Pleterski um Details und Insiderinformationen und gibt genaue Instruktionen, wie er sich die Zusammenarbeit vorstellt:

Falls Unklarheiten bestehen, gehen Sie von dem einfachen Beispiel aus: „Was würden Sie tun, wenn Herr Dior Christian und Herr Salvatore Dali eine gemeinsame Sache zum Zweck des Vertriebes der Kreationen der einzelnen, möglich z.B. unter dem Namen Dali – Dior, D.D., in U.S.A. gründen würden und Sie würden die Aufgabe dort übernehmen."

Bitte haben Sie die Güte und stellen Sie mir ein kleines Exposé darüber zusammen – damit sich meine Seite ein Bild über eine eventuelle Zusammenarbeit machen kann.

Pleterski ist nach Durchsicht von Udos Werbematerialien und Fotos durchaus beeindruckt. Er beginne, *große Lust zu verspüren, mit Ihnen zu arbeiten. Ich habe selbstverständlich schon jetzt viele Gedanken und Pläne. Zum Beispiel muss die gesamte Photographie mit interessanten und hübschesten Mädchen hier in New York gemacht werden, die Sie wiederum für das Ausland verwenden. Zum Beispiel stelle ich mir diesen Goldfinger an der Hand einer fabelhaft angezogenen, traumhaft aussehenden Dame sehr gut vor, die Brillen müssten Mädchen tragen, deren Haar, Teint etc. makellos sind. Mit anderen Worten: die Mannequins müssen beste internationale Klasse sein. … Ich kann mir vorstellen, dass sich S.K. herrlich verkaufen lässt, wenn er nur richtig gebracht wird und wenn das Ganze gleich zu Beginn den Eindruck der Noblesse, edlen Handarbeit und des hervorragenden Materials macht.*

Die beiden Männer verständigen sich, in New York ein Fotostudio und ein gemeinsames Büro einzurichten. An der Adresse 107 East 38th Street werden entsprechende Räumlichkeiten dafür angemietet. Dafür lässt Pleterski seine Beziehungen zur New Yorker Mode-Society spielen. Aber mit der Finanzierung gibt es Probleme. Udo lässt sich Zeit mit der Überweisung seines Anteils an Pleterski, auch wenn er von Wilhelm Anger dabei unterstützt wird. Mitte Dezember 1961 schildert ein offensichtlich ziemlich entnervter Udo seine Probleme mit dem USA-Projekt:

Das erste Geld von der Firma Anger ist Mittwoch an die Bank gegangen … . Geld Kirchhofer kommt erst nächste Woche doch es kommt. Es war nicht leicht alles so in die Wege zu leiten. Mich selbst hatte eine große Müdigkeit erfaßt hier, ich frug mich manchmal warum all dies scheiß Leben u.s.w. doch nun bin ich wieder über dem Berg. … Ich werde wegen S.K. Abwicklung noch nichts an Dich schreiben – werde Dich also Mittwoch

Bitte entschuldigen Sie mein Schweigen – doch
Sie verstehen – private Sorgen – furchtbar viel
Arbeit – krank war ich außerdem noch und
all die Schwierigkeiten mit S.K. die Leute dazu zu
bringen – langsam aber sicher ging es und nun scheinen
wir gewonnen zu haben – Denke da Sie so pedantisch im
Lande des Feindes ausgehalten haben – Bei S.K. im Büro
viele Schwierigkeiten durch den Tod unseres Herrn in
Linz und durch die schwere Operation von Frau Schmied.
Doch all dies soll in einem Joh. vergessen sein und Glück
über all. Das erste Geld von der Firma Aug. ist Mittwoch
an die Bank gegangen, ich denke (2000 oder mehr Dollar)
nächste Woche Mitte kann alles bei Ihnen sein. Geld
Kirchhofer kommt erst nächste Woche doch es kommt.
Es war nicht leicht alles so in die Wege zu leiten.
Ich selbst hatte eine große Müdigkeit erfaßt hier, ich
tenp mich manchmal   n wenn all dies scheiß Leben
u.s.w. doch nun bin ich wieder über den Berg. Es geht Ihnen sicher auch
manchmal so. Erika ist wohl auf und wird mich morgen
besuchen kommen **hier kam der Telephonanruf
von Dir – toll somit hee.** Ich bin in
Traun ein Wunsch, das Du durch gekommen bist. Ich werde
wegen S.K. Abwicklung noch u. nicht's an Dich schreiben – werde
Dich also Mittwoch in Studio S.K. 38 St. anrufen
halte alle Geldsachen hin und erzähle Ihnen das Neueste
vom Onkel aus Austria (einmal umgepackt)
Ich weiß wie das warten ist – aber wir haben unsre
Posten gehalten – gut Ding braucht Weil. Danke für Deine Briefe
und Danke auch an   Hoffentlich geht es Ihnen wieder besser.
Hast Du Dich im Studio schon wieder eingelebt? Kroon
hat sich noch gut gehalten? Will's hoffen. Die gesamte
SK. auch die Augen-Operation großuttliche Not gehen alle
sehr gut und aussichtsreich. Also Mittwoch heute
ich in New York an – hoffe das bis dahin das Geld schon
überwiesen   ist ich meine in N. York ist. Halte Aus

Seines Gruß   und an Mama   Dein
Frau   und an Dich
                                    RSR   Udo

im Studio S.K. 38$^{st.}$ anrufen halte alle Geldsachen hin und erzähle ihnen das Märchen vom Onkel aus Austria (einmal umgekehrt) ... Also Mittwoch rufe ich in New York an – hoffe daß bis dahin das Geld schon überwiesen ist ich meine in N. York ist.

Anfang 1962 kommt die Sache dann endlich ins Laufen. Pleterski an Proksch:

Danke Gott, dass das Geld angekommen ist und kann es richtig losgehen. Du musst dir vorstellen, dass ich schrecklich in der Luft gehangen bin, wir von den Ersparnissen und vom guten Glauben gelebt haben und darüber das drohende Gespenst der Miete, die sich mit jedem neu angebrochenen Tage mehr dem Tausender näherte. Ich habe mich buchstäblich schon gesehen, mein Pinkerl zu packen und die schöne Stätte zu verlassen. Es tut mir leid, dass ich nicht früher mit all den Arbeiten beginnen konnte, aber eine Gründung ist in erster Linie vom Geld abhängig. ... Das Schwungrad muss nun auf Touren gebracht werden.

Die Zusammenarbeit der beiden Männer erweist sich in der Folge als kongenial, wenn auch nicht immer einfach. Udo ist anspruchsvoll und ungeduldig, gibt seinem Kreativ-Partner Zuckerbrot und Peitsche und motiviert Pleterski mit einer Mischung aus Lobhudeleien und Beschimpfungen. Das eine Mal machen *Deine Photos überall Aufsehen und gefallen erstklassig, Du bist laut meiner publicity der zweit- oder drittbeste Photograph der Welt und wirst bald der erste werden* – dann wieder sind die Fotos *auf gut deutsch scheiße – das muß ich Dir sagen, und Du wirst verstehen warum. ... was ich brauche weißt Du selbst am besten: beste, allerbeste Photos, würdig eines Avedons, eines Penns – Du verstehst. ... Bitte nimm ordentlich geschminkte Mannequins, ordentliche Frisuren, eine ordentliche Stellung, ordentliche Fingernägel, keine Sommersprossen u.s.w. ... Zum Opernball wird ein kostbarer Goldfinger von einer vermögenden und schönen Dame getragen – ein gewisser Hubmann ... wird eine Reportage davon photographieren. Glaubst Du, daß wir einige Photos davon in Harper's Bazaar, Vogue, McCall oder Show unterbringen können?*

Pleterski seinerseits mahnt Udo immer wieder zur Geduld und weist darauf hin, dass man auf die US-amerikanischen Verhältnisse Rücksicht nehmen müsse. Das Ergebnis der mühsamen Auseinandersetzungen kann sich aber schließlich sehen lassen.

Brillen für die Stars

Mit seinen Brillen landet Udo unter dem Namen Serge Kirchhofer einen internationalen Hit. Bis zu 12.000 Euro kosten die Top-Modelle, hergestellt aus Gold oder Schildpatt, mit Edelsteinen besetzt und oft in den skurrilsten Formen. *Für jeden Anlass die passende Brille*, predigt Serge Kirchhofer das Mode-Diktat fürs Auge und preist seine Kreationen wortreich an:
Zahllose Saphire von variierender Größe sind bei diesem Modell auf dem Steg und gegen die Schläfen hin gesetzt. Der leicht blattförmige Schwung des Rahmens ist besonders vorteilhaft für etwas schräggestellte Augen. Oder: *Eine sehr attraktive abend-*

Im eigenen „Studio für Werbegestaltung" mit diversen Entwürfen

liche Goldbrille mit weich verschlungenen Ornamenten, in denen zahlreiche kleine Saphire blitzen. Die Brille ist bis ins kleinste Detail modelliert und zeigt ein leichtes Profil auf den verlaufenden Bügeln. Oder: Serge Kirchhofers Huldigung an die Schönheit des Auges – er rahmt sie in exotische Ranken aus kühlem Weißgold und schmückt sie mit Perlen und schmeichelnden rosa Brillanten.

Der Schah von Persien und seine Frau Soraya, Jackie Kennedy-Onassis und Peter Sellers – die „rich and beautyful people" von damals tragen Serge-Kirchhofer-Brillen.

Peter Lichtner-Hoyer als Brillen-Model für „Viennaline"

Um seine Carrera-Sportbrillen zu vermarkten, plant Udo, die Fahrer bei den Profi-Skiweltmeisterschaften 1965 in Seefeld einzuspannen. Gegen entsprechendes Honorar sollten sie die Brillen tragen, eine Werbeform, mit der Sportlerinnen und Sportler heute einen großen Teil ihrer Einkünfte bestreiten. Toni Sailer, Karl Schranz, der Sänger Bill Ramsey und viele mehr werden als Brillen-Models fungieren. Das alles kann er bereits im Namen seiner ersten eigenen Firma tun – dem „Studio für Werbegestaltung" in der Wiener Walfischgasse, das später bei all seinen diversen Projekten immer mit von der Partie sein wird.

Eine besondere Rolle unter seinen Werbeträgern nimmt der einstige Turnierreiter Peter Lichtner-Hoyer ein. Der mehrfache österreichische Staatsmeister im Springreiten vermarktet nicht nur sein Gesicht, sondern auch seine Reitkünste für Udos Brillen. Wilhelm Anger sponsert ihn mit zwei hochklassigen Turnierpferden, „Viennaline I" und „Viennaline II" nach der eigenen Design-Linie. Weil Lichtner-Hoyer aber im Sold des Bundesheeres steht, handelt er sich disziplinarische Schwierigkeiten mit seinen Arbeitgebern ein. Diese Art von vermutlich ziemlich einträglicher Nebenbeschäftigung wird vom Heer nicht akzeptiert. Als „Viennaline II" nach einem Unfall nicht mehr einsatzfähig ist, drängt Lichtner-Hoyer Wilhelm Anger, ihm ein neues, eigenes Pferd zu sponsern – für eine entsprechende Gegenleistung, versteht sich:

Es wäre natürlich sehr schön, wenn Sie die Möglichkeiten hätten, mir ein neues Pferd aus Ihrem Werbeetat wieder für Ihre Werbung zur Verfügung zu stellen. Ich würde mich natürlich mit allen Mitteln dafür einsetzen, wieder mit einer neuen „Viennaline" an die Spitze zu kommen, ... und es wäre für Sie sicher von großem Nutzen ein Pferd weiter mit „Viennaline" oder einem Ihrer Firmennamen zu benennen, vorausgesetzt, daß Sie das neu finanzieren wollen.

Für Udo wird das Brillendesign eine seiner wichtigsten Einkommensquellen, wenn es auch nicht immer genug abwirft für seinen Lebensstil. 1968 bittet er neuerlich einen Freund in den

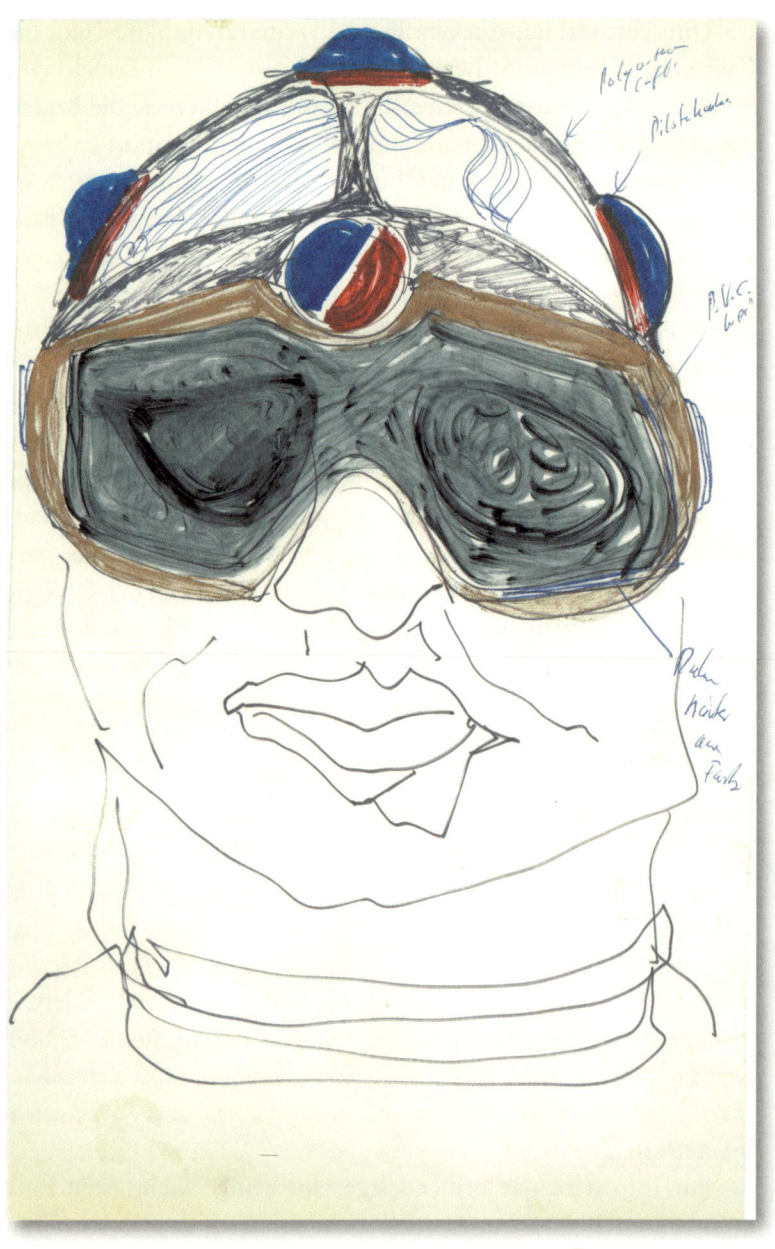

Eine Entwurfszeichnung Udos für Skibrille und Skihelm

USA um Vermittlung von Geschäften. Dieser Freund, ein gewisser Carl Gustaf Jahnsson, Lehrbeauftragter an der Universität von Menomonie, Wisconsin, solle für ihn mit verschiedenen Firmen aus der Optik-Branche in Kontakt treten: *erwähne aber nie meinen Namen. Sag', daß Du Erfahrungen auf dem Gebiet der Optik hast und auch mit verschiedenen Firmen gearbeitet hast. ... Wenn Du die Firmen anschreibst, nennst Du Dich „Industrial Designer" – spezialisiert auf Brillen ... – und verfügst über einen Stab von Mitarbeitern, die Deine Zeichnungen in die Tat umsetzen. Die Basis, die wir ihnen anbieten, ist auf Vertragsbasis. Entweder Honorierung des Modells bei interessantem Angebot – Exklusivrecht nur für eine Firma – Stückbeteiligung.*

Selbstverständlich erwarte sich Udo hundertprozentige Diskretion über diese Zusammenarbeit, und dann lässt er seinen Freund auch noch Folgendes wissen: *Ich war ja ein halbes Jahr krank und konnte nicht arbeiten – habe eine Gehirnerschütterung in Lech am Arlberg gehabt und brauche jetzt Geld. Bist Du mir noch etwas schuldig ...? Ich bitte um Überweisung dieses Geldes.*

Schließlich wird Udo aber bis in die 1970er Jahre hinein mit seinen Brillen verdienen.

Als Bub wollte ich Millionär werden und wie Napoleon die Macht über Europa haben. Millionär bin ich (Udo 1981).

Udo und die Frauen

Frauen sind den Männern überlegen, weil sie Leben schenken können und ohne das ist alles nichts wert. Männer können Computer, Brillen oder Filme produzieren, aber kein Leben, darum sind Frauen dem Mann weit überlegen.

Udos Frauenbild *(Frauen sind an erster Stelle Mutter, darum überlegen und brauchen die Männer nicht)* hat kaum etwas mit den Frauen zu tun, die in seinem Leben eine Rolle spielen sollten: Berühmtheiten, gesellschaftlich anerkannt, beruflich erfolgreich sind sie fast ausnahmslos. Und viele von ihnen stehen Udo als Models für seine Brillen-Kreationen zur Verfügung.

Aber was macht nur die merkwürdige Anziehungskraft des klein gewachsenen Mannes aus, der noch dazu meistens ungepflegt auftritt und nach übereinstimmenden Aussagen einen eher ungewaschenen Geruch verströmt?

Als junger Mann wirkt er durch körperliche Arbeit kräftig, aber gedrungen, früh verliert er sein Haar und legt im Lauf seines

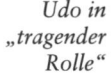

Udo in „tragender Rolle"

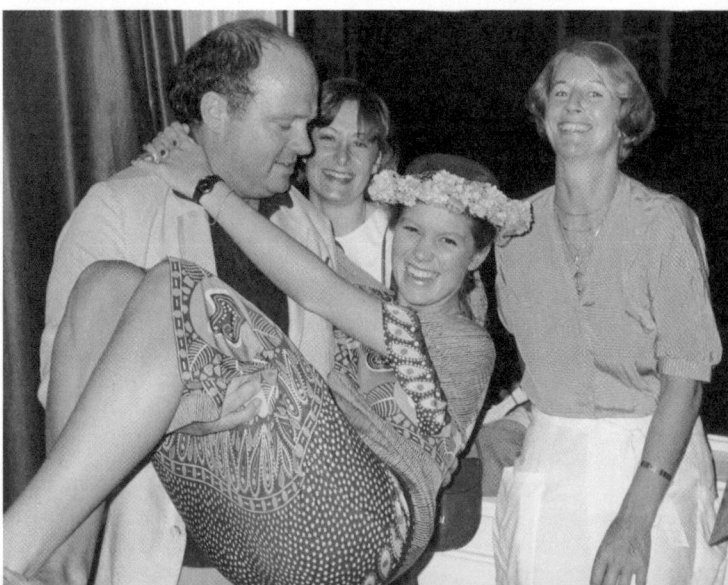

Mit Erika Pluhar, Wien 1962, „Hochzeitsreise"

Lebens deutlich an Gewicht zu. Ich selbst habe Udo Proksch nur einmal persönlich gesehen, bei seinem „Lucona"-Berufungsverfahren 1992 im Wiener Straflandesgericht. Damals 58-jährig, nach seiner Gesichtsoperation, ist er schwer übergewichtig und unbeweglich. Trotzdem bleibt die Faszination eines Mannes, der sich nach Pippi-Langstrumpf-Manier („ich mach mir meine Welt, wie sie mir gefällt") über sämtliche Konventionen hinwegsetzt und glaubt, alles tun zu können, was er nur will. Und selten stellen sich dabei andere in seinen Weg.

Verheiratet ist Udo drei Mal. *(Immer glaubte ich, die Einzige gefunden zu haben, bis ich draufkam, dass alle gleich sind. Ich liebe alle Frauen, wobei es eine Frage der Laune ist, ob ich sie liebe oder hasse. Sie beeinflussen meine Laune wie das Wetter.)*

Im Januar 1962 heiratet er Erika Pluhar, zu dieser Zeit bereits Ensemblemitglied im Wiener Burgtheater.

Im Mai kommt ihre gemeinsame Tochter Anna zur Welt. (Anna stirbt im Alter von 37 Jahren, sie hatte einen bis dahin

Mit Erika Pluhar im Café „Demel"

Mit Erika Pluhar in ihrer Wohnung in Grinzing

Mit Ski-Legende Egon Zimmermann, Nina Rindt und Erika Pluhar in Lech am Arlberg, 1972

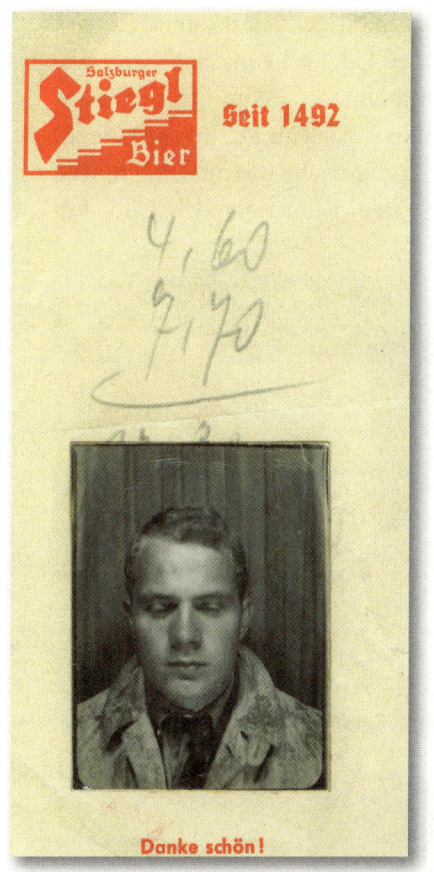 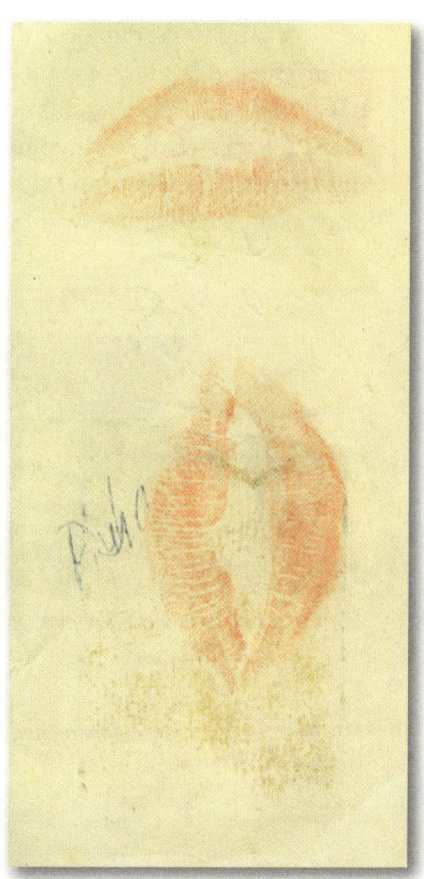

Erinnerungen an einen Abend mit Erika Pluhar

unentdeckten Herzfehler.) Die Ehe wird auf Wunsch von Erika Pluhar 1967 geschieden. Nicht einmal ein halbes Jahr später heiratet Udo die deutsche Schauspielerin Daphne Wagner, die Tochter von Wieland Wagner. Den Kontakt zwischen den beiden stellt Krone-„Adabei" Roman Schliesser her – Udo ist ihm dafür zeitlebens dankbar, aber die Ehe hält nur ein Jahr.

Dann dauert es wieder nur ein knappes Jahr, bis die Journalistin Ariane Glatz, Tochter aus begütertem Haus, vorgibt, von ihm ein Kind zu erwarten. Die Ehe wird im April 1969 geschlossen, im August kommt ein dunkelhäutiges Kind zur Welt, der Sohn eines Afroamerikaners. Aber Udo erkennt das Kind zunächst an, der Bub bekommt den Namen „Stefan Drusius Ingomar Proksch" (Drusius Ingomar lassen sich zu Dr. Ing. abkürzen, das spart das Studium, so Udos pragmatische Begründung für die ungewöhnliche Namenswahl). Später distanziert sich Udo von

Mit Daphne Wagner

Udo Proksch mit Ben und Laura Salm-Reifferscheidt

seiner Vaterschaft. Stefan Drusius Ingomar stirbt sechsjährig, als er in ein Auto läuft.

Die größte Rolle in seinem Leben spielt aber vermutlich eine Frau, mit der er nie verheiratet ist: Cäcilie Christine Caroline Maria Immaculata Michaela Thadäa Altgräfin zu Salm-Reifferscheidt-Krautheim und Dyck, genannt „Cecily" (in den Korrespondenzen findet sich häufig das Kürzel „CIC").

Dieser Verbindung verdankt Udo nicht nur zwei Kinder (Benvenuto Ivan Walodia Mc-Rudolf und Laura), sondern auch zu einem erheblichen Teil den Umstand, dass er die Konditorei Demel übernehmen kann.

Die Beziehung beginnt Anfang der 1970er Jahre und geht irgendwann Ende der Dekade nahtlos in eine Verbindung mit der Ärztin Alexandra Colloredo-Mannsfeld über, der 1981 Udos jüngster Sohn mit dem Namen Nikolaus, genannt Jurij, entstammt.

v.l.n.r.: Udo Proksch, Eva Deissen, Cecily Salm-Reifferscheidt, Leopold Gratz

Helga Irene di Lorenzo als Brillenmodel, Wien 1965

Dass sich noch viele andere Frauen zu Udo hingezogen fühlen – und noch mehr –, beweist eine ganze Sammlung mehr oder weniger eindeutiger Briefe an ihn. Manche der Absenderinnen sind auch heute noch in Österreich bekannte Persönlichkeiten und wollen diese Intimitäten von damals jetzt nicht mehr eingestehen – ihnen wird hier der Schutz ihrer Privatsphäre zuteil …

Andere zeigen sich auch öffentlich mit und für Udo: Helga Irene di Lorenzo etwa, in den 1960er Jahren eines der erfolgreichsten Models Österreichs. Sie posiert unter anderem für eine Fotokampagne in Berlin und trägt Udos Modell „Constanze" aus der „Viennaline"-Serie. 1968 erhängt sie sich im LSD-Rausch an einem Luster in ihrer Wiener Wohnung.

Eine Frau in Udos Leben zu sein, ist – schmeichelhaft formuliert – eine ziemliche Herausforderung. Er schlägt häufig zu, droht mit seiner Pistole, schießt in der Wohnung wild durch die Gegend und ist offenbar hin- und hergerissen zwischen Liebe und Verachtung. Davon zeugt auch ein Brief, den Udo an seine zweite

Gemeinsame Urlaubsreise in Venedig, 1980: Bruno Kreisky,
Alexandra Colloredo-Mannsfeld und Leopold Gratz

Frau
Daphne Pfoksch-Wagner
Hiltenbergerstraße 32
München   Wien, den 3.März 1968

Liebe Daphne:

Schauertelefonate haben wenig Sinn - es geht nur
um eines - es geht um die Überlegung des Prinzipes
der Ehe und um die eigentlich schon zur Zeit
Christi oder vorher herrschenden Götterprinzipien.
Es ist an und für sich sehr einfach - schau:
Du als Frau bist genauso, wie ich als Mann verschiedenen Situationen ausgesetzt - aber ich als
Mann muß für den Unterhalt der sogenannten Familie
sorgen, wo Du ja das Kind nicht willst. Unsere
einzige Aufgabe ist der Schutz des Kindes, daß
wir darum kämpfen - verantwortlich für die
Schwierigkeiten unserer gegenseitigen Beziehungen.

Ich sehe vollkommen ein, daß es nicht leicht ist,
wenn zwei diffizile Charaktere zusammenkommen,
die viele andere Interessen haben. Aber im Recht
Gottes - so es einen Gott geben sollte - und auch
im österreichischen Gericht gibt es Gott - sowie
bei Dir und meiner Liebe zu Dir mußt Du Dich den
entsprechenden Weisungen (ich schreibe Befehle
oder Bitten) fügen - das ist eine Einschätzung
der verschiedenen Staatsanwaltschaften, dementsprechend die Erziehung angediehen ist etc -
demokratisch - nationalsozialistisch - kommunistisch -
Augsteinistisch - Straußistisch oder ixistisch
(sozialistisch leider schon etwas passé).

In diesem Falle handelt es sich um Befehle einer
Einzelperson, die weder das noch das ist, sondern
sie gibt Befehle und diese haben ausgeführt oder
vergessen zu werden.

                            b.w.

SERGE KIRCHHOFER, WIEN I, WALFISCHGASSE 12, AUSTRIA, TEL.52 49 41

Ehefrau Daphne Wagner schreibt, und den er – wie fast alles in seinem Leben – von seinem Bruder Rüdiger Proksch in Kopie ablegen lässt.

Das Schreiben vom 3. März 1968 ist voller Liebesbezeugungen, von wirren Formulierungen und gleichzeitig unübersehbaren Drohungen.

Ich sehe vollkommen ein, daß es nicht leicht ist, wenn zwei diffizile Charaktere zusammenkommen, die viele andere Interessen haben. Aber im Recht Gottes – so es einen Gott geben sollte – und auch im österreichischen Gericht gibt es Gott – sowie bei Dir und meiner Liebe zu Dir mußt Du Dich den entsprechenden Weisungen (ich schreibe Befehle oder Bitten) fügen – das ist eine Einschätzung der verschiedenen Staatsanwaltschaften, dementsprechend die Erziehung angediehen ist etc. – demokratisch – nationalsozialistisch – kommunistisch – augsteinistisch – straußistisch oder ixistisch – (sozialistisch leider schon etwas passé). ...

Aber eines ist ganz klar: es gibt nur den Befehl von mir, oder – wie Du sagst – die Bitte, ich nenne es von mir aus Bitte. Aber an und für sich ist die Bitte ein Befehl, ein zarter Befehl – der aber an einer Hauswand enden kann, wie viele Befehle geendet sind in jedem dieser furchtbaren Kriege.

Und weiter: *Ich mache Geschäfte mit Juden, Nazis, Brasilianern, Politikern, Geschäfte mit Menschen, die so weit weg sind, wie Du es noch nicht gesehen hast ... . Ich mache Geschäfte einfach mit Menschen – aber die suche ich mir aus, und da ich der Chef der Familie bin, suche ich die Leute aus – ok? Und wenn sie mir nicht gefallen, müssen sie weg – verstehst?*

In dieser Tonart geht es seitenlang weiter. Udo schildert Schwierigkeiten mit seinen „Projekten", schreibt von seiner großen Zuneigung zu Daphne, schwadroniert dann wieder ohne erkennbaren Zusammenhang vom Skifahren und Fallschirmspringen, von schwarzen Raben und Bergen, fordert seine Frau eindringlich auf, mit ihrer Mutter zu reden *(anscheinend die intelligenteste in Deiner Familie)* und schließt diesen seltsamen Brief so:

Du wirst mich Mittwoch um 7 Uhr anrufen. Rufe mich nur an, es ist Dein freier Wille, nur merke Dir eines: rede mit Deiner Mutter und dann: von mir kriegst Du keinen Groschen, da kannst Du die besten Anwälte Deutschlands oder Österreichs nehmen. Die lachen Dich nur alle an. Oder probier es! I love you and kiss you – Udo.

Es ist eine Phase in seinem Leben, in der Udo im Alkohol versinkt. So sehr, dass sich sein Vater genötigt sieht, ihm mit einem eindringlichen Brief gut zuzureden, er möge doch mit dem Trinken aufhören. Die Wurzel des Übels – vermutet Rudolf Proksch – sind die Frauen in Udos Leben. Auf dem offiziellen Briefpapier seines „Informationen-Exklusiv"-Nachrichtendienstes ist in dem Schreiben an Udo *(18.3.68, ½ 2 h morgens)* zu lesen:

Ich möchte nicht von der Liebe zwischen Dir und den Frauen um Dich herum sprechen. ... Bis zu der Begegnung mit Erika warst Du ein Mensch, der noch einem realen Ziel nachstrebte und den Willen hatte, es zu erreichen: mächtig zu werden und die Welt zu verändern. Dann ergriff Dich eine andere Welt. Erika wurde dann Dein Geschöpf – von Serge Kirchhofer auf ein Postulat gestellt, von ihm umrahmt, von ihm – zu seiner eigenen Show genützt. ... Du hast Dir in der Weyrgasse (Anm: gemeinsame Wohnung in Wien mit Erika Pluhar) *eine Welt um die Erika aufgebaut, eine seltsame Welt, die in der Folge bewirkte, daß Du selbst über diese Welt und ihren Schein sogar die Erika aus den Augen – aus dem Herzen verlorst. ... Du warst ihrem Leben Rahmen-Schaumöglichkeit, ein Mittel der PR – etwas das ihren eigenen Zielen diente, solange man dieses etwas eben neben sich erduldete. ... Es war, als hätte Dir jemand die Haare geschoren, die ja immer als Symbol der Macht gelten. ... In dieser Zeit begann ein Dämon über Dich Herr zu werden, der nicht im Trinken seine Wurzel hat, dies war nur eine Folge der Herrschaft dieses Dämons.*

Er könne Großes bewegen, Menschen in einer alten Kohlengrube neue Arbeitsplätze schaffen, am Wiener Schwarzenberg-

Informationen Exklusiv
NACHRICHTEN ÜBER THEATER, KUNST, MODE, DIAMANTEN, SCHMUCK UND ACCESSOIRS

18.3.68
½ 2° Morgens

Lieber U d o !

Es wäre Vieles zu sagen und ein Gespräch wäre besser. Wir haben uns lange nicht gesehen und -eigentlich-noch länger nicht gesprochen. Das letzte Mal damals in Wien, ehe Du so krank warst, im Zimmer der Erika, wenn wir dies Zimmer mit einem Namen belegen wollen.
Schreiben ist immer ein Wagnis. Das was dann immer zwischen den Zeilen steht- stehen muß, es kann übersehen oder, was besser zu sagen wäre überhört werden. Aber wahrscheinlich kommt es immer gerade auf das an.
Was soll ich nun sagen ? Du hast mir schreiben lassen, das heißt einen Brief diktiert. Ich habe ihn gelesen. Damit will ich sagen daß ich ihn gelesen - besser : daß ich ihn gehört habe. Ich meine, nein - ich hoffe, daß ich auch die Zwischentöne gehört habe.
Ich will nicht davon sprechen, daß ich oft in einem Leben um Dich in Sorge war. Oft in verzehrender Sorge. Du warst immer sehr weit von uns weg und doch immer auch greifbar nahe. Nämlich insoferne, daß wir und ich nie aufgehört haben, täglich an Dich zu denken. Dies hat bei mir vor Kreta und dann in Rußland - später als ich in Lend - nein früher noch, als ich im Lager und im Gefängnis war angefangen. Ich ahnte damals noch nicht, wie sehr sich diese Sorge, die oft Angst war steigern kann. Nun weiß ich dies.
Ich hatte Angst als Du im Bergwerk warst. Ich hatte Angst als Du von Seefeld aufbrachst, um nicht zu sagen ausbrachst, und wir viele Tage warteten, bis dann Dein Brief aus Neapel kam:"Ich gehe nicht zur Fremdenlegion". Dann warst Du unterwegs in Europa - ich suchte Dich bis Hamburg. Dann kam Wien. Wir hatten nie Geld - und doch vier Kinder außer jenem Kind, daß so früh starb. Und wir versuchten, euch Vieren zu helfen-so gut es ging, für Eltern, die sich selber kaum helfen konnten, weil sie eine Revolution und dann noch einen Krieg verspielt hatten und nichts besaßen als sich und ihren Willen, am Leben zu bleiben und die Kinder groß zu kriegen. In diese Jahre konnte ich nichts einbringen als meine Arbeitskraft und meinen Willen alles zu tun , damit wir alle am Leben bleiben. Ich habe es versucht. Und es war mir leicht, weil ich in Dir schon einen Partner, einen Freund hatte, der um die Schwere dieses Tuns wußte . Und in vieler Hinsicht half-nicht nur damals, als Rodtraut

RUDOLF PROKSCH · SIEZENHEIMERSTRASSE 68 · SALZBURG · TEL. 57 486   GIROKONTO SALZBURGER SPARKASSE 6885

Stockholm, 19.3.54.

Servus Udo!

Brief erhalten. Leider kann ich keine gute Nachricht bringen. Es gibt Pillen (heißen FOLLITRIN) FORTE die soll man vor der Menstruation (1-2-3 Tage vorher) nehmen am 1. 3, am 2. Tag 8, und am 3. Tag 14 St. Ich habe nun versucht sie hier zu bekommen, aber ohne ärztl. Verschreibung ausgeschlossen.

Also, die Pillen wirken nur als Bluttreibungsmittel. Pillen, die Schwangerschaft abbrechen, gibt es nicht! Da kann nur ärztl. Eingriff helfen.

... Erfahrung ist das ganze nicht ... Ich habe nun selbst schon ... Situationen graue Haare ... Frauen tun das gerne, ein ...

... vielleicht gibt ... USA. Wenn nicht, versuche Chinin tabletten zu bekommen. Ich versuche noch mindestens, auf anderem Weg etwas zu bekommen.

Anrosten schadet es nicht, daß du auch einmal in solche Situationen kommst. Ha-ha.

Mach's gut.

Servus, Truck

platz eine Tiefgarage und eine Sauna bauen und auch politisch aktiv sein – nur solle er mit dem Trinken aufhören, redet der Vater brieflich auf ihn ein, und er schließt:

So – alter Junge! Ich wollte Dir eigentlich nur schreiben, daß ich jeden Tag an Dich denke, daß ich um Dich Angst habe und dennoch fest davon überzeugt bin: DU findest schon den Weg, um wieder ganz gesund zu werden und der alte UDO zu sein, der UDO mit den Ideen und der Kraft, sie auch zu realisieren.

Mit einem delikaten Problem schlägt sich Udo aber schon 1959 herum – mit einer – offensichtlich unerwünschten – Schwangerschaft. Er wendet sich an einen Freund mit der Frage, ob es medikamentöse Möglichkeiten eines Schwangerschaftsabbruchs gibt, und der antwortet: *Servus Udo! Brief erhalten. Leider kann ich keine gute Nachricht bringen. Es gibt Pillen ..., aber ohne ärztl. Verschreibung ausgeschlossen.*

Der Freund mit dem unleserlichen Namen verspricht, noch auf anderen Wegen an etwas heranzukommen, gibt Udo allerlei Ratschläge und schließt sein Schreiben mit den Worten: *Ansonsten schadet es nicht, daß Du auch einmal in solche Situationen kommst. Ha-ha. Mach's gut.*

Alles Plastik

Eine große Vision

Beruflich wendet sich Udo nach seiner Brillen-Zeit bei Wilhelm Anger dem Kunststoff zu, der zu dieser Zeit einen Siegeszug in der Industrie hinlegt. (Später will er eine ganze Rüstungsindustrie aus „Plastik" aufziehen!) Vor allem nach 1950 nimmt aufgrund der zahlreichen Erfolge auf dem Gebiet der Polymerchemie die Produktion von Kunststoffen enorm zu. Neue Verfahren machen die Produktion von Formteilen unschlagbar billig. Kunststoff wird zu einem bedeutenden Werkstoff in der industriellen Massenfertigung – natürlich auch in der Brillenindustrie. Aber damit sollte es nicht enden: Kunststoff-Fassaden, -türen und -platten sollten her, dafür sollten Extruder gebaut werden und wird der Firma Anger die Tür zum „Osthandel" geöffnet, Anger macht gute Geschäfte in vielen Ostblockstaaten und kassiert dafür großzügige Exportförderungen. Und Udo ist mittendrin. Immer wieder reist er nach Moskau, eine Stadt, die er schon aus Jugendtagen kennt.

Udo, der Spion?

1957 fährt Udo zu den Weltfestspielen der Jugend und Studenten nach Moskau.

Mit von der Partie ist damals unter anderem Rudi Wein, der spätere Wirt des Prominententreffs „Café Gutruf" in Wien. Die Bekanntschaft mit ihm, dem Überlebenden des Konzentrationslagers Theresienstadt, bringt Udo in Kontakt mit einer Gruppe junger Kommunisten, darunter auch der Künstler Arik Brauer.

Bei den Weltjugendfestspielen in Moskau, 1957 (Zweiter von links)

Der Journalist Gerald Freihofner, Aufdecker der „Lucona"-Affäre, schreibt später über diesen „Gutruf"-Kreis:

Was für Udo Proksch der berüchtigte „Club 45" im Demel war, war für den deklarierten Kommunisten und Ost-Agenten Rudolf Wein das Netzwerk im „Gutruf", das er von 1972 bis 1991 führte. Für Rudi Wein, der 1945 mit der Roten Armee nach Wien gekommen war, schon als Jugendlicher einer militanten kommunistischen Zelle angehörte und wegen nachrichtendienstlicher Tätigkeit bei der Staatspolizei und dem Heeresnachrichtenamt vorgemerkt war, stellte das Lokal eine ideale Begegnungsstätte dar. Immerhin schlugen sich dort der ehemalige Verteidigungsminister Karl Lütgendorf oder Bürgermeister Helmut Zilk die Nächte um die Ohren, dazu Wiens beliebter Polizeipräsident Josef „Joschi" Holaubek oder der seinerzeitige Innenminister Karl Blecha (erschienen in der „Wiener Zeitung", Printausgabe vom 9. Dezember 2006). Und für den Aufdecker-Journalisten Hans Pretterebner ist sowieso klar, dass Udo – ebenso wie sein Vater – tief in die Ostspionage verwickelt ist.

Dass Udo aktiv versucht, in der UdSSR Fuß zu fassen, belegt ein undatierter Brief an einen „Attaché", in dem Udo das Anliegen vorbringt, ein Jahr lang in der Sowjetunion zu arbeiten, zu praktizieren oder zu studieren. Er bezieht sich dabei auf ein mit dem namenlosen Attaché geführtes Telefongespräch am 4. Januar 1959. Ausführlich schreibt Udo dem Mann über seine beruflichen Erfolge – ein wenig aufgefrischt, kommentiert Bruder Rüdiger Proksch heute seine Aufzählungen von Studien und Erfolgen. Auch die Antwort liegt vor, sie kommt vom Handelsvertreter der UdSSR in Österreich Budakow, der Udo mitteilt, er habe vom Konsulat der UdSSR den Auftrag, *mit Ihnen über Ihre Anfrage zu sprechen*. Weitere Belege eines versuchten sowjetischen Studien-Engagements existieren nicht im Archiv, und die Pläne haben sich letztlich zerschlagen.

Die Moskauer Kontakte sollten später jedenfalls für Wilhelm Anger zu nennenswerten Ost-Geschäften führen – und noch jahrelang zu Gerüchten, Udo sei ein Spion gewesen. Darauf angesprochen, antwortet Udo stets, das gehe niemanden etwas an. *Wir sind ein neutraler Staat, und bei uns können Agenten aus- und eingehen, solange sie nicht österreichische Staatsgeheimnisse verkaufen!* Das klingt jedenfalls nicht gerade nach einem glaubwürdigen Dementi.

Die deutsche Behörde der „Bundesbeauftragten für die Unterlagen des DDR-Staatssicherheitsdienstes" entdeckte in ihren zehntausenden Akten lediglich – aber immerhin – eine Karteikarte über Proksch. Ob er damals tatsächlich als Informeller Mitarbeiter aktiv war, lässt sich heute nicht mehr dokumentieren. Überliefert ist allerdings, dass er oft und gern mit seinen „Geheimdienst-Kontakten" angibt. Und sein Vater vermerkt in der etwa zwölf Seiten umfassenden Lebenschronik über seinen Sohn lapidar: *1956 – Am Rande des Ungarn-Aufstandes beteiligt*. In den Geschichtsbüchern finden sich aber keinerlei Belege für eine politische Rolle in dieser Zeit.

Tatsächlich gründet Proksch gemeinsam mit Rudi Wein im Jahr 1966 die Firma „Kibolac". Kibolac, übrigens eine für Udo

Sehr geehrter Herr Attaché!

Ich beziehe mich auf das mit Ihnen am 4. 1. 1959 geführte Telefongespräch, in dem ich anfragte, ob eine Studien- oder Arbeitsmöglichkeit in der UdSSR bestünde.

Ich bitte Sie nun, mir bei diesem Anliegen zu helfen. Mein Wunsch wäre, 1 Jahr in der UdSSR zu arbeiten, d. h. zu praktizieren oder zu studieren.

Während meinem Aufenthalt im Jahr 1957 in Moskau besuchte ich ein Seminar an der sowjetrussischen Filmakademie und ein Seminar im "Hause der Sowjetrussischen Architekten."

Ich selbst habe an der Akademie für angewandte Kunst in Wien studiert, und zwar in der Meisterklasse für Entwürfe bei Prof. Oswald Haerdtl, mit Auslandstudium in Schweden (Open-Air-Restaurant), Paris (Mode und Malerei), USA (Verpackung und Marktforschung - Kontakt mit Raymund Lowey, Industrieformgeber).
Neben dem Studium arbeitete ich - und bin ich nun seit 4 Jahren tätig - in der Brillenindustrie (Doublé, Aluminium, Cell-, Acetatbrillen), in einer Firma in der Nähe von Linz. In dieser Fabrik bin ich Art-Direktor (ich werde gerne von mir geformte Produkte vorlegen); außer dieser Tätigkeit (Brillenfassungen, Sonnen- Sport- und Industriebrillen) beschäftige ich mich seit 2 Jahren mit der Entwicklung eines Gasfeuerzeuges für Dunhill - Erzeugerfirma La Nationale, Genf.

Ich könnte in jeder formgebende n Industrie arbeiten - auch Autoindustrie und möchte mich gerne für 1 - 2 Jahre als vollwertige Arbeitskraft zur Verfügung stellen.

Meine Russischkenntnisse sind minimal, doch bin ich bemüht, meine Kenntnisse zu erweitern.

  Meine Daten: Rudolf Udo Proksch
    geb. 29. 5. 1934 in Rostock
      österr. Staatsbürger
      ohne Religion
    Beruf: Industrieformgeber

Ich könnte ab Ende 1959 jederzeit eine Aufgabe übernehmen (bis Ende des Jahres habe ich Verpflichtungen bei der Brillenfabrik).

Sehr geehrter Herr Handelsattaché, ich hoffe, Sie in Wien sprechen zu dürfen und Ihnen dort auch meine Arbeiten vorlegen zu dürfen.

Nochmals besten Dank für Ihre freundliche Auskunft.
        Hochachtungsvoll

typische Wortschöpfung aus „Kibbuz" und „Napola", deren Firmenzweck Udo bezeichnenderweise so zusammenfasst: *Ideologisches Management der Beziehungen zwischen Ost und West in Österreich. Handelsbeziehungen und Konzentration der westdeutschen Industrie über den Raum Wien nach der UdSSR und zurück. Lizenzhandel für die Industrieanlagen für Länder des COMECON und Österreich, und Patente-Know-how.* Diese Beschreibung von Firmenaktivitäten birgt logischerweise viel Raum für Spionage-Fantasien, ebenso wie die Firma „Prowiga Informationen Exklusiv Nachrichtendienst GmbH.". Auch das hört sich deutlich nach nachrichtendienstlicher, also geheimdienstlicher Aktivität an, soll aber ausschließlich als „Newsletter" für Udos Design-Aktivitäten dienen – es ist die Weiterführung des väterlichen Informationsdienstes, den Udo eines Tages übernimmt.

Mit Rudi Wein und Kunsthändler Kurt Kalb

Trotzdem halten sich hartnäckig Gerüchte, über die seien illegal Patente und Erfindungen in den Ostblock geschafft worden. Udo begleitet Außenminister Leopold Gratz auf mindestens einer offiziellen Moskau-Reise – und kann es nicht lassen, darüber auch noch zu prahlen. 1979 verdichten sich die Hinweise über weltweite Umwege: Bei einer verdeckten FBI-Aktion in Kalifornien fliegt ein versuchter illegaler Technologietransfer nach Indonesien auf, die beiden beteiligten Geschäftsleute werden verhaftet, bei Hausdurchsuchungen in ihren Wohnungen findet die Polizei Adressen, Bankbelege und Geschäftsunterlagen, die einer Firma „Semiconductor Systems International Inc." gehören. An dieser Firma ist auch ein Österreicher maßgeblich beteiligt: der Wiener Physiker Rudolf Sacher. Von ihm führt die Spur zu einer Schweizer Firma namens Optron, die nach außen hin von einem Treuhand-Anwalt namens Max Peterhans vertreten wird. Dieser Mann vertritt eine weitere Firma, hinter der ein gewisser Karl Heinz Pfneudl steht. Diese beiden Männer sind einander auch in Österreich durch eine ganze Reihe von Firmengründungen in immer anderer Zusammensetzung und Funktion verbunden, und mit dabei ist auch der Besitzer des Wiener Prominentencafés „Gutruf", Rudi Wein. Und dann soll noch ein vierter Mann zu der illustren Runde dazugehören. Er taucht in den FBI-Akten allerdings nur in Form einer Telefonnummer auf: 66 17 17 – und das ist die Nummer vom Café Demel, zu dieser Zeit längst in Udos Besitz.

Die Namen Sacher, Pfneudl und Wein finden sich auch auf einer Liste angeblicher Ostagenten, die zu dieser Zeit aus der DDR in den Westen gelangt. Und erwähnte Namen spielen in Udos Leben und bei seinen verschiedenen Projekten immer wieder eine Rolle. Aber er bleibt bei seiner Darstellung: *Ich bin kein Spion* – mit diesem Zitat wird er auf der Titelseite des Magazins „profil" vom 26. November 1979 abgebildet – vor einem Teller mit Demel-Süßigkeiten, die Hände vor dem Gesicht – *obwohl ich manchmal gerne einer wäre.*

Das „Gutruf"

Wenn der Begriff „legendär" irgendwo eine Berechtigung hat, dann im Zusammenhang mit dem Café Gutruf in der Wiener Innenstadt. Der schäbige Eingang in der Milchgasse lässt kaum vermuten, dass sich in dem Lokal einst die bedeutendsten Künstler dieser Republik versammelt haben. In den 1950er Jahren gesellten sich Maler, Bildhauer, Autoren, Musiker und Schriftsteller rund um die Zentralfigur Helmut Qualtinger. Fritz Wotruba, Alfred Hrdlicka, Friedensreich Hundertwasser, Josef Mikl, Markus Prachensky, H. C. Artmann, Gottfried von Einem, Werner Schneider und Kurt Sowinetz gehörten zu dem Kreis, später auch Helmut Zilk, Teddy Podgorski, Otto Schenk, Helmut Lohner, Hans Dichand und Niki Lauda – die Liste ließe sich lange fortführen. Ab 1962 wird auch Udo Proksch Teil dieses Kreises – zu dem Frauen übrigens nur in absoluten Ausnahmefällen und Hunde gar nicht zugelassen sind, als 1972 Rudi Wein das Lokal als Pächter übernimmt.

Zur gleichen Zeit – 1972 – steigt Proksch beim Demel ein und gewährt dort dem „Club 45" eine adäquate Unterkunft.

Liebling der Gesellschaft/Partylöwe

Hätte es damals die ORF-Sendung „Seitenblicke" schon gegeben, Udo hätte darin einen Fixplatz gehabt. So übernehmen verschiedene Zeitungen und Zeitschriften die Dauer-Berichterstattung über den ausgefallenen Mann, der immer für eine Verrücktheit gut ist. Allen voran sein guter Freund Roman Schliesser in seiner „Adabei"-Kolumne in der „Kronen Zeitung".

Udo arbeitet hart am Image des exzentrischen Darlings der Gesellschaft. Seine Feten sind einerseits *stilbildend*, wie sein Bruder Rüdiger Proksch heute resümiert, andererseits auch unerhört. Vergleichbares gibt es zu dieser Zeit nicht in Wien. Von „orgiastischen Festen" ist da die Rede, bei denen reichlich Champagner fließt, und zu denen die „Wiener Gesellschaft" und gelegentlich auch ausländische Gäste eingeladen sind. Und Roman Schliesser – selbst oft mit von der Partie – dokumentiert eifrig, etwa anlässlich einer Party bei der Filmpremiere von Harry Saltzmans „Luftschlacht um England". Die Einladung zur „Lagebesprechung" kommt von Cecily Salm-Reifferscheidt, der United-Artist-Film und Serge Kirchhofer. Am 28. September 1969 ist in „Adabei's Sonntagsstory" in der „Kronen Zeitung" zu lesen:

In einwöchiger Arbeit waren durch die Mauern seiner luxuriös eingerichteten Zehn-Zimmerwohnung Löcher geschlagen worden. 200 Meter „Symalen"-Plastikrohre wurden kreuz und quer und so, daß man darüber klettern mußte oder auch stolperte, in einem endlosen Schlauch durch die Wohnung verlegt. „Die Rohre symbolisieren den Nachschub", schnarrte Serge in militärischem Tone, „nur wer den Nachschub hat, kann siegen. Man kann die Plastikrohre aber auch als Symbol für die Sinnlosigkeit des Krieges sehen. Bei uns bleiben sie nämlich leer".

„Seitenblicke" – v.l.n.r. Franz Antel, Prinzessin Netty Reuss, Udo Proksch, der Fotograf Pedro Kramreiter und Top-Model Elisabeth Fallenberg

Dafür war die Verpflegung à la Schützengraben. Neben 900 Flaschen russischen „Beute"-Champagners gab es nur Brotschnitten und 24 Stangen Wurst sowie einen 70-Kilo-Block Emmentaler Käse.

Geladen sind übrigens sämtliche drei Ex-Ehefrauen: Erika Pluhar mit ihrem zweiten Ehemann André Heller (damals als Ö3-Disc-Jockey und Romanautor betitelt), Daphne Wagner und Ariane Glatz. *Das Ende kam etwas abrupt,* lässt Roman Schliesser seine geneigte Leserschaft wissen: *Morgens um vier kommandierte Antialkoholiker Serge – „um verrückt zu sein, brauche ich nichts zu trinken" – ein „Partisanenkommando": Alle übriggebliebenen Partygäste wurden aus den Zimmern gedrängt und dann Tür um Tür mit Zehnzöllern vernagelt, bis auch der letzte Gast aus der Wohnung war.*

„Antialkoholiker Serge" ist übrigens nur phasenweise abstinent. *Megapartys in Amerika, meist betrunken – da wurden Pelzmäntel mit Uniformen und Würschteln gemeinsam gekocht – ich war „out of control"!!!* – so beschreibt er eine der hochprozentigeren Phasen seines Lebens. („Out of control" lautet übrigens auch der Titel des Films von Robert Dornhelm, der 2010 erschienen ist.)

Alkohol wird sogar immer wieder zum Problem für Udo – so sehr, dass sich sein Vater ernsthafte Sorgen macht.

Eine seiner weniger abstinenten Phasen ist 1966, als er mit Erika Pluhar anlässlich des Internationalen Reit- und Springturniers in Wien ein Fest in der gemeinsamen Wohnung Weyrgasse Nummer 6 gibt: Die Zeitung „Echo" berichtet in ihrer Rubrik „intim" ausführlich:

Aus der eisgefüllten Badewanne angelte „Heinrich VIII." tollkühn das zweihundertneunzehnte Flascherl Champagner, während wilde Reiter auf buntlackierten Hutschpferden durch die mächtigen Wohnräume galoppierten. Um „Herrn Karl" Helmut „Quasi" Qualtinger scharten sich besonders Hungrige in der Küche. Lotte Ledl reichte die Gipshand zum Kusse, und Heinz

Fischer-Karwin (Journalist und Moderator, Anm.) ... *blieb sehr mit Operettenstar Birgit Sarata aus Linz beschäftigt.*

All das berührte Burgtheater-„Othello" Heinrich Schweiger nicht sonderlich, war er doch selber nur Gast.

So ließ „Othello" sich denn eher friedfertig Jakob Graf Coudenhove-Kalergis preßluftbetriebene „Martini-dry-Mix-Spritzpistole" vorführen, mit der man Drinks blitzschnell in die Gläser jagte. ...

Und Blut floß bei dem feuchten Nachtgefecht erst höchst zaghaft gen Morgen, da „Desdemona" Pluhars Schlafzimmer aussah, als ob ein verwundetes Kalb darin herumgelatscht wäre ... Der weißbeschürzte gute Geist des Hauses hatte sich am verwüsteten Schminktisch der Gastgeberin die Finger geritzt ...

Hieß nun das ursprüngliche Motto dieser hier beschriebenen Monsterparty auch „für Burg und Reiter", so schien mir bestimmt nicht alles burgreif oder sattelfest, was da zu „blauer" Morgenstund' aus dem Tore Weyrgasse 6 sich bewegte. ...

Immerhin – eines stand fest: Es war die Nacht der Nächte, das Fest der Feste, zu dem Burgtheaterschauspielerin Erika Pluhar und „Viennaline"-Designer Serge Kirchhofer rund 250 Prominente in ihr trautes exzentrisches Heim geladen hatten. In jene wahre Reitschule von Wohnung, wo vergoldete bilderlose Rahmen die dunkelroten Wände zieren. ...

Aufrecht und durch keinerlei Strafmandat gestützt, hielten zwei Polizisten vorm Hauseingang Ehrenwache. Bis zur Wohnungstür im fünften Stock waren rote Teppiche gelegt.

Dortselbst exerzierten Erika und Serge Gastfreundschaft par excellence! Hätte mich gar nicht gewundert, auch noch unterm Bett und im Kleiderkasten Partybesucher zu finden ...

Das Superding wäre jedenfalls der Verfilmung würdig gewesen. Wenn auch unerschwinglich in puncto Gagen aller Mitwirkenden. Immerhin war *das halbe Burgtheater* mit dabei, die Gäste konsumieren 300 Flaschen Champagner, 50 Flaschen Aquavit, 5 Kilo Kaviar und 1500 Sandwiches. *Bis fünf Uhr mor-*

Fest in der Weyrgasse: v.r.n.l. Erika Pluhar, Turnierreiter Pierre Jonquères d'Oriola, französische Turnierreiterin Janou Lefèbvre, 1966

gens badete man förmlich in Sekt. Einen relativ frühen Zapfenstreich hatte sich allerdings das österreichische Bundesheer gesetzt, vertreten durch General Erich Watzek, General Karl Lütgendorf und Oberst Schrems.

Ein General zur überschäumenden Party: „Das reinste Nahkampfmanöver!"

In New York lädt er einmal zu einem „Schnitzelfest" ein, an das Doris Piringer in einem Artikel in der „Kleinen Zeitung" er-

Fest in der Weyrgasse: Turnierreiter Pierre Jonquères d'Oriola und Schauspielerin Lotte Ledl

innert: *Es floss reichlich Champagner, es gab viel Mehl und acht Badezimmer. Die Gäste liefen nackt durch die Zimmer und brüllten: „Atomangriff! Atomangriff!" Kopfüber sprangen sie in die randvollen Badewannen und wälzten sich zum Schutz vor radioaktiven Strahlen in Mehl. „That's Wiener Schnitzel", klopfte sich Proksch beim Anblick seiner panierten Freunde auf die Schenkel.*

Dass sich Udo schon immer zu Höherem berufen fühlt, wird spätestens klar, als er sich 1967 um den Posten des ORF-Generalintendanten bewirbt. Eine für ihn typische Aktion. Nicht, dass er tatsächlich diesen Job angestrebt hätte. Allein schon die mediale Aufregung scheint seinem Ego zu genügen. Er wolle als neutraler Österreicher in dieser Funktion auftreten und ersucht darum, sein *wie immer geartetes Gehalt auf zwei Vertrauenspersonen der beiden Mehrheitsparteien ... aufzuteilen,* seine eigene Tätigkeit hingegen *nur mit einem „Gehalt honoris causa"* abzugelten. Büro und Auto stellt er selbst, er bittet aber *um einen gut ausgebildeten Chauffeur* nebst *Autotelefon,* um den Ersatz aller Spesen, *um volle Freiheiten in Ernennung und Abberufung von Mitarbeitern* sowie um *totale Freiheit* bei *der Zeiteinteilung* – mit sechs (!) Monaten Urlaub pro Jahr.

Im beigefügten Lebenslauf erfährt man allerlei über Udos diverse Projekte und Geschäfte. Zum Beispiel, dass er als „Public-Relations-Manager" Werbung für die Aga-Khan-Gruppe und für Walt Disney macht, oder dass er *ideologisches Management der Beziehungen zwischen Ost und West in Österreich* betreibt: *Handelsbeziehungen und Konzentration der westdeutschen Industrie über den Raum Wien nach der UdSSR und zurück; (Rheinstahl, Henschel-Gruppe),* und er gibt an: Verkauf der sowjetischen Schallplattenlizenzen an Gruppe Bertelsmann-Ariola ungefähr 160 Titel – seit 1965.

Den Job bekommt dann übrigens erstmals Gerd Bacher.

Von sich reden macht Udo aber bereits vorher, mit einer Idee, die er möglicherweise schon während seiner Zeit an der Kunst-

An den
Aufsichtsrat der
"Österreichischer Rundfunk-
Gesellschaft m.b.H."
zu Handen des Vorsitzenden

Argentinierstraße 3oa
lo41 Wien   Wien, den 27.Februar 1967

     Betrifft: Bewerbung um den Posten des
                 Generalintendanten für die
                 "Österreichischer Rundfunk-
                 Gesellschaft m.b.H."

Sehr geehrte Herren:

Ich erlaube mir, mich hiermit um den
ausgeschriebenen Posten des Generalintendanten für die "Österreichischer
Rundfunk-Gesellschaft m.b.H." zu bewerben.

Mit dem beigeschlossenen Zwischending
eines Lebenslaufes und Tätigkeitsbe-
richtes möchte ich meine entsprechende

                            b.w.

SERGE KIRCHHOFER, WIEN I, WALFISCHGASSE 12, AUSTRIA, TEL.52 49 41

Blatt - 2 -

Vorbildung und verwandte Berufserfahrung nachweisen.

Ich unterbreite Ihnen hiermit folgende Vorschläge:

Da ich ohne Parteizugehörigkeit bin und mich als neutralen Österreicher bezeichne, möchte ich Sie bitten, mein wie immer geartetes Gehalt auf zwei Vertrauenspersonen der beiden Mehrheitsparteien Österreichs aufzuteilen (natürlich fachlich qualifizierte Kräfte) und meine Tätigkeit nur mit einem "Gehalt honoris causa" zu honorieren.

Meine Tätigkeit würde dann darin bestehen, die Meinungen dieser beiden Volksvertreter zu koordinieren und als neutraler, nicht parteigebundener Mensch diese einem kreativen Niederschlag zuzuführen.

Sollte dieser von mir vorgeschlagenen Lösung stattgegeben werden, sehe ich eine Möglichkeit, den von mir angestrebten Posten eines Generalintendanten auszufüllen.

Meine A n s p r ü c h e lauten:

1) die vorerwähnte Aufteilung meines wie immer lautenden Gehaltes auf die beiden Vertreter der Mehrheitsparteien, während ich ein "Gehalt honoris causa" erhalte;

b.w.

Blatt - 3 -

2) ich stelle ein eigenes Dienstauto und ein repräsentatives Generalintendanten-Büro meinerseits bei, bitte jedoch um einen gut ausgebildeten Chauffeur und Autotelefon;

3) ich ersuche um Ersatz aller Spesen, die mir im Rahmen meiner Tätigkeit als Generalintendant der "Österreichischer Rundfunk Gesellschaft m.b.H." entstehen;

4) totale Freiheit der Zeiteinteilung;

5) 6 (sechs) Monate Urlaub - in verschiedenen Zeiträumen pro Jahr, nach vorheriger Abstimmung;

6) Werkvertrag;

7) volle Freiheiten in Ernennung und Abberufung von Mitarbeitern nach Abstimmung mit den zwei Dritteln des Triumvirates - jedoch Generalintendanten-Vetorecht.

Ich glaube, daß mich besonders meine Leistungen auf dem Gebiete des künstlerischen Managements für den Posten des Generalintendanten der "Österreichischer Rundfunk Gesellschaft m.b.H." befähigen.

b.w.

Serge Kirchhofer

Blatt - 4 -

Ich bitte Sie, die Beilagen zu beachten, und
stehe Ihnen jederzeit gerne zur Verfügung, soferne
Sie Zeugnisse und Referenzen benötigen.

Ich danke Ihnen für Ihre geschätzte Aufmerksamkeit und zeichne

hochachtungsvoll:

"Serge Kirchhofer.

SERGE KIRCHHOFER, WIEN I, WALFISCHGASSE 12, AUSTRIA, TEL.52 49 41

akademie hat. Schließlich hat er dort für Bestattungen der Stadt Wien das Leichentuch erster Klasse entworfen. Und der Tod – meint er – *ist das größte Abenteuer, das der Mensch zu bestehen hat.*

Der Verein „Freunde der Senkrecht-Bestattung"

Großer PR-Erfolg, jedoch nur optisch. Kein direkter Zusammenhang mit den Produkten SK's (Serge Kirchhofers) – das notiert Vater Rudolf Proksch über das Projekt, das Udo 1969/1970 startet.

Wenn man schon das ganze Leben hindurch kniend verbringt, so soll man wenigstens stehend begraben werden, ist die für Udo typische passende Philosophie, und er bekennt freimütig: *Eines meiner großen Hobbys ist der Tod.*

Ein *Stehplatz für die Ewigkeit* übertitelt damals Roman Schliesser seine sonntägliche „Adabei"-Story in der „Kronen Zeitung" vom 24. Januar 1971 – selbstredend, dass auch er einer derjenigen war, die aufrecht bestattet werden wollen. Auf seinem Grinzinger Grundstück wird 1970 die Aktion vorgestellt.

Aktion der „Senkrecht-Bestatter" mit Jazz-Musiker Fatty George, 1970

Fallschirmspringer Hans Huber und Rüdiger Proksch „bestatten" eine Biedermeier-Puppe, im Hintergrund oben v.l.n.r.: Erika Pluhar, Schauspieler Peter Vogel, Ursula Molden, Unbekannter, Daphne Wagner, Helmut Qualtinger, Schauspieler Franz Stoß, 1970

Sonntag, 24. Jänner 1971

ADABEI'S SONNTAGS-STORY

Sterben ist eine ernstzunehmende Sache. Speziell für die Betroffenen.

Doch nicht jeder nimmt's so grimmig tragisch, daß er nicht schon bei Lebzeiten seine makabren Späßchen mit dem eigenen Tode anstellen würde. Noch ehe die Wiener Rathausmänner die Friedhofsordnung renovierten und fürderhin auch jedem Schrebergärtner zugestehen, die eigenen sterblichen Überreste neben dem lebenslang gezüchteten Rosenbeet zu bestatten, hatte etwa der Wiener „Goldfinger"-Designer Serge Kirchhofer die landesüblichen Bestattungsmethoden revolutioniert.

Er propagierte den „Stehplatz für die Ewigkeit" und gründete den „Club der Senkrechtbegrabenen" mit der Lebens- und Sterbephilosophie: „Wer senkrecht, stets aufrecht gelebt hat, der wird im Tode nicht darniederliegen wollen! Wer sein Leben lang nie ganz aufrecht leben konnte, sondern irgendwie gekrümmt durchs Leben ging, der soll wenigstens im Tode das Gefühl haben, ein aufrechter Mensch zu sein."

Tatsächlich floriert Serges „Club der Senkrechtbegrabenen". Zu seinen ersten Mitgliedern zählten auf Anhieb Helmut Qualtinger, Ex-Josefstadtmime Peter Vogel, die Burgdamen Johanna Matz und Erika Pluhar sowie auch Daphne Wagner. Zum ersten „Probebegräbnis", bei dem Serge auch Plastiksärge mit Guckfenstern vorstellte, warf sogar Josefstadt-Chef Prof. Franz Stoß ein Sträußchen Blumen nach. Und auch TV-Boß Dr. Helmut Zilk will mit Mitgliedsnummer aufrecht in den Hades einziehen.

Predigt der aufrechte Kirchhofer: „Es sollte keine Leidtragenden geben. Der Mensch von heute kann sich jeden Wunsch erfüllen. Der Tod ist das einzige Abenteuer, das einem heute noch bleibt. Deshalb sollte man lachend sterben."

Wie ein Wikinger, auf einem Holzstoß und bei offenem Feuer, möchte Herb Andress, gebürtig am Hallstätter See, aufgewachsen am Grundlsee und in Rom als teutonischer Blondschopf zu Filmerfolgen gelangt, seinen Corpus verbrutzeln lassen, wenn's soweit ist. „Ein letztes Aufbäumen inmitten von Flammen", prophezeit Herb Andress, „ich freue mich darauf, denn ich gehe in eine astrale Welt bis zur nächsten Reinkarnation als Wikinger. Ich bin überzeugt davon, daß ich schon einst als Wikinger gelebt habe. Die positiven Erdpartikelchen meines Seins werden mich als Wikinger wiederkehren lassen."

Seinen eigenen Sarg läßt sich derzeit bereits Galerie-Chef und Otto-von-Habsburg-Verehrer Dr. Bernhard Peithner-Lichtenfels von dem Bildhauer Horst Aschermann anfertigen. Der prominente Kunsthändler, der so bekannte Maler wie Erich Brauer vertritt, hat nämlich in seiner neugekauften Jugendstilvilla eigens eine Gruft einbauen lassen.

„Der Sarg bekommt einen richtigen Piephahn, damit die Flüssigkeit ablaufen kann", verkündet Dr. Peithner-Lichtenfels todernst, „außerdem ist in dem Deckel ein Glasfenster eingelassen, damit nicht nur die trauernden Hinterbliebenen, mich, den Verstorbenen, über Jahrzehnte hinweg betrachten können, sondern damit ich, der Verblichene, offenen Auges zum Plafond der Gruft starren kann. Dort wird nämlich ein prominenter Künstler ein Deckengemälde anbringen."

Der Sarg hat sogar eine bestimmte Spurbreite und ist auf Rädern herumzurollen. Denn nach dem gleichen Maße läßt sich derzeit der Innsbrucker Kunsthistoriker Univ.-Prof. Dr. Heinrich von Markovic einen Sarg anfertigen. Peithner-Lichtenfels: „Fallweise sollen die beiden Särge zwischen Wien und Innsbruck ausgetauscht werden."

Um seinen Abgang von dieser schönen Welt perfekt zu gestalten, will der Kunstexperte zwei weiße Geier mit Halskrause domestizieren. Sie sollen stets auf dem Giebel seines maßgerechten Hauses hocken, sobald er sein endgültiges Quartier mit Piephahn und Glasfenster in der Gruft bezogen hat. „Mein Traum", so gesteht Peithner-Lichtenfels ein, „wäre es, einen Doppelgeier — so wie den Doppeladler der Monarchie — zu züchten. Aber bisher hat nur Walter Schmögner einen solchen Doppelgeier zustande gebracht. Auf dem Papier, versteht sich."

Über jenen Totengräber, dessen schwungvoller Handel mit Totenköpfen florierte, kurbelte Fernsehregisseur Imre Lazar einen TV-Report. Der brave Oberösterreicher war ob der Ehr', die ihm da angetan wurde, so entzückt, daß er sich bei Lazar revanchierte.

Er schenkte ihm einen Sarg. Silberfarben außen und innen mit blauem Samt ausgeschlagen. Gebraucht natürlich, aber sonst tadellos in Schuß. Der Fernsehmann, mit einem kräftigen Schuß für makabren Humor begabt, genoß nicht nur den Anblick des etwas ungewöhnlichen Präsents. Er stellte vielmehr den Sarg in seinem Schlafzimmer daheim auf und pflegte so manche Nacht darin zu schlafen. „Um sich schon bei Lebzeiten daran zu gewöhnen, was ,Ruhe sanft!' wirklich heißt", kommentierte Imre, „schließlich hat man ja nachher kein Gefühl mehr dafür."

Jetzt allerdings ist der Sarg aus dem Haus. Seit der TV-Regisseur die feste Absicht hat, die Volkstheaterschauspielerin Kitty Speiser als Ehefrau heimzuführen. Sie meinte nämlich, daß ein Sarg denn doch als Ehebett zu eng sei.

Stehplatz für die Ewigkeit

Ganz nebenbei sprechen für seine Methode auch praktische Erwägungen: sie ist raumsparend — angesichts der Überbevölkerung der Erde durchaus ein zu bedenkender Faktor.

Mit Kitty Kino und Fotograf Rolf Hajo in Kittsee

Die Sammlung von Zeitungsartikeln zu dieser Idee im Archiv ist beeindruckend umfangreich, die Kommentare sind eher belustigt denn empört – kein Wunder: Es ist die Zeit, in der Otto Muehl mit seinen umstrittenen Kunst-Aktionen die Emotionen in der Republik hochgehen lässt, da rangiert der Beerdigungs-Verein doch eher in der Kategorie „Skurril-Heiteres". Jedenfalls, bis Udo eine Art Probe-Senkrechtbestattung inszeniert, und zwar ausgerechnet auf dem jüdischen Friedhof im burgenländischen Kittsee. Leicht bekleidete junge Damen in durchsichtigen PVC-Röhren – das führt zu einem wütenden Protest der Israelitischen Kultusgemeinde.

Eine (undatierte) Mitgliederliste des Vereins führt immerhin knapp 200 Interessenten auf, darunter die Namen aus der steten „Gutruf"-Gefolgschaft. Erhalten sind auch sämtliche Beitritts-Erklärungen, auf denen die Senkrecht-Bestattungs-Willigen teilweise ziemlich ausgefallene Wünsche und detailreiche Zeichnungen für ihr stehendes Leben nach dem Tod notiert haben.

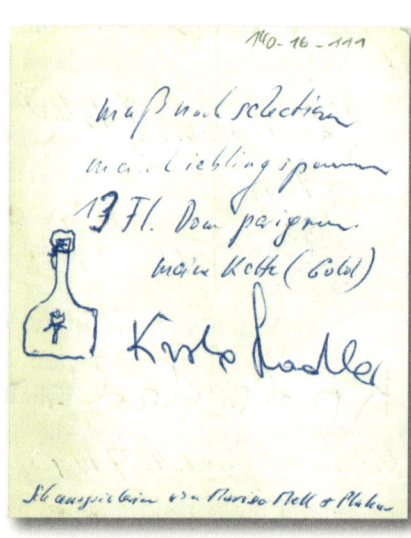

140-16-38

mit der Auflage,
daß du mir am nächsten
stehende Mensch, im
Beisein eines, der mir
nicht gewocht, meine
Asche (wie's auch aus
dem Rohr) in alle Winde
streut. Das aber nicht
in Wien, Nieder- oder
Ober-Österreich, wenn möglich an der Adria. Dazu
die Asche meines Lieblings-
buches von mir selbst.

140-16-55

Mit meiner
Unterschrift
fordere ich
ein Begräbnis
(Senkrecht)
mit James
Joyce
Werden
Friedeser

140-16-56

P.S.:
im Rohr mit
Haushund Hannibal
begraben - beide
parfumiert mit
Cabochard
V. Koch

Verein der Senkrecht-Begrabenen

Wien am 29.5.1969

Ich Alexander Nasulan
geb. am ...., vermache hier
mit meine sterbliche Hülle (Körper) dem "Verein der Senkrecht-
Begrabenen" (PVC-Hülle = Sarg)
(Leichnam senkrecht im Rohr) -
nach dem SK-Mythos (kostenlos)
und bitte um Beisetzung in dieser
Richtung.
erwünscht Doppel Rohr (Doppel sarg)

Unterschrift
Wien III, Neulinggasse Nr. 14
Adresse

Zu einem eingetragenen Verein hat es trotzdem nie gereicht, auch wenn Udos Gedanken zum Projekt schon recht konkret sind: Wichtig ist ihm die *Berücksichtigung der Wünsche des Einzelnen – das eine liebt seinen Rasierapparat und das andere seine Liebesbriefsammlung, ein besonderes Parfum … oder Schokolade usw. das Stehen ermöglicht die Unterhaltung und auch Symbolwert den Start der Rakete hinaus ins Weltall.*

Und das ganze Bestattungsprojekt soll durchaus internationalen Charakter bekommen, er träumt von einer Grabinsel nach antikem Vorbild, will sich auf die Suche nach *schwarzen Flecken auf der Landkarte* machen und kann sich auch das Versenden der Sargröhren an den gewünschten Bestattungsort vorstellen – dazu will er sich am System des Blumenversands orientieren.

Wie man sich in der Kunststoff-Röhre für die Ewigkeit präsentieren will, dazu hat Udo jede Menge Anregungen: als bunt gefärbte Asche mit Edelsteinen vermengt, als in Epoxidharz eingegossener Körper, nackt oder bekleidet, mit Ritterrüstung oder anderem Fantasiekostüm, und selbstverständlich mit Grabbeigaben versehen.

Auch zum Vorgang der Bestattung hat Udo konkrete Vorstellungen: Anstelle der Totengräber übernimmt ein Erdbohrer den Aushub. Dafür hat er bereits den Bauunternehmer Alexander Maculan an der Hand. Der Leichnam wird in das senkrecht in den Boden eingelassene PVC-Rohr versenkt. Die Röhre ragt ein Stück weit aus der Erde heraus und wird oben verschlossen. Auf dem Deckel ist ein Foto des Verstorbenen angebracht, um das Gesicht des Toten betrachten zu können. Die Rohre sollen farbig oder transparent, mit Gold oder Silber geschmückt, zeitungsartig bedruckt oder wie eine Litfaßsäule beklebt sein. Für das Stehen im Rohr entwirft Udo eigene Schuhe. Und er empfiehlt, sich entsprechend schon zu Lebzeiten vorzubereiten: Er ordnet für die Vereinsmitglieder Fallschirmspringen an, um einen Begriff vom Sterben zu erhalten.

„Aktion" mit Susanne Seibt, dahinter Helmut Qualtinger mit Fallschirm, 1970

Auch die Vereinsstatuten sind bis ins Detail ausgearbeitet: Die Tätigkeit erfolgt österreichweit, Filialen sind vorstellbar.

Der Verein, dessen Tätigkeit nicht auf Gewinn gerichtet ist, bezweckt Aufklärungstätigkeit über die Möglichkeit und über die Vorteile der senkrechten Bestattung. Erzielung einer Willensübereinstimmung unter den Mitgliedern hinsichtlich einer derartigen Bestattungsart.

Dieser Zweck soll unter Beachtung allenfalls geltender gesetzlicher Vorschriften erreicht werden durch:

a) Vorträge und Versammlungen, gesellige Zusammenkünfte und sonstige Veranstaltungen;

b) Herausgabe eines Mitteilungsblattes;

c) Einrichtung einer Bibliothek u.s.w.

Die ersten 1000 Mitglieder sind Ehrenmitglieder, zahlen keinen Beitrag. Jährlich wird eine Generalversammlung abgehalten. Im Grunde ist also alles so festgelegt, wie es das Vereinsgesetz zu dieser Zeit vorsieht und wie Vereine in Österreich üblicherweise strukturiert sind, außergewöhnlich ist in diesem Fall eben nur der Vereinszweck.

Bei der Konstituierung stößt Udo allerdings auf unerwartete Schwierigkeiten. Am 24. November 1970 werden die Statuten der Wiener Sicherheitsdirektion mit der Bitte um Bewilligung vorgelegt. Im April 1972 schreibt Udo an das Vereinsbüro der Wiener Bundespolizeidirektion:

Da die maßgeblichen Mitglieder der Vereinsleitung zur österreichischen Prominenz (Schauspieler, Künstler etc.) gehören und es bisher unmöglich war, diese Herrschaften zu einem Termin an einem Tisch zu vereinen, stellen wir das höfliche Ansuchen um Verlängerung der Frist ... um ein Jahr... .

Dem Ansuchen wird stattgegeben. Nachdem aber auch im folgenden Jahr keine solche Konstituierung zustande kommt, obwohl sich die maßgeblichen Beteiligten vermutlich regelmäßig im „Gutruf" oder später im „Club 45" treffen, wird der Verein 1973 aus dem Register gelöscht. Und so ist wohl bis heute niemand senkrecht im Sinne von Udo Proksch bestattet worden – nicht einmal er selbst!

Die Plastik-Armee

Die Liebe zu den Waffen hab' ich mit der Muttermilch inhaliert, sagt Udo. Und: *Auf ein Tier schieß' ich nur, wenn ich Hunger habe. Aber wenn ich einen Befehl zum Töten von Menschen habe, dann führe ich ihn aus, den Befehl, wenn er mir gefällt.* Solche Aussagen finden sich im Originalton auf den erhaltenen Filmaufnahmen, teilweise kommen sie in Interviews vor, teilweise inszeniert Udo sich selbst – je nachdem, worum es geht, als General, als Flieger, am liebsten aber als hochrangiger Militär oder mit anderen fantasievollen Uniformen.

Und Udo ist ein echter Waffennarr. Meistens hat er eine Pistole im Gürtel stecken, schießt damit in seinen Wohnungen und auch im Demel Löcher in die Wände, inszeniert Schießübungen mit Freunden und lässt sich dabei filmen.

Auf einem Panzer

Kombiniert mit dem Glauben an Kunststoff als Material der Zukunft ist klar, wohin seine Reise gehen wird. Das Unterfangen heißt zunächst Plastic-Project Civil Militant-SK, kurz PPCM-SK, aus dem allmählich das sogenannte XP-19-Projekt hervorgeht. Und wieder soll zu Beginn die Brillen-Partnerschaft mit Wilhelm Anger als Vehikel für die kühnen Pläne dienen. Das macht ein Schriftverkehr deutlich, der auch eine Honorarnote vom 6. März 1967 enthält: Für Entwicklungsarbeiten für das Projekt „Militant-Plastik-Zug" stellt Udo Wilhelm Anger 40.000 Schilling in Rechnung (das entspricht heute einem Wert von etwa 12.500 Euro).

Auch die „Kibolac" ist wieder mit von der Partie. Anfang April wendet sich Udo schriftlich an Wilhelm Anger mit der Bitte um einen Termin, gemeinsam mit einem Bundesheer-General und den leitenden Herren der Österreichischen Automobil Fabrik AG. Die Kibolac beginnt unterdessen schon mit der Produktion, Udo bestellt bei Anger *Materialien für das Spritzen von Laschen*. Es soll eine fahrbare Fabrik entstehen, *bestehend aus einer festgesetzten Anzahl von Untersätzen*, also *verschiedenen Lastkraftwagen, auf denen Plastik-Fabrikationsmaschinen montiert sind. Diese fahrbare Fabrik produziert dann Rohre, Platten, Folien und glasfaserverstärkte Überzüge* aus den Grundstoffen PVC, Polyurethan und Polyester.

Insgesamt zehn verschiedene Produktionssysteme soll das Projekt umfassen. Hergestellt werden sollen Rohre für Pipelines (für Wasser, Benzin oder Gas), Folienkörper, die mit Luft aufgeblasen und mit glasfaserverstärktem Polyester besprüht werden, damit feste Formen entstehen, also etwa für Hangars, Bunker und Unterstände. Mit Polyester besprühte Folien sollen in sumpfigem Gebiet Landebahnen für Flugzeuge ersetzen. Großrohre sollen als Depots für Munition, Lebensmittel, Waffen oder Wasser dienen. Eine eigene fahrbare Produktionsstraße soll Brücken-Pontons herstellen. Und schließlich die wohl kühnste Idee: Militärische Objekte werden mit Folien bedeckt und mit glasfaserverstärktem Polyester besprüht: Auf diese Weise sollen Attrappen von Pan-

Militantprojekt KIBOUE

Original + Copie
über Hand UDO
persönlich

An die
Firma Wilhelm Anger OHG
zu Handen Herrn Wilhelm Anger
Lützowgasse 12-14
1140 Wien

Wien, den 6.März 1967

Honorarnote

Betrifft: Entwicklungsarbeiten für das
Projekt "Militant-Plastik-Zug"

Laut Vereinbarung mit Herrn Wilhelm Anger junior
erlauben wir uns, für Entwicklungsarbeiten an dem
obbezeichneten Projekt einen Betrag von

S 40.000.--

(in Worten: Schilling vierzigtausend)

in Rechnung zu stellen.

Wir zeichnen mit dem Ausdrucke unserer

vorzüglichsten Hochachtung:

Udo R. Proksch.

Demonstration einer fahrbaren Fabrik, Truppenübungsplatz Hochfilzen, 1976

zern, Kanonen und Raketen produziert werden. Für das ganze Unterfangen braucht Udo natürlich auch öffentliche Mittel, er wendet sich an den Spitzengewerkschafter und späteren Bautenminister Karl Sekanina. Der will vor allem wissen, wie viele Arbeitsplätze das Projekt bringt und ob es auch im Export Bedeutung haben wird. Udos Auskunft: *mindestens 90 % gehen in den Export, in die USA und in die Sowjetunion, jede Anlage um 35 Millionen.*

Das Projekt beschäftigt Udo über mehrere Jahre hinweg intensiv und ist auch der Beginn einer intensiven Beziehung zu mehreren wichtigen Herren aus dem österreichischen Bundesheer und aus dem Verteidigungsministerium. Turnierreiter Peter Lichtner-Hoyer etwa kommt hier wieder zu Ehren, er reitet werbeträchtig einen Wallach namens „CUM XP 19". Sein wichtigster Kontakt in diese Kreise ist aber sein späterer enger Freund und Verbündeter beim Militär-Projekt, Karl Lütgendorf.

Er ist noch General, als er in Udos Leben tritt. Auch später, als Verteidigungsminister, tut er sein Bestes, um dem Civil-Militant-Projekt auf die Beine zu helfen.

Aber zunächst einmal muss Wilhelm Anger helfen, das Vorhaben aus den Kinderschuhen von Udos Ideenwerkstatt zur vermeintlichen Serienreife zu bringen. Udo darf seinen Labor-Extruder benutzen, um Farb-Versuche durchzuführen. (Schließlich sollen die Attrappen auch farblich echt aussehen!)

Noch während sich das Projekt erst im Experimentier-Stadium befindet, beginnt Udo bereits, Kontakte zum Zweck der Vermarktung seiner Ideen zu knüpfen und Freundschaften zu vertiefen. Zunächst ist das Österreichische Bundesheer Ziel von Udos Verkaufsbemühungen. Der mobile Plastikzug soll im September 1967 auf dem Gelände der (damals verstaatlichten) Österreichischen Automobilfabrik (ÖAF) in Wien-Donaustadt den hohen Herren des Militärs präsentiert werden. Aber die Präsentation muss verschoben werden, und die Generäle werden ungeduldig. In einem Schreiben der ÖAF an die Kibolac vom 9. November 1967 heißt es mahnend:

Herr General O. (Name aus rechtlichen Gründen anonymisiert), *derzeit Leiter der Abteilung Pionier- und Bauwesen, hat … zum Ausdruck gebracht, daß das endlose Lavieren und ständige Hinausschieben der Termine ohne klare Zielsetzung langsam aber sicher zu einer Entwertung, zumindest aber zu einer wesentlichen Abschwächung des ganzen Vorhabens führen muß.*

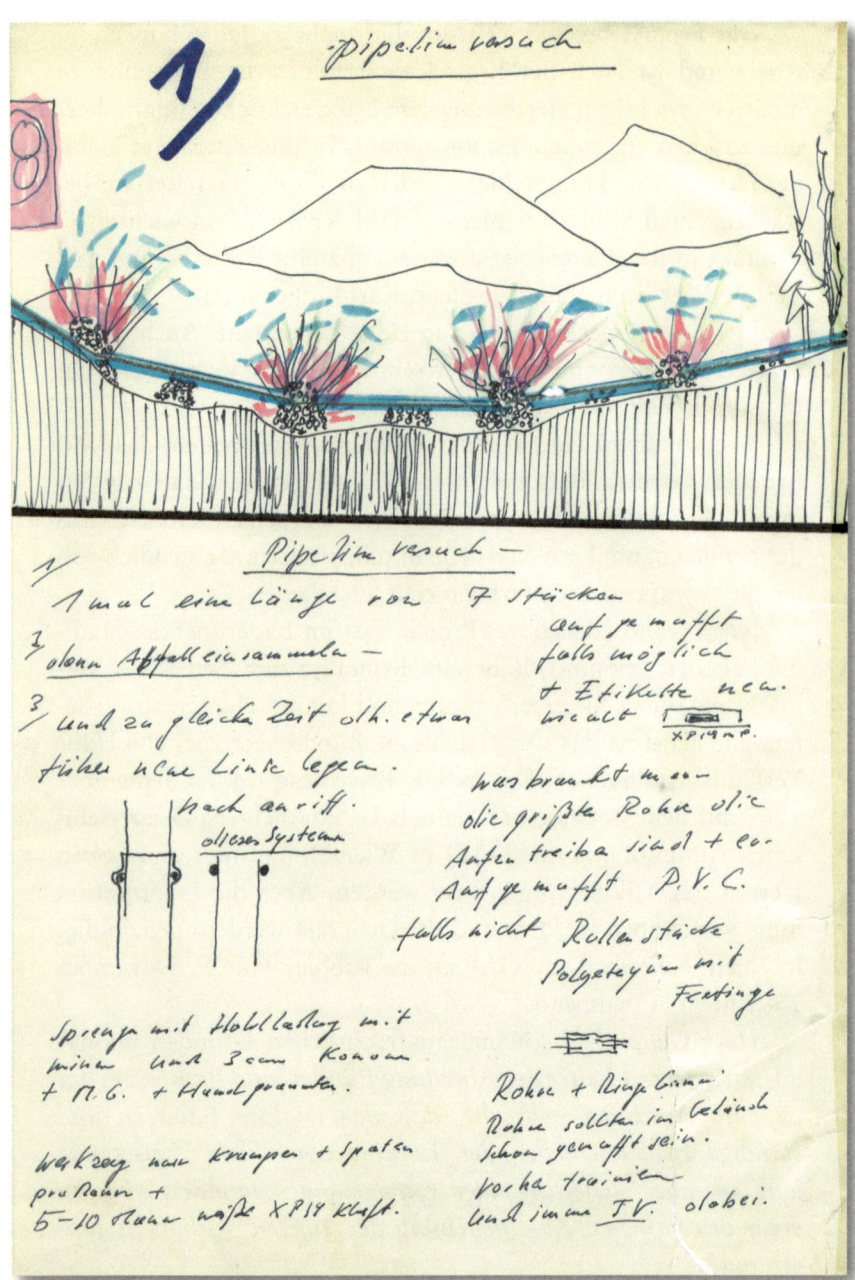

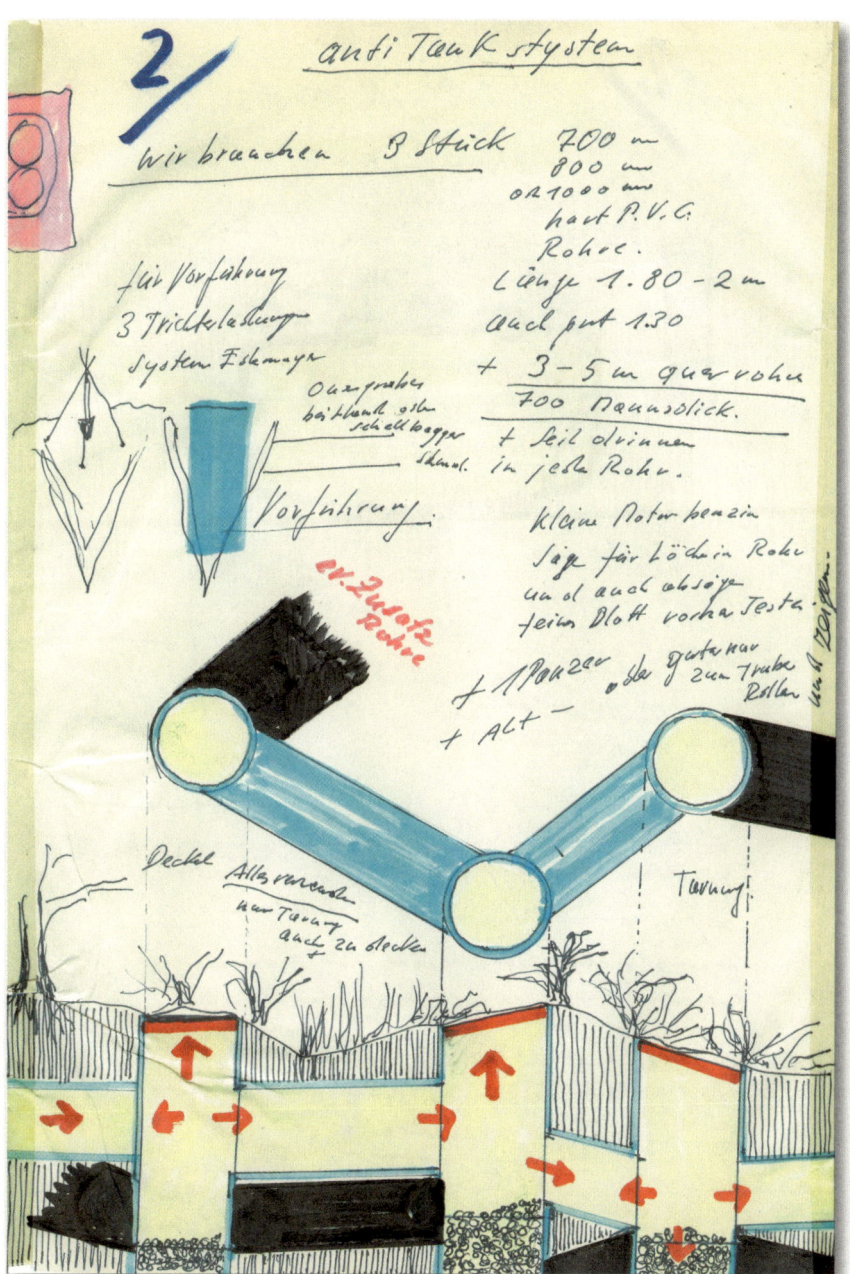

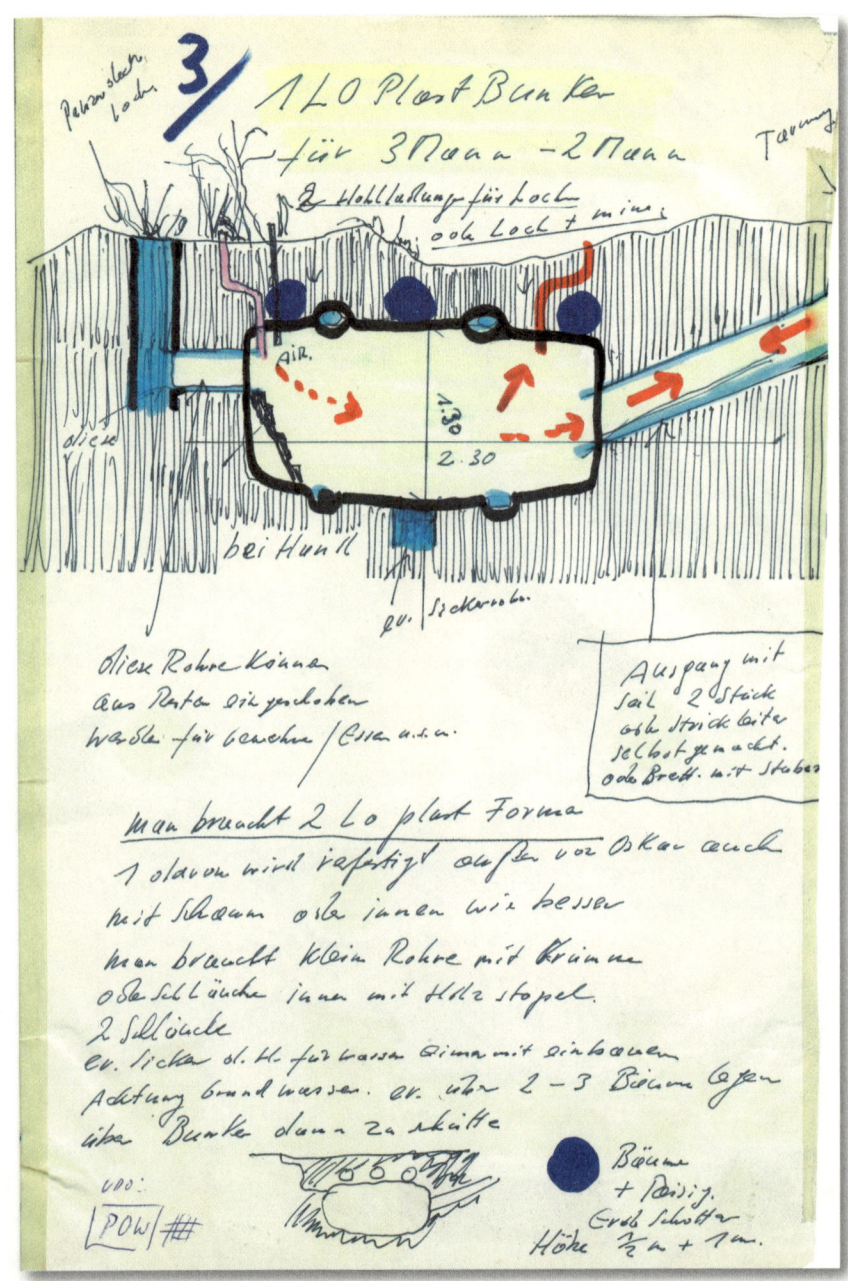

4/ Lü – Rooberch – bitte

Glaubst Du bist Du via „old boy" Schienens
instande ein Militär-Lastwagen zu
bekommen – um auch eine Vorführung
bei Cin. zu machen – ??
Außerhalb der Versuchshalle – Leitungen
nach innen + Herstellung von Rohr
+ oder Folie.

Dann arbeite
von Radi oder
von Belisk-Rohre
die aufgenäht
sind und
auch ein paar
große alte
Rückwand.

1 Rohr = ganz

lange Rohrleitung
ungefähr hinter
Hochfizen
bei sprenge
Einsatz

Platz hinter
einer Fabrik
oder bei Radi Z.

Solch eine
Vorführung
wird auch
notwendig
sein

Ev. leiht uns Dein
Früchte Freund
einen solchen Laster
(12 Tonner) ungefähr

Abzug. die Arbeiter
+ Team weiß
XD14 wie gehabt
in Hochfitzen

Hochfitzen
durch Edelmayer
mit Minen der
Heeres + Auswechseln

Und weiter: *Es sei hoch an der Zeit sich auf einige eindeutig umrissene Aufgaben festzulegen, die nachweisbar durch den Einsatz des Militant-Zuges und der fahrbaren Extrusionsanlage ... erfüllt werden können. Dabei müßte neben den rein technischen, materiellen und preislichen Vorzügen insbesondere die gewichts- und zeitmäßige Überlegenheit, sowie die Unabhängigkeit von ausgefallenen stationären Versorgungseinrichtungen und schienengebundenen Transportmitteln im Katastrophenfalle bzw. unter militärischen Einsatzbedingungen hervorgehoben werden. Um der beginnenden Verärgerung der Militärdienststellen* entgegenzuwirken, soll Udo bei einer Führung durch die Firma mittels eines Plastik-Schaukastens sowie einer Tafel den Militant-Zug und dessen Einsatzmöglichkeiten erläutern und *die beabsichtigte große internationale SHOW ankündigen ... .*

Aber die Sache zieht sich weiter hin. Ende 1968 soll es endlich zu einer Vorführung auf dem Schießplatz Oggau im Burgenland kommen. General Lütgendorf fürchtet, dass Prokschs Plan, nur einzelne Teile des gesamten Vorhabens dem Interessentenkreis und der Presse vorzustellen, *die Bedeutung des Gesamtprojektes abschwächt und sich die Teilnehmer, die durch unzählige vorangegangene Vorführungen verschiedenster Art verwöhnt* sind *und sich durch irgend welche Gags oder reichliche Alkoholmengen nicht beeindrucken* lassen, *im Gegenteil, eher den Eindruck einer Spielerei oder noch nicht reiflich durchdachten Idee gewinnen* könnten. *Durch die Teilnahme ausländischer Gäste bestünde die Gefahr, daß diese Ihre geniale Idee im eigenen Land früher zur Verwirklichung bringen und Ihren Mitarbeitern verloren geht.*

Und kurz danach nominiert Lütgendorf einen eigenen Kontaktmann des Militärs, der sich um Udos Projekt kümmern soll, und schreibt an Udo: *Wir brauchen weder einen Bundespräsidenten noch einen Kanzler, um einen zweiten Offizier für das Projekt mit bestimmten Aufgaben zu betrauen. Diesen kann ich Ihnen jederzeit zur Verfügung stellen, doch halte ich es für not-*

Karl Lütgendorf und Udo Proksch

wendig, daß in einer Generalplanung schriftlich genau der Ablauf der Vorführung festgelegt wird und sodann auf Grund der Erfordernisse Personal- und Materialbedarf erhoben wird.

Der Druck auf Udo wächst. Immerhin hat er mittlerweile mehrere Firmen einbezogen, die Militärs stellen eigene Kontaktleute zur Verfügung, ebenso wie Schauplätze, Lkw-Transporte und Material. Zumindest einen konkreten Auftrag kann Udo an Land ziehen: die Herstellung einer Flaktrainer-Kuppel aus Kunststoff. Im Juli 1969 unterzeichnet General Lütgendorf für den Bundesminister für Landesverteidigung den Antrag an die Firma Serge Kirchhofer zur Herstellung einer Hülle für den Dome-Trainer. 120.000 Schilling Anzahlung bei Auftragserteilung, 160.000 Schilling nach Übernahme des fertigen Objekts. Das Geschäft im Wert von heute umgerechnet 82.000 Euro läuft, das Bundesheer bekommt eine *witterungsbeständige Umhüllung für einen Flaktrainer, korrosionssicheres Kunststoffmaterial,* bei dem *kein Streichen, kein Lackieren, kein Imprägnieren, keine besondere Pflege* nötig sind.

Und das Ganze funktioniert so: Eine aufblasbare Halbkugel aus Kunststofffolie wird mit Luft gefüllt und mit Polyester beschichtet, damit die Form haltbar und fest wird. Aus der aufgeblasenen Folie wird ein stabiler, vielseitig einsetzbarer Körper – in diesem Fall die halbkugelförmige Hülle für den Flaktrainer. Eine Fliegerabwehrkanone (Flak) wird in das Gebäude hineingeführt. Am Himmel wird ein feindlicher fliegender Kampfverband als Film projiziert, um den Soldaten das Üben mit der Flak zu ermöglichen. Das Bundesheer ist damit sehr zufrieden und schreibt in

Erste Versuche für den Dome-Trainer, 1967

Aufbau des Dome-Trainers in Langenlebarn, 1968

einem Erfahrungsbericht an das Bundesministerium für Landesverteidigung: *Die Plastikkuppel hat sich beim Ausbildungsbetrieb hervorragend bewährt.*

Der Versuch, aus diesem einen Auftrag mehr zu machen, zieht sich noch lange hin. In den folgenden Monaten und Jahren wird der erhaltene Schriftverkehr zum Projekt immer verworrener und lückenhafter. Dutzende Notizzettel legen nahe, dass sich Udo immer mehr auch auf internationale Kontakte stützt. Mehrere Firmen und Vermittler werden einbezogen, Kontakte in die USA, in einige arabische Länder und in die Schweiz werden geknüpft – und hier taucht auch erstmals der Name der Schweizer Firma Zapata auf, die später im Zusammenhang mit der „Lucona" eine bedeutende Rolle spielen sollte.

Vom 27. Juli 1971 ist ein Telegramm an einen Herrn Alexander R. Lehmann von der William E. Hill & Company in New York erhalten, in dem es heißt:

Ich habe heute ein offizielles Brief-Telegramm an Ihre Company in Ihren Handen geschickt, wo ich unser Telefonat und Treffen erwähne. Ich hatte gestern ein Gespräch mit Minister for

Telegramm

Aufgabedatum: 27.7.71 / 1800

Name und Adresse des Absenders: Alexander Lehmann, 128 Fuller Road, Briarcliff N. Y. 10510, Tel. (914) 762-3659

Dear Mr. Lehmann, Ich habe heute ein offizielles Brief-Telegramm an Ihre Company zu Ihren Handen geschickt, wo ich unser Telefonat und Treffen erwähnte. Ich hatte gestern ein Gespräch mit Minister for X und anderen Mitgliedern der Austrian Government - Side. Es war soweit positiv. Dr. G. hat gut gearbeitet. Man will innerhalb der nächsten 3 Monate die Sache bearbeitet wissen. Sollten sich bis dahin die Interessen nicht einigen, wurde beschlossen, jede Art der Unterstützung des Projektes von der österr. Seite aus zu eliminieren.

Telegramm

Ich halte es für gut, wenn Sie mich zwischen 7. - 18. 8. 71 auf der griechischen Insel Mykonos auf meinem Haus besuchen. Dort verbringt einen Teil seiner Ferien Minister X., den ich als Schlüsselfigur und wichtigsten Teil der österr. Seite betrachte. Minister X wird viel mit der griechischen Regierung zusammentreffen. Ich bitte Sie deshalb, mir Ihr Kommen telegrafisch unter: Udo Proksch-Kirchhofer, c/o Hotel Leto, Madame Sophie, Mykonos, Greece, anzukündigen. Sollten Sie Flugtickets von irgendwelchen europäischen Plätzen nach Griechenland benötigen, bitte ich Sie, sich

> mit meiner Sekretärin, Frau Gsell, Tel. (Bestimmungsamt) Wien
> 52 45 41, in Verbindung zu setzen. Sie wird
> via Olympic Airways alles arrangieren.
> Dieses Treffen würde ich für äußerst wichtig
> halten und ich habe es bereits mit Minister
> X besprochen.
>
> Grüße Kirchhofer

X und anderen Mitgliedern der Austrian Government-Side. Es war soweit positiv. Dr. G. hat gut gearbeitet. Man will innerhalb der nächsten 3 Monate die Sache bearbeitet wissen. Sollten sich bis dahin die Interessen nicht einigen, wurde beschlossen, jede Art der Unterstützung des Projektes von der österr. Seite aus zu eliminieren.

Ich halte es für gut, wenn Sie mich zwischen 7. – 18. 8. 71 auf der griechischen Insel Mykonos auf meinem Haus besuchen. Dort verbringt einen Teil seiner Ferien Minister X, den ich als Schlüsselfigur und wichtigsten Teil der österr. Seite betrachte. Minister X wird viel mit der griechischen Regierung zusammentreffen. ... Dieses Treffen würde ich für äußerst wichtig halten und ich habe es bereits mit Minister X besprochen.

Minister X

Karl Ferdinand Lütgendorf, geboren 1914 als Karl Ferdinand Freiherr von Lütgendorf, stammt aus einer altadeligen Familie aus dem heutigen Tschechien. Er legt eine tadellose militärische Karriere in Wien und in Graz hin, bevor er am 10. Februar 1971 als parteiloser Verteidigungsminister in die SPÖ-Alleinregierung von Bundeskanzler Bruno Kreisky berufen wird. Sein Vater, k. u. k. Militärkommandant von Brünn, Generalmajor Michael Moritz Freiherr von Lütgendorf, soll seine Berufung mit folgen-

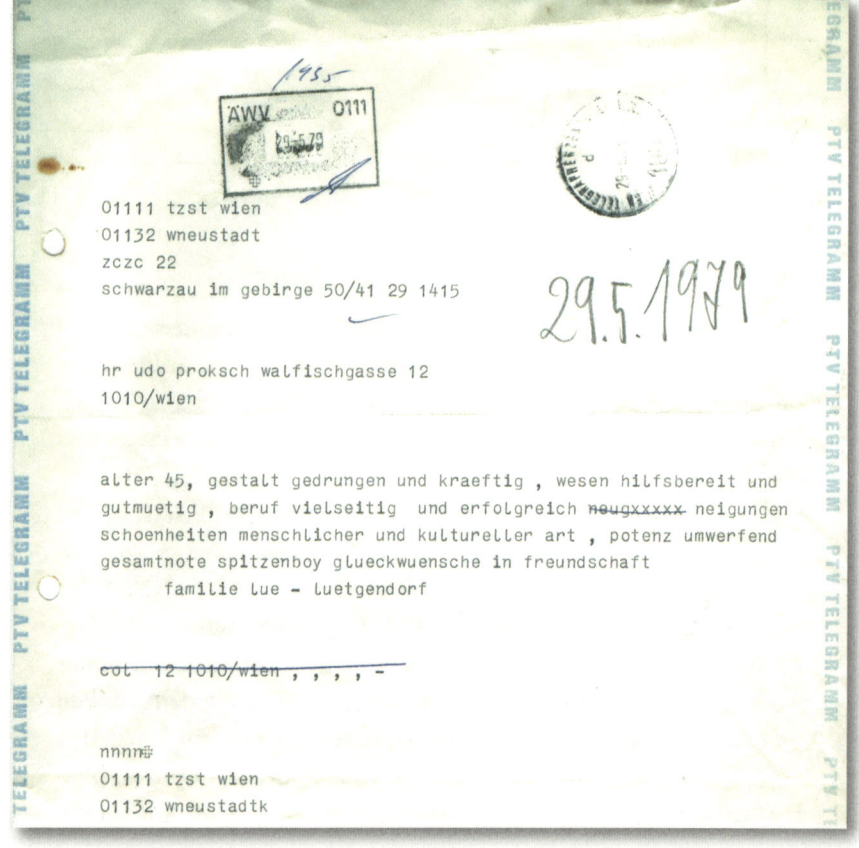

Lieber Freund! Herzliche Grüße von einer Rundfahrt ins Blaue von Eurem Udo. Gratulation zu Reagan C.U.M.

den Worten quittiert haben: *Ich schäme mich! Du dienst keinem Kaiser, sondern einer Republik!*

Am 31. Mai 1977 bietet Lütgendorf dem damaligen Bundespräsidenten Rudolf Kirchschläger seinen Rücktritt an, weil der Verdacht aufkommt, er sei in illegale Waffengeschäfte verwickelt.

Schon vor und während seiner Amtszeit als Minister ist Lütgendorf in stetem, auch privatem Kontakt mit Udo Proksch. Der führt so weit, dass Geburtstagstelegramme und private Urlaubs-Postkarten ausgetauscht werden.

Am 9. Oktober 1981 stirbt Lütgendorf in Schwarzau im Gebirge in Niederösterreich, wo er in seinem Jagdhaus nach seiner aktiven politischen Karriere gelebt hat. Um diesen Tod ranken sich bis heute Gerüchte und Geschichten. Die Behörden gehen von Selbstmord aus, aber einige Umstände des Todes bleiben rätselhaft: Der Rechtshänder Lütgendorf wird mit einem

Revolver in seiner linken Hand aufgefunden. Das Projektil trifft ihn durch den geschlossenen Mund, Lütgendorf sitzt in seinem Geländefahrzeug bei laufendem Motor und offener Fahrertür. Warum erst zehn Jahre nach seinem Tod per Gerichtsbeschluss eine Obduktion angeordnet wird, gibt weiteren Anlass zu Spekulationen. Die näheren Umstände seines Todes werden aber nie aufgeklärt, oder wenn doch, werden die Erkenntnisse nie öffentlich bekannt. Dass er aber jener geheimnisvolle Minister X ist, von dem Udo im Zusammenhang mit seinem XP-19-Projekt spricht, das darf wohl mit einiger Sicherheit angenommen werden.

Hirtenberger Munition

Udos militärisches „Imperium" wäre nicht komplett ohne Zugriff auf Munition. Als Objekt seiner Begierde ist rasch die Hirtenberger Munitionsfabrik ins Auge gefasst, im Besitz des Industriellen Fritz Mandl, genannt „Der Patronenkönig". Wieder ist General Lütgendorf der Spiritus Rector – er bringt Udo auf die Idee, sich um den Kauf zu bemühen.

Die Firma Hirtenberger bietet Udo alles, was er zu dieser Zeit braucht: einen Standort mit eigener Bahn-Anbindung, die Nähe zur Autobahn, ein großes Areal, das für seine diversen Versuche brauchbar ist, und die Produktion von Munition aller Art: Jagdschrot, Flobert-, Pistolen- und Revolvermunition, Füllanlagen, Modellmotoren, Zündhütchen und vieles mehr. Zudem ist die Firma Anfang der 1970er Jahre in wirtschaftlicher Schieflage. Der aus konservativen jüdischen Kreisen stammende Fritz Mandl tut sich schwer mit der sozialdemokratischen Regierung, und internationale Waffengeschäfte sind sowieso immer eine delikate Angelegenheit im neutralen Österreich.

Udo setzt all seine Fähigkeiten zum organisierten Networking ein – bis hinauf zu Bundeskanzler Kreisky werden Bemühungen in Gang gesetzt, Fritz Mandl das Unternehmen abzukaufen und sein Militant-Projekt dort als zweites Standbein anzupreisen.

Am 9. Dezember 1971 berichtet eine Wiener Rechtsanwaltskanzlei im Auftrag von Udo Proksch Bundeskanzler Bruno Kreisky von Udos Absicht, das gesamte Aktienpaket der Hirtenberger AG übernehmen zu wollen:

Damit im Zusammenhang habe ich auftragsgemäß der Österreichischen Länderbank A.G. das hier in Duplikat beiliegende Garantieschreiben der Schweizerischen Bankgesellschaft in Zürich vom 26.v.M. überreicht. Nach der von mir getroffenen Feststellung ist eine Kreditzusage durch die Österreichische Länderbank A.G. bisher nicht gegeben worden. Da Herr Dr. Stephani (Anm.: Staatssekretär außer Dienst und Bevollmächtigter von Fritz Mandl) *am 7.d.M. Herrn Proksch davon verständigt hat, dass er die Verkaufsgespräche mit ihm nicht mehr fortsetzen könne, ist Herr Proksch der Meinung, dass Sie ... von seinem fortbestehenden Kaufinteresse informiert sein sollen.*

Wenig später wendet sich Proksch persönlich mit einem Schreiben an den Kanzler, legt ihm ein detailliert ausgearbeitetes Konzept zur Fortführung der Hirtenberger Patronenfabrik vor, preist die wirtschaftlichen Möglichkeiten, stellt den Erhalt von bis zu 600 Arbeitsplätzen in Aussicht und verspricht die Wahrung der *Interessen der österreichischen Landesverteidigung ... durch die garantiert weiterbestehende Produktion von Patronen und durch die Verbilligung dieser Fabrikate durch Rationalisierung.*

Und er lässt den Bundeskanzler auch wissen, dass der Kapitalbedarf bei 120 Millionen Schilling (umgerechnet 30 Millionen Euro) liege, wofür eine Haftung durch das Land Niederösterreich notwendig wäre und ein ERP-Kredit von 40 bis 80 Millionen Schilling aufgenommen werden könnte.

Wie viel Udo an der Übernahme der Hirtenberger Munitionsfabrik liegt, lässt sich aus der ausführlichen Dokumentation schließen. Seitenlange Briefe ergehen an Spitzenpolitiker, um die

RECHTSANWÄLTE
Dr. THEODOR SCHWAGER
Dr. NIKOLAUS SIEBENALLER
TELEFON 63 97 01 Serie

Österr. Länderbank Konto 1.700.008

DURCHSCHLAG

1010 WIEN, den 9.Dezember 1971.
I, SCHOTTENGASSE 4

D.

Betr.: Rudolf Proksch /
Hirtenberger Patronenfabrik

Herrn
Bundeskanzler Dr.Bruno K R E I S K Y
Bundeskanzleramt
Ballhausplatz
1010 W i e n

Sehr geehrter Herr Bundeskanzler !

Herr Rudolf PROKSCH (Serge KIRCHHOFER) hat mich beauftragt, Ihnen folgenden Sachverhalt zur Kenntnis zu bringen:

Herr PROKSCH beabsichtigt, das gesamte Aktienpaket der Hirtenberger Patronenfabrik, Zündhütchen- und Metallwarenfabrik A.G. Hirtenberg, zu erwerben. Er hat diesbezüglich mit dem vom Inhaber der Aktien bevollmächtigten Herrn Staatssekretär a.D. Dr.Karl STEPHANI verhandelt.
Damit im Zusammenhang habe ich auftragsgemäss der Österreichischen Länderbank A.G. das hier in Duplikat beiliegende Garantieschreiben der Schweizerischen Bankgesellschaft in Zürich vom 26.v.M. überreicht. Nach der von mir getroffenen Feststellung ist eine Kreditzusage durch die Österreichische Länderbank A.G. bisher nicht gegeben worden. Da Herr Dr.STEPHANI am 7.d.M. Herrn PROKSCH davon verständigt hat, dass er die Verkaufsgespräche mit ihm nicht mehr fortsetzen könne, ist Herr PROKSCH der Meinung, dass Sie,

> sehr geehrter Herr Bundeskanzler, von seinem fortbe-
> stehenden Kaufinteresse informiert sein sollen.
> Die Vorstellungen von Herrn PROKSCH über die Art der
> Weiterführung des Unternehmens und die damit zusammen-
> hängende Beschäftigung der Arbeitskräfte ergeben sich
> aus dem hier beiliegenden Exposé und Punkt 2 des Garan-
> tieschreibens der Schweizerischen Bankgesellschaft.
> Für weitere Informationen stehen Herrn PROKSCH und ich
> jederzeit zu Ihrer Verfügung.
> Ich zeichne mit dem Ausdruck meiner
>
> vorzüglichen Hochachtung
>
> 2 Beilagen

Sache ins Rollen zu bringen. Bei Kreisky zieht Udo überhaupt sämtliche Register: Sogar bis in den Skiurlaub nach Lech reist er ihm nach, um auf ihn einzureden, sich doch für ihn, Udo, als Hirtenberger-Käufer zu engagieren.

Die Interventionsmaschinerie läuft auf höchster Ebene an. Darin sind sowohl Kanzler Kreisky als auch der damalige SPÖ-Clubobmann Leopold Gratz sowie – natürlich – Verteidigungsminister Lütgendorf involviert. Fritz Mandl wird unter Druck gesetzt, sieht aber keinen Grund für einen Verkauf und sagt, sein Betrieb sei stabil und bis Ende 1973 ausgelastet.

Aus dem Kauf wird schließlich nichts, außer einer öffentlich ausgetragenen politischen Debatte zwischen SPÖ und ÖVP über

Serge Kirchhofer

Herrn
Bundeskanzler Dr. Bruno Kreisky

Ballhausplatz
1o1o Wien

Wien, 28. Feber 1972 SK/he

Betrifft: Sanierung der Hirtenberger Patronen-,
Zündhütchen und Metallwarenfabrik AG

Sehr geehrter Herr Bundeskanzler!

Im Dezember 1971 durfte ich Ihnen über
Herrn Dr. Schwager mitteilen, daß ich
interessiert bin, das Aktienpaket der
Hirtenberger Patronen-, Zündhütchen-
und Metallwarenfabrik AG, nachfolgend
kurz Hirtenberger genannt, zu erwerben.
Ein Kurzexposé über die geplante Sanierung
und Ausweitung dieses Betriebes auf ein
zweites Produktionsbein durfte ich bei-
legen.

Seit diesem Zeitpunkt haben sich die
Verhandlungen über den Verkauf der
Hirtenberger mehrfach gewandelt. Ich
erlaube mir, Ihnen, sehr geehrter Herr
Bundeskanzler, heute mitzuteilen, daß
mein Interesse am Erwerb dieser Anlage
nach wie vor besteht.

Die heutige Situation der Hirtenberger
darf ich als bekannt voraussetzen.
Über die Geschäftsgebarung geben Expertisen
des Herrn Dr. Stadler (Prüfungsergebnisse
der ÖIAG), der Firma Assmann, Prüfungs-
berichte meines Finanzberaters und technischen
Teams sowie die Bilanz 1971 Aufschluß.
Diese Ergebnisse zeigen, daß der gegenwärtig
geforderte Kaufpreis für das Aktienpaket,
über den ich seinerzeit auch mit Herrn
Staatssekretär a. D. Dr. Stephani, verhandeln
konnte, als noch wesentlich zu hoch zu bezeichnen ist. Meines Wissens befinden sich
8o % des Aktienpaketes im Besitz der Hubertus
AG, Solothurn und 2o % im Besitz der Fa.
Manurhin, Frankreich.

- 2 -

Serge Kirchhofer

Der Kapitalbedarf für die von mir angeregte
Sanierung des besprochenen Industrieprojektes,
beide Fabrikatsgruppen, beträgt 1oo bis 12o Mio. S.:

```
Munition - Investitionskapital ...-ca. 1o Mio.
Umlaufmittel .....................-ca. 2o Mio.
"XB 19" ...................... bis ca 89 Mio.
```

K a p i t a l b e d a r f ..... 1oo bis 12o Mio. S

Die Bereitstellung von 1oo bis 12o Mio. S muß
durch eine Haftung des Landes Niederösterreich
gedeckt sein und es ist mir bekannt, daß
dem Werk Hirtenberg bei Aufnahme einer gesunden
Produktionsstrategie auch ein ERP-Kredit in
Höhe von 4o bis 8o Mio. S durch den Bund zu-
gesichert ist.

Es wäre mir eine große Ehre, wenn Ihnen, werter
Herr Bundeskanzler, meine Ausführungen soweit
interessant erscheinen, daß ich durch Vorlage
detaillierter Exposées bei geeigneten Stellen
meine Behauptungen (Pläne o. ä.) untermauern
darf und Sie mir eventuell die Gelegenheit zu
einem persönlichen Gespräch geben würden; Sie
somit mein Vorhaben wohlwollend unterstützen könnten.

Wenn Ihnen meine Vorschläge grundsätzlich
konvenieren, würde ich mich glücklich schätzen,
wenn Sie auch die Darlegung der Marktlage dem
beigelegten Aufsatz meines "XB 19"-Mitarbeiter-
Teams entnehmen.

Ich empfehle mich Ihnen

mit vorzüglicher Hochachtung

Udo R. Proksch

Anlage

die Frage, ob denn nun die Absicht bestehe, dass die Verstaatlichten-Holding ÖIAG Hirtenberger übernehmen solle. Dutzende Zeitungsartikel spiegeln den über Monate hinweg laufenden Konflikt zwischen den beiden Großparteien wider. Aber es kommt alles ganz anders: Fritz Mandl behält Hirtenberger, und bei seinem Tod 1977 steht das Unternehmen prächtig da, beschäftigt 800 Mitarbeiter und macht Gewinne. Erst 1981 verkaufen Mandls Erben die Aktienmehrheit an die VOEST Alpine AG und an die Austria Metall AG, beides Großunternehmen der zu dieser Zeit verstaatlichten Industrie. 1989 sollte Emmerich Assmann, Mandls stärkster Konkurrent als Munitionsproduzent, die dann schon völlig umstrukturierte Firma übernehmen. Assmann verstrickt sich später in undurchsichtige Finanzgeschäfte und wird zu einer Gefängnisstrafe verurteilt, sein unüberschaubares Firmenimperium, von dem Hirtenberger nur einen kleinen Teil darstellt, wird zerschlagen.

XP 19 geht weiter – oder doch nicht?

Projekte sind Udos Leben. *Weltrevolutionierende Erfindungen* will er auf den Weg bringen, wie zum Beispiel die Zahnpasta-Tube mit Verschlüssen an beiden Seiten, *damit man die ganze Zahnpaste rausdrücken kann* (auch diese „weltrevolutionäre Erfindung" kommt allerdings aus dem Ideen-Stadium nie heraus).

Das Militant-Projekt beschäftigt ihn aber noch mehrere Jahre, und General Lütgendorf soll sich weiterhin als überaus geneigter Begleiter und Förderer erweisen. Schon in seiner Funktion als Verteidigungsminister ermöglicht er Udo im Jahr 1976 eine Demonstration seines Projekts auf dem Truppenübungsplatz in Hochfilzen. Kamerateams des ORF und aus den USA sind dabei, als Udo vermutlich die Tauglichkeit seiner Kunststoff-Produkte im militärischen Gebrauch demonstrieren will. Zu diesem Zweck stellt das Bundesheer Material und Personal bereit, neben einer

Revolutionäre Zahnpasta-Tube

Seilwinde und drei Pinzgauern auch Ausrüstung für den Sprengeinsatz, nämlich Nebel- und Sprengmunition.

Später wollen die Gerüchte nicht verstummen, Udo habe sich aus genau dieser Quelle die Munition für die Sprengung des Schiffs „Lucona" beschafft. Der Nachweis ist aus nachvollziehbaren Gründen im Gerichtsverfahren allerdings nicht gelungen.

Truppenübungsplatz Hochfilzen, 1976

Das Plastikhaus

Während auftragsmäßig nach dem Flak-Trainer mit dem Bundesheer nichts weiterzugehen scheint, bringt Udo eine Art Spin-off seiner Plastikarmee auf den Weg, und er setzt dabei wieder auf seine Freundschaft mit „Lü" – wie General Lütgendorf auch genannt wird. In einem Brief vom Juli 1970 stellt Udo ihm sein Plastikhaus-Projekt vor. Beteiligt sind die Schweizer Firma Zapata, die Firma Optico in Oberhöflein, Udos späterer „Lucona"-Partner Hans Peter Daimler, der Wiener Physiker Rudolf Sacher mit seiner Sacher Gesellschaft Ges. m. b. H. Laboratorium für technische Entwicklungen und der als „Extrablatt"-Gründer bekannt gewordene Karl Heinz Pfneudl sowie Bruder Roderich Proksch – eine Firmen- und Namenskombination, die später (mit Ausnahme von Roderich Proksch und Pfneudl) bei der Lucona in fast identischer Zusammensetzung ihre Finger mit im Spiel haben sollte. (Es sind auch die gleichen Männer, die gemeinsam mit Udo ständig im Verdacht der Ost-Spionage stehen.) Sie schließen sich zur Mykonos-Plastic-Housing-Corporation SA (MY-PHC) zusammen, mit dem Ziel, *von Griechenland aus und in Griechenland die Systeme des modernen Plastikhauses (Polyurethan – Polyester – PVC) zu testen und dessen Entwicklung weiterzuführen sowie die Kommerzialisierung zu verwirklichen, d. h. die Produzierung an Ort und Stelle aufzunehmen.* Die vielfältigen Erfahrungen aus dem Militant-Projekt sollen dafür genutzt werden. Proksch sieht Griechenland dazu prädestiniert, *Mutterland des Plastik-Hauses* zu werden:

a) Lage, Schönheit und Klima des Landes, im besonderen die Inseln

b) die Staatssicherheit für ausländische Industrien

c) die Förderung ausländischer Industrien

d) und nicht zuletzt die Verpflichtung im europäischen Sinne wirtschaftlich zu denken.

Fotomontage Mykonos als Postkarte

Zentrum der Aktivitäten soll jenes Haus werden, das Udo auf Mykonos anmietet. Mit einem Mitarbeiterstab sowie internationalen Journalisten will er dort zwecks Markt- und Wirtschaftsanalyse ein Treffen veranstalten. Das Österreichische Bundesheer soll für das ganze Unterfangen Mittel wie ein Schiff, einen Hubschrauber und Jeep bereitstellen. Es erübrigt sich beinahe schon zu erwähnen, dass das Projekt Plastikhaus ohne konkretes Ergebnis im Sand verläuft.

Und noch ein weiteres Plastik-Projekt verdient es, hier vorgestellt zu werden. Nicht, dass es ein anderes Schicksal erlitten hätte als das Plastikhaus. Aber der Plan ist auf einer ganz anderen Ebene – typisch Udo – ziemlich hochtrabend.

Der Bubbleman

Am 26. April 1967 weist Udo Proksch, damals Geschäftsführer im „Studio für Werbegestaltung" in der Walfischgasse, die Wiener Plastik-Kunststoffschweißerei A. Leindl in der Lederergasse an, *die Herstellung von vorerst drei aufblasbaren Plastikpuppen ... vorzunehmen.* Bis zu diesem Zeitpunkt sind bereits Jahre vergangen, bis die Idee so weit gereift ist, dass sie tatsächlich in Entwürfe umgesetzt werden kann. Die amöbenhaften Körper ohne plastisch ausgebildete Gliedmaßen ähneln russischen Matroschkas – und sind geometrisch von einem Kegel abgeleitet. Auf den ersten Blick fällt die Ähnlichkeit mit den Figuren der „Barbapapa"-Serie auf, einer Kinderbuchserie, die Ende der 1960er Jahre von einer französischen Architektur-Studentin entwickelt wird. Das erste „Barbapapa"-Buch kommt 1970 auf den Markt, die Zeichentrick-Fernsehserie macht die Figuren in den folgenden Jahren zu einem Welterfolg. Ob da eine wechselseitige Inspiration erfolgt ist, und wenn ja, wer wohl von wem abgekupfert hat, das muss hier offen bleiben.

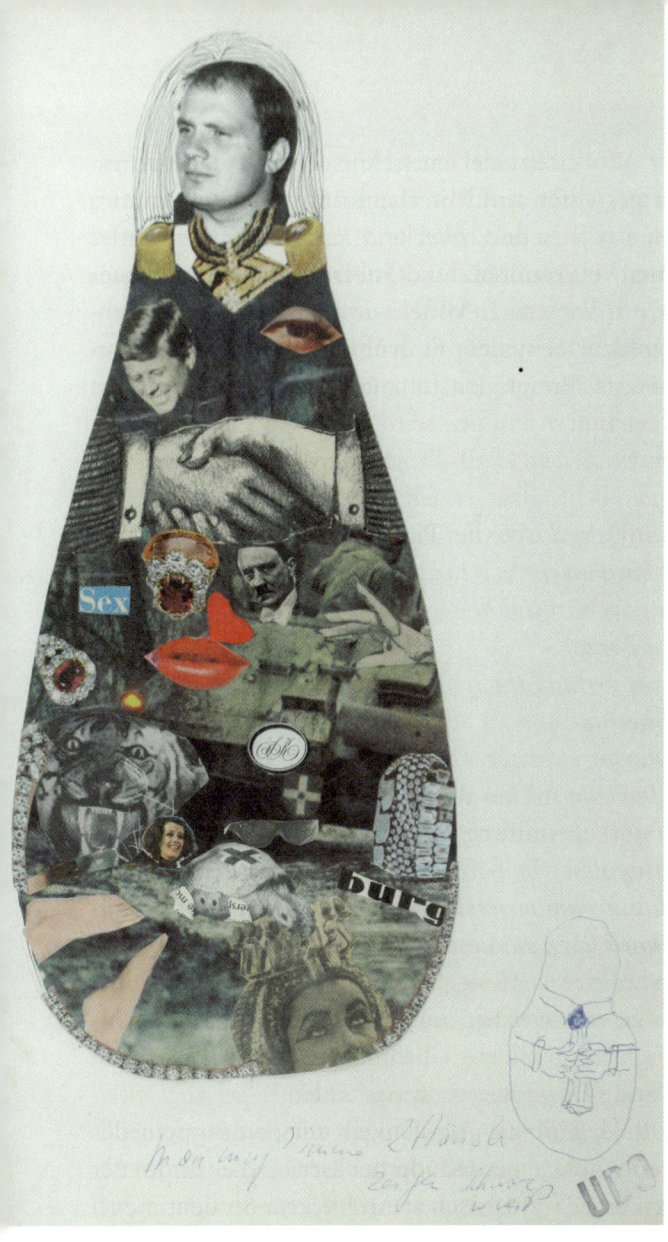

Der „Bubbleman"

Jedenfalls sind Udos Gummimänner und -frauen mit viel Fantasie kreiert. Auf ein Grundmotiv oder eine Grundfarbe appliziert ist jeweils eine Collage von Abbildungen, Karikaturen, Schriftzügen und Symbolen, die Udo aus Zeitungen, Hochglanzmagazinen oder Modejournalen ausschneidet und beziehungsreich auf den Dargestellten aufklebt. Den Körper Chruschtschows etwa überziehen sowjetische Orden und Rangabzeichen, Hitler NS-Parteiinsignien, Hakenkreuz und Soldaten wie Tätowierungen, Liz Taylor mit weitem Dekolleté und rosaweißem Blütenkleid hält eine goldene Schüssel mit dem Kopf von Richard Burton wie Salome das Haupt des Johannes. Für diese zunächst „Rubberman" genannten Puppen wird sogar ein Lied für einen Werbespot kreiert:

Der Gummimann geht durch die Welt
rubberman, rubberman.
The rubberman goes through the world
rubberman, rubberman –
He haunts his sole around the world
rubberman, rubberman –
He looks with staring eyes across his own living
and there is no horizon for his desire.
The rubberman goes through the world
rubberman, rubberman –
Aus dem Dunkel kommen immer mehr kleine Gummimänner dazu, die Seele wird langsam von ihnen verdrängt, ein Heer rubbermen schwingt wie eine Wiese.
Opening song: The rubberman goes through the world ...

Singen soll den Song Udo Jürgens, notiert Udo.

Die Entwürfe der aufblasbaren Puppen zeigen unterschiedliche Gestaltungsmöglichkeiten des von der Grundstruktur immer identischen Körpers. US-Präsident John F. Kennedy oder Adolf Hitler, Nikita Chruschtschow, Charles de Gaulle, Liz Taylor oder Beatles-Sänger Paul McCartney – und natürlich Udo selbst – sollen eine zweite „Gummi-Identität" bekommen. Die Markteinführung soll von einer großen Zeitungskampagne begleitet werden, die gummimäßig dargestellten Stars sollen Spezialmodelle entweder persönlich überreicht oder – noch besser – anonym zugeschickt bekommen – freilich nicht ohne die Zeitungen zeitgerecht vorher darüber zu informieren. Eine ganze *Rubbermen-Bewegung* soll entstehen, sie müsste *vor allem aus der englischsprachigen Welt kommen, wobei ich der Meinung bin, daß England besser wäre als Amerika, denn der Spleen wächst immer noch in England.* Helmut Qualtinger soll mit dem Libretto für ein Rubbermen-Musical beauftragt werden, das Musical soll bei verschiedenen Plattenfirmen und Musikverlagen ausgeschrieben werden, dazu Fanclubs, ein eigener Rubbermen-Preis für herausragende beziehungsweise ausgefallene Leistungen, quasi eine Weltrevolution in Gummi.

Dem Plastik-Gefährten wird dann auch noch ein praktischer Zweck zugeschrieben: *Der Rubberman als Abreaktion von Zorn ist – wie überhaupt zur Abreaktion mancher Gefühle – bestens geeignet, daher sollte man daran denken, Rubbermen-Vorführungen zu starten. „Was alles kann man mit dem Rubberman machen und wie dekorativ wirkt er im Büro des Chefs oder im trauten Heim."* ... *Den Politikern ist klar zu machen, wie vielseitig verwendbar die Rubbermen bei Wahlkämpfen sind, da der Gegner durch sie lächerlich, der Freund aber sympathisch gemacht werden kann.*

Irgendwann wird aus dem „Rubberman" ein „Bubbleman". Die „Gummimänner" sollen unter seinem Künstlernamen Serge Kirchhofer – mit Stempel im Boden – produziert werden, und Udo beginnt Verhandlungen darüber, wie Vertrieb und Finanzierung vor allem in der Bundesrepublik Deutschland organisiert werden können – wobei Udos Hamburger Gesprächspartner Günther P. O. Stoelck 1964 gewisse Zweifel hegt, dass sich in Deutschland ein Bubbleman mit Hitler-Gesicht tatsächlich verkaufen lasse. Und dann schreibt Herr Stoelck:

Im Hinblick auf die im Herbst nächsten Jahres stattfindende Bundestagswahl in Deutschland müssen wir selbstverständlich den Bundeskanzler Erhard mit Zigarre groß herausbringen, möglicherweise lässt er sich an die CDU vorverkaufen für die Wahlpropaganda, und er würde für unsere übrigen Bubble-Männer mit Reklame machen. ... So imposant Hitler wirkte, so habe ich doch gegen ihn als bubble-man starke Bedenken im europäischen Bereich. Was halten Sie von der Darstellung eines berühmten deutschen Fußballspielers, wie zum Beispiel Uwe Seeler?

Und ein Mister Herzberg von der Mabro & Co L. M. in London schreibt Proksch, dass er mit ihm in Geschäftsverbindung treten und eine Handelsfirma für den Vertrieb gründen wolle.

Dann kommen aber allerlei Fragen des Musterschutzes sowie rechtliche und technische Aspekte aufs Tapet: Ist eine Abbildung von Bubblemen mit Gesichtern prominenter Personen ohne deren Einwilligung überhaupt möglich? Und wie soll der Druck auf die Folien vor sich gehen? Erste Versuche erweisen sich da als nicht besonders erfolgreich. Dabei läge der „Bubbleman" voll im Zeitgeist: In Deutschland feiert gerade der Lieblingspolitiker in Form eines Gartenzwergs Verkaufserfolge ungeahnten Ausmaßes. Und in den USA kommen aufblasbare Frauenpuppen auf den Markt: *(instand party dolls) for office, beach, pool party, conventions, parades, clubs, advertising displays, available as Blonde, Brunette or Redhead.* Die Welt muss aber ohne Udos Bubbleman auskommen.

Der Zuckerbäcker

Demel

Lieber Udo, in dreifacher Hinsicht hat mich Deine Sendung beglückt:
1) Ich sehe, dass Macht und Reichtum bei Dir ansteigen – schon immer hielt ich ja die „Zuckerlkönige" für die Mächtigsten aller Mächtigen.
2) Selten genug kann ich meinen Damen Freude bereiten – seit heute Mittag „lutschen" sie genüsslich ...
3) Seit Kindheitstagen wollte ich das DEMEL zu einer Art Kneipe für mich machen – es war mir leider immer zu teuer. Jetzt schöpfe ich Hoffnung: Wie ich Dich kenne, darf ich ab heute fressen und saufen so viel ich will – selbstverständlich ohne zu „brennen".
Sei mir gegrüßt – Bussi! (natürlich auch an die Gräfin).

Diese Zeilen schickt Helmut Zilk, Programmdirektor Fernsehen, am 10. März 1972 auf offiziellem ORF-Briefpapier an Udo Proksch, vermutlich, um sich für die Zusendung einiger Demel-Leckereien zu bedanken. Da ist noch die halbe Republik in Aufruhr über den Umstand, dass ausgerechnet Udo die traditionsreiche k. u. k. Hofzuckerbäckerei Demel am Kohlmarkt übernimmt. So mancher sieht schon den Untergang des Abendlandes herannahen. *Bürgerschreck soll Europas nobelste Konditorei retten,* schreibt die „Berliner Morgenpost". Und auch der „Süddeutschen Zeitung" ist der Besitzerwechsel damals eine große Story wert, unter dem Titel: *Machtwechsel in der Diktatur der Cremeschnitten.* Kein Wunder, schließlich rangiert der Demel damals unter den „Institutionen der Republik" ganz oben: gleich neben

ÖSTERREICHISCHER RUNDFUNK

Dr. Helmut Zilk
Programmdirektor Fernsehen

Wien, 1o.März 1972

Lieber Udo,

in dreifacher Hinsicht hat mich Deine Sendung beglückt:

1) Ich sehe, dass Macht und Reichtum bei Dir ansteigen - schon immer hielt ich ja die "Zuckerlkönige" für die Mächtigsten aller Mächtigen.

2) Selten genug kann ich meinen Damen Freude bereiten - seit heute Mittag "lutschen" sie genüsslich...

3) Seit Kindheitstagen wollte ich das DEMEL zu einer Art Kneipe für mich machen - es war mir leider immer zu teuer. Jetzt schöpfe ich Hoffnung: Wie ich Dich kenne, darf ich ab heute fressen und saufen so viel ich will - selbstverständlich ohne zu "brennen".

Sei mir gegrüsst - Bussi! (natürlich an die Gräfin).

der Spanischen Hofreitschule und der Staatsoper. Schon seit der Gründung 1778 durch zwei junge Konditoren aus Württemberg zählt der Kaiserhof zu den Stammkunden des Hauses, in die Hofoper wird Süßes als Pausenstärkung geliefert, und das Lokal etabliert sich als Treffpunkt für Metternichs Geheim-Diplomatie. 1857 übernimmt die Familie Demel den Betrieb. Die Demelsche Zuckerbäckerei überlebt beide Weltkriege und den Verlust des Kaiserhauses als Großabnehmer unbeschadet. Erst Mitte des 20. Jahrhunderts verkommt das Lokal zum versteinerten Monument, zum muffigen, verstaubten Treffpunkt nostalgischer Adeliger, die zwischen vergammelten Jugendstilmöbeln den vermeintlich guten alten Zeiten nachtrauern – bis eben 1972 ein frischer Wind die vertrocknete Atmosphäre belebt. *Der Demel ist mir lieber als eine Professur*, sagt Udo, und: *Ich bin der Tortenfresser und versteh' darum mehr vom Demel als so mancher alte Depp von der Branche.*

Bei der Übernahme des Demel stellt Udo jedenfalls ein weiteres seiner Talente unter Beweis: Ohne sich selbst finanziell über Gebühr zu engagieren, gilt er ab Mai 1972 offiziell als Hausherr am Kohlmarkt und kann schalten und walten, wie er will.

Das passt zu seinem Motto: *Ich will nicht besitzen, sondern nur über etwas verfügen.*

Bevor er über den Demel verfügen kann, sind aber einige Hürden zu überwinden. Da ist erst einmal die Tatsache, dass der bisherige Besitzer Federico Berzeviczy-Pallavicini mit dem proletarischen Emporkömmling Proksch ganz sicher niemals verhandelt hätte. Der Baron erbt den Demel von seiner Frau, einer gebürtigen Demel, und will ihn aus steuerlichen Gründen verkaufen. Aber jemand wie Berzeviczy-Pallavicini ist offenbar nur gewillt, mit seinesgleichen zu reden, also schickt Udo sein heißestes Eisen ins Rennen: Cäcilie Christine Caroline Maria Immaculata Michaela Thadäa Altgräfin zu Salm-Reifferscheidt-Krautheim und Dyck. Sie setzt sich als Bevollmächtigte einer Schweizer Gesellschaft namens „Lylac" mit Berzeviczy-Pallavicini in Ver-

S.A.Inc. **LYLAC** AG Ldt.

CH-6301 ZUG

Anzahlung 10.000 Schweizer-
Franken erhalten

Friedrich von Berzeviczy-
Pallavicini

16. II. 72

CH-6301 ZUG GARTENSTRASSE 2 POSTFACH 1157 TEL. 042-21 13 20 TELEX 78966
KTO. „LYLAC" SCHWEIZERISCHE BANKGESELLSCHAFT ZUG

bindung. Die „Lylac AG" leistet am 16. Februar 1972 eine Bar-Anzahlung von 10.000 Schweizer Franken an Baron Berzeviczy-Pallavicini. Der quittiert das handschriftlich auf „Lylac"-Briefpapier.

Und diese „Lylac" wiederum ist eine Schweizer Briefkastenfirma, hinter der – erraten – natürlich Udo Proksch steht. Aber das muss der Verkäufer ja nicht wissen. Und so knüpft Udo ein kompliziertes Geflecht aus Strohmännern und -frauen, wählt Übergangskonstruktionen, um schließlich zu zehn Prozent am Demel beteiligt zu sein. Die Lylac AG wird im Juni 1971 im schweizerischen Zug gegründet, mit dem Firmenzweck *Dienstleistungen auf dem Werbesektor, insbesondere hinsichtlich Massenmedien und Massenkommunikationsmittel.* 498 der insgesamt 500 Anteile der Firma gehören einem gewissen Herrn Max Peterhans. Der Mann soll sich später als überaus dubiose Figur entpuppen, immerhin dirigiert er über seine „Peterhans Treuhand AG" mit einem halben Dutzend Angestellten ein Imperium von 160 Briefkastenfirmen. Und eben dieser Max Peterhans ist dabei, ebenso wie der Wirtschaftsprüfer Dr. Emil Ettrich und Udo Proksch, als in einer Wiener Anwaltskanzlei die „Hermine Ettrich Ges.m.b.H." gegründet wird. Bei Hermine Ettrich handelt es sich um die Ehefrau des Wirtschaftsprüfers. Ihr gehören aber nur 10 Prozent der neu gegründeten „Firma", 90 Prozent hält Max Peterhans' Briefkastenfirma Lylac. Und ebendiese Hermine Ettrich Ges.m.b.H. soll als Erstkäuferin des Demel aufscheinen, sie kauft die Konditorei um 18 Millionen Schilling (umgerechnet 4,5 Millionen Euro). Finanziert wird der Deal von verschiedenen Banken. In die Finanzierungsverhandlungen ist Udo von Anfang an involviert, obwohl er zunächst nirgendwo auf dem Papier als Beteiligter in diesem ganzen Übernahmespiel aufscheint. Wenig später wird die Hermine Ettrich Ges.m.b.H. in Ch. Demels Söhne Gesellschaft m.b.H. umbenannt, Hermine Ettrich überlässt Udo ihren Zehn-Prozent-Anteil um den Preis von 10.000 Schilling (rund 2500 Euro). Welch ein Coup! Ende Mai 1972 kann Udo

Abschrift

Geschäftszahl : 37/1972   S 360.- entw.
                          Stempelmarken

P R O T O K O L L

aufgenommen am 19. (neunzehnten) April 1972 (neunzehnhundertzweiundsiebzig) von mir, Doktor Kurt B i n d e r , öffentlichem Notar, mit dem Amtssitz in Wien - Währing und der
Amtskanzlei in Wien 18., Gymnasiumstraße 21, über die am
heutigen Tage, beginnend um 5 Uhr in meiner Kanzlei abge-
haltene

AUSSERORDENTLICHE GENERALVERSAMMLUNG

der Hermine E t t r i c h Gesellschaft m.b.H. und über die
bei dieser Generalversammlung gepflogenen Verhandlungen und
gefaßten Beschlüsse.

Gegenwärtig: 1. Herr Max P e t e r h a n s , Kaufmann, Zug/
------------   Schweiz, Gartenstraße 2, als allein vertretungs-
------------   und zeichnungsbefugter Verwaltungsrat der
------------   Lylac AG mit dem Sitz in Zug/Schweiz, Garten-
------------   straße 2, ---------------------------------
----------- 2. Frau Hermine E t t r i c h , Private, Wien 5.,
------------   Rechte Wienzeile 45, ------------------
----------- 3. der gefertigte öffentliche Notar. -----------

– Seite zwei –

Herr Max Peterhans als allein zeichnungs- und vertretungsbefugter Geschäftsführer der Hermine Ettrich Gesellschaft m.b.H. mit dem Sitz in Wien, übernimmt den Vorsitz, begrüßt die Erschienenen und stellt fest, daß sämtliche Gesellschafter anwesend und mit der Abhaltung der heutigen Generalversammlung einverstanden sind, so daß diese voll beschlußfähig ist. —

Er gibt sodann die Tagesordnung bekannt, wie folgt: — — —

1.) Änderung der Firma — — — — — — — — — — — — — — —
2.) Änderung des Gesellschaftsvertrages — — — — — — —
3.) Allfälliges.

Zu Punkt 1.) der Tagesordnung: "Änderung der Firma"
teilt der Vorsitzende mit, daß die Firma "Hermine Ettrich Gesellschaft m.b.H. mit Kaufvertrag vom heutigen Tage, die protokollierte Firma Ch. Dewel's Söhne und Nachfolger eines vormalen verkauften Kredits, und der zu diesem Betriebe gehörigen Liegenschaft, bin sowie kyl Materiallager Innere Stadt Wien, mit dem Standort Wien, 1. Bezirk, Graben, Nr. ..., gekauft hat, mit dem Recht erworben hat, für die Firma Hermine Ettrich Gesellschaft m.b.H. die Firma Ch. Dewel's Söhne als eine Fortführung eines das Nachfolgeverhältnis zum Ausdruck bringenden anzunehmen.

Der Herr Vorsitzende beauftragt, den Firmenwortlaut zu ändern, in "Ch. Dewel's Söhne Gesellschaft m.b.H.". Gleichzeitig beauftragt er die Änderung des Gesellschaftsvertrages in auch "Änderung", so daß dieser nunmehr wie folgt zu lauten hätte: — — — — — — — — — — — — — — — —

Punkt 1.) Die Firma der Gesellschaft lautet: "Ch. Dewel's Söhne Gesellschaft m.b.H." — — — — — — — — — — — — —

Einstimmig erfolgt die einhellige Annahme dieses Antrages.

Zu Punkt 2.) der Tagesordnung: "Änderung des Gesellschaftsvertrages" stellt der Herr Vorsitzende fest, daß sich am Sitz der Gesellschaft: Wien nichts ändert, daß jedoch die Geschäftsräume

– Seite drei –

infolge des Erwerbes der Liegenschaft Wien 1., Kohlmarkt 14, nunmehr in diese neue Adresse zu ändern ist. Die Abstimmung ergibt die einhellige Annahme dieses Antrages. - - - - - -

Zu Punkt 3.) der Tagesordnung: "Allfälliges" - - - - - - -
bringt Frau Hermine Ettrich vor, daß sie beabsichtigt, von ihrem Geschäftsanteil einen Teil entsprechend einer voll und bar eingezahlten Stammeinlage von S 10.000,-- (Schilling zehntausend) an Herrn Rudolf U. P r o k s c h , abzutreten. -

Gemäß Punkt "Zehntens" des Gesellschaftsvertrages vom 6. März 1972 ist hiezu die im vorhinein einzuholende schriftliche Zustimmung aller Gesellschafter erforderlich. - - - - - - -

Herr Max Peterhans namens der Gesellschafterin: Lylac AG und Frau Hermine Ettrich, sohin sämtliche Gesellschafter, stimmen dieser Abtretung ausdrücklich zu und fertigen zur Erfüllung der schriftlichen Zustimmung dieses Protokoll. - -

Da sich zu diesem Tagesordnungspunkt "Allfälliges" niemand mehr zum Worte meldet, schließt Herr Max Peterhans mit Dankesworten an die Erschienenen die heutige Generalversammlung. -

Dieses Protokoll wurde nach Verlesung und Richtigbefund vor mir, Notar, von den beiden Erschienenen unterfertigt. - -

Geb.gem. § 20 (4) NT.   S 840,--
Stempel   360,--

                                      gez. Max P e t e r h a n s
                                      gez. Hermine E t t r i c h
SIEGEL : Dr. Kurt Binder   gez. Dr. Kurt B i n d e r
        Öffentlicher Notar   Öffentl. Notar
        Wien - Währing

Handelsgericht Wien
1010 Wien, Riemergasse 7

Beglaubigte Abschrift

aus dem

Handelsregister

Abteilung B

Nr. 13.663

HRForm. 33 (Beglaubigte Abschrift aus dem Handelsregister, Abteilung B, § 9 HGB, §§ 29, 30 der Handelsregisterverfügung, Außenblatt) Erl. 10.534 - 6/72, v. 3. 5. 72

Nummer der Eintragung	a) Firma b) Sitz c) Gegenstand des Unternehmens	Grund oder Stammkapital S	Vorstand, Geschäftsführer, Abwickler
1	2	3	4
1.	a) Hermine Ettrich Gesellschaft m.b.H. b) Wien c) a) Das Gast- und Schankgewerbe in allen seinen Betriebsformen b) das Zuckerbäckergewerbe, c) der Erwerb von und die Beteiligung an gleichartigen oder ähnlichen gewerben.	100.000,--	Max Peterhans, Kaufmann, Zug/Schweiz.
2.	a) Ch.Demel's Söhne Gesellschaft m.b.H.		
3			
4			Greta Fischer, Geschäftsfrau, Geuensee/Oele, Schweiz; Udo Rudolf Proksch, Kaufmann, Wien.

Prokura	Rechtsverhältnisse	a) Tag der Eintragung und Unterschrift b) Bemerkungen
5	6	7
	Gesellschaft mit beschränkter Haftung. Der Gesellschaftsvertrag ist am 6.März 1972 abgeschlossen. Die Gesellschaft wird - wenn mehrere Geschäftsführer bestellt sind - durch zwei Geschäftsführer gemeinsam oder durch einen von ihnen gemeinsam mit einem Prokuristen vertreten.	a) 14.März 1972 Wolf eh b) Gesellschaftsvertrag Seite 5 ff des Registeraktes
	Mit Beschluss der Generalversammlung vom 19.April 1972 wurde der Gesellschaftsvertrag im Punkte 2. geändert. Die Firma ist geändert.	a) 25.April 1972 Heinzmann eh b) Generalversammlungsprotokoll vom 19.4.1972 Seite 29 ff des Registeraktes.
Einzelprokurist: Serge Kirchhofer, Wien.		a) 6.Juni 1972 Heinzmann eh
Die Prokura des Serge Kirchhofer ist erloschen.	Mit Beschluss der Generalversammlung vom 6.September 1974 wurde der Gesellschaftsvertrag im Punkte Neuntens geändert. Die Generalversammlung kann, auch wenn mehrere Geschäftsführer bestellt sind, einzelnen von ihnen selbständige Vertretungsbefugnis erteilen. Max Peterhans ist nicht mehr Geschäftsführer. Greta Fischer und Udo Rudolf Proksch sind zu je selbständig vertretungsbefugten Geschäftsführern bestellt.	a) 14.Oktober 1974 Filipek eh b) Generalversammlungsprotokoll vom 6.9.1974 Seite 51 ff des Registeraktes.

Vorstehende Abschrift stimmt mit den Registereintragungen überein.

Handelsgericht Wien
Geschäftsabteilung 7
I, Riemergasse 7
am 16. Jan. 1975

Gemäss § 26 des GmbHG gebe ich hiermit die Liste der Gesellschafter der Firma Ch. Demel's Söhne Gesellschaft mbH mit Stand vom 31. Dezember 1973 bekannt:

Name und Anschrift des Gesellschafters	Übernommene Stammeinlage	hierauf eingezahlt	Sacheinlagen
Lylac AG Gartenstr. 2 6301 Zug/Schweiz	öS 90.000.-	öS 90.000.-	keine
Udo R. Proksch-Kirchhofer Walfischgasse 12 1010 Wien	öS 10.000.-	öS 10.000.-	keine

Ferner wird die Geschäftsadresse richtig gestellt in:

1010 Wien, Kohlmarkt 14

19. Februar 1974

Max Peterhans

Beglaubigte Abschrift

aus dem

Handelsregister

Abteilung B

Nr. 13 663

HR. Nr. 33 (Beglaubigte Abschrift aus dem Handelsregister, Abteilung B, [§ 9 HGB., §§ 29, 30 der Handelsregisterverfügung], Außenblatt).   Erl. 10.833-6/70, v. 18. 6. 70

Nummer der Eintragung	a) Firma b) Sitz c) Gegenstand des Unternehmens	Grund- oder Stammkapital S	Vorstand, Geschäftsführer, Abwickler
1	2	3	4
1	a) Hermine Ettrich Gesellschaft m. b. H b) Wien c.) a) Das Gast- und Schankgewerbe in allen seinen Betriebsformen, b) das Zuckerbäckergewerbe c.) der Erwerb von und die Beteiligung an gleichartigen oder ähnlichen Gewerben.	100.000.-	Max Peterhaus Kaufmann, Zug / Schweiz

Prokura	Rechtsverhältnisse	a) Tag der Eintragung und Unterschrift b) Bemerkungen
5	6	7
✗	Gesellschaft mit beschränkter Haftung. Der Gesellschaftsvertrag ist am 6. März 1972 abgeschlossen. Die Gesellschaft wird – wenn mehrere Geschäftsführer bestellt sind – durch zwei Geschäftsführer gemeinsam oder durch einen von ihnen gemeinsam mit einem Prokuristen vertreten.	a) 14. März 1972 Wolf b) Gesellschaftsvertrag Seite 5ff des Registeraktes

Vorstehender Abschrift stimmt mit den Registereintragungen überein.

Handelsgericht Wien
Geschäftsabteilung 7
I, Riemergasse 7
15. März 1972   19___   Wolf

Vor mir, Doktor Friedrich Handschur, Substitut des öffentlichen Notars Doktor Kurt Binder in Wien-Währing, bestellt mit Bescheid des Präsidenten des Landesgerichtes für Zivilrechtssachen Wien vom 16. 11. 1971, Pers. 4-B-17.37, haben heute in der Amtskanzlei in Wien 18, Gymnasiumstraße 21,
1.) Herr Max P e t e r h a n s , Kaufmann, Zug/Schweiz, Gartenstraße 2, als allein vertretungs- und zeichnungsbefugter Geschäftsführer der Lylac AG mit dem Sitz in Zug/Schweiz, Gartenstraße 2 (dessen Identität wurde mir nachgewiesen durch Schweizer Reisepaß Nummer 2029646, - ausgestellt am 9. September 1970 von der Staatskanzlei des Kantons Zug, Schweiz,)- - - - - - - - - - - - - - -
2.) Frau Hermine E t t r i c h , Private, Wien 5., Rechte Wienzeile 45 (Identität nachgewiesen durch Reisepaß der Republik Österreich, Nummer G 0337424, ausgestellt von der Bundespolizeidirektion Wien am 4. Mai 1971) - - - -
vor mir verabredet und geschlossen nachstehenden - - - - --

Seite zwei

----- G e s e l l s c h a f t s v e r t r a g. ------

E r s t e n s : Die Lylac AG mit Sitz in Zug/Schweiz, Gartenstraße 2 und Frau Hermine Ettrich, Private, 1050 Wien, -- Rechte Wienzeile 45, errichten mit dem heutigen Tage eine Gesellschaft mit beschränkter Haftung mit dem Sitz in Wien. --
Z w e i t e n s : Die Firma der Gesellschaft lautet: Hermine Ettrich Gesellschaft m.b.H. ------------------
D r i t t e n s : Gegenstand der Gesellschaft bildet: ---
a) das Gast- und Schankgewerbe in allen seinen Betriebsformen,
b) das Zuckerbäckergewerbe, --------------------
c) der Erwerb von und die Beteiligung an gleichartigen oder ähnlichen Gewerben. --------------------
V i e r t e n s : Das Stammkapital der Gesellschaft beträgt S 100.000.-- (Schilling einhunderttausend) und wird von der Lylac AG, Zug, mit S 88.000.-- (Schilling achtundachtzigtausend) und Frau Hermine Ettrich mit S 12.000.-- (Schilling zwölftausend) übernommen. ---------------------
Das Stammkapital wird bei Abschluß des Gesellschaftsvertrages zur Gänze in barem Geld einbezahlt. --------------
F ü n f t e n s : Die Dauer der Gesellschaft ist nicht auf eine bestimmte Zeit beschränkt. Die Gesellschaft beginnt mit dem Tage der handelsgerichtlichen Registrierung. -------
S e c h s t e n s : Das Geschäftsjahr fällt mit dem Kalenderjahr zusammen. Das erste Geschäftsjahr ist ein Rumpfwirtschaftsjahr, es beginnt mit dem Tage der Eintragung der Gesellschaft in das Handelsregister und endet am 31. (einunddreißigsten) Dezember 1972 (neunzehnhundertzweiundsiebzig). ------------
S i e b e n t e n s : Die Bestellung des oder der Geschäftsführer und der Widerruf der Bestellung erfolgt durch einfachen Mehrheitsbeschluß der Gesellschafter. ----------------
A c h t e n s : Die Firmazeichnung sowie die Abgabe der Willenserklärungen für die Gesellschaft erfolgt in der Weise, daß die Zeichnungsbefugten unter dem von wem immer vorgeschriebenen,

Seite drei

vorgedruckten oder stampiglierten Firmenwortlaut, ihre Namensunterschrift setzen. -
N e u n t e n s : Die Gesellschaft hat einen oder mehrere Geschäftsführer. Sind zwei oder mehrere Geschäftsführer bestellt, so wird die Gesellschaft durch zwei Geschäftsführer gemeinschaftlich oder durch einen Geschäftsführer in Gemeinschaft mit einem Prokuristen vertreten. -
Z e h n t e n s : Die Übertragung, beziehungsweise Abtretung der Geschäftsanteile oder von Teilen hievon an Nichtgesellschafter bedarf der im vorhinein einzuholenden schriftlichen Zustimmung aller übrigen Gesellschafter. - - - - - - - - - - - - - -
E l f t e n s : Die Bekanntmachung der Gesellschaft erfolgt durch Übersendung eingeschriebener Briefe an die einzelnen Gesellschafter unter der, der Gesellschaft zwecks Eintragung in das Anteilsbuch zuletzt bekannt gegebenen Adresse. - - - - - -
Z w ö l f t e n s : Für die mit der Errichtung und handelsgerichtlichen Registrierung verbundenen Gebühren und Kosten (mit Ausnahme der hiebei erwachsenden staatlichen Abgaben) wird ein Höchstbetrag von S 60.000.-- (sechzigtausend Schilling) bestimmt, der von der Gesellschaft getragen wird. - - - - - - - - - - - -
Die Gründungskosten müssen nach Maßgabe der tatsächlichen Inanspruchnahme im vollen Betrage als Ausgabe in die erste Jahresbilanz eingestellt werden. - - - - - - - - - - - - - - - - - - -
D r e i z e h n t e n s : Insofern durch diesen Gesellschaftsvertrag oder dessen gültige Abänderungen oder durch gültige Generalversammlungsbeschlüsse nichts anderes bestimmt wird, gelten die Bestimmungen des Gesetzes über die Gesellschaft mit beschränkter Haftung und suppletorisch die der übrigen Gesetze. - - - - -
V i e r z e h n t e n s : Herr Dr. Jakob Zanger, Rechtsanwalt in 1010 Wien, Neuer Markt 1, wird hiemit von allen Gesellschaftern ermächtigt, namens derselben allfällige zur Durchführung der Eintragung der Gesellschaft vor dem Registergericht verlangte notwendige Änderungen des Gesellschaftsvertrages in notarieller Form vorzunehmen und alle zu diesem Zwecke allenfalls notwendige Nachtragserklärungen in einfacher oder notarieller Form abzugeben.

den Demel quasi offiziell in Besitz nehmen. Der Kaufvertrag wird rückwirkend mit 1. Januar 1972 gültig.

Welche Bedeutung dieser Besitzerwechsel zu dieser Zeit in der öffentlichen Wahrnehmung hat, wird aus einem Brief deutlich, den Cecily Salm-Reifferscheidt im Namen der Lylac AG im März 1972 an den soeben neu gewählten UNO-Generalsekretär Kurt Waldheim schreibt:

Sehr geehrter Herr Generalsekretär! Zwei Ereignisse haben Österreich in diesem Jahr besonders bewegt. Einmal ist damit die Wahl eines Österreichers zum Generalsekretär der Vereinten Nationen gemeint, ein Ereignis, das das Ansehen und das Selbstbewusstsein Österreichs erneut bestärkt hat. Dank Ihrer Persönlichkeit reist nun ein Österreicher als Botschafter für den Frieden in der Welt.

Wie sehr sich das später ins Gegenteil verkehren sollte, als Waldheim für das Amt des Bundespräsidenten kandidiert und seine NS-Vergangenheit auffliegt, das ist Frau Salm-Reifferscheidt zu dieser Zeit natürlich nicht bekannt. Sie nennt in ihrem Brief als zweites wesentliches Ereignis, wenn auch von weit regionalerer Bedeutung, den Verkauf der traditionellen Zuckerbäckerei Ch. Demel's Söhne am Kohlmarkt an eine schweizerische Interessentengruppe und bezeichnet diese Transaktion als bedeutsame Verbindung zweier neutraler Staaten. Um den historischen Namen Demel weiterführen zu können, werde nun in Wien eine Betriebsgesellschaft gegründet, lässt sie Herrn Waldheim wissen. Und weiter:

Viele Anhänger dieser letzten traditionellen Plätze in Österreich, glaubten darin einen ‚Todesstoß' für den DEMEL zu sehen. Und gerade hier wollen die neutralen Nachbarn einmal beweisen, wie gut sie es verstehen eine nationale Eigenart anzuerkennen, um Österreich nicht eine der letzten Erinnerungen an eine historische Zeit zu nehmen, sondern diese bewusst und in altbewährter Manier weiterzuführen. Herr Waldheim bekommt mit gleicher Post ein Kontingent von Demel-Geschenkpackungen zugeschickt,

S.A. Inc. **LYLAC** AG Ldt.

Seiner Excellenz
dem Generalsekretär der
Vereinten Nationen
Dr. Kurt W a l d h e i m

United Nations Building
38 Stock
N e w Y o r k

CH-6301 ZUG 24.3.1972

Sehr geehrter Herr Generalsekretär!

Zwei Erreignisse haben Österreich in diesem Jahr besonders bewegt. Einmal ist damit die Wahl eines Österreichers zum Generalsekretär der Vereinten Nationen gemeint, ein Ereignis, daß das Ansehen und das Selbstbewusstsein Österreichs erneut bestärkt hat. Dank Ihrer Persönlichkeit reist nun ein Österreicher als Botschafter für den Frieden in der Welt.

Ein zweites Ereignis auf das wir hier hinweisen wollen ist von weit regionalerer Bedeutung und ist dennoch eine bedeutsame Verbindung zweier neutraler Staaten.
In Wien wurde dieser Tage die traditionelle Zuckerbäckerei CH.DEMEL's SÖHNE am Kohlmarkt an eine schweizerische Interessentengruppe verkauft, die derzeit eine Betriebsgesellschaft in Wien gründet, um den historischen Namen DEMEL weiterführen zu können. Viele Anhänger dieser letzten traditionellen Plätze in Österreich, glaubten darin einen 'Todesstoß' für den DEMEL zu sehen. Und gerade hier wollen die neutralen Nachbarn einmal beweisen, wie gut sie es verstehen eine nationale Eigenart anzuerkennen, um Österreich nicht eine der letzten Erinnerungen an eine historische Zeit zu nehmen, sondern diese bewusst in altbewährter Manier weiterzuführen.

CH-6301 ZUG GARTENSTRASSE 2 POSTFACH 1157 TEL. 042-211320 TELEX 78966
KTO. „LYLAC" SCHWEIZERISCHE BANKGESELLSCHAFT ZUG

S.A.Inc. **LYLAC** AG Ldt.

CH-6301 ZUG

DEMEL ist ein kleines Stück Österreich in der Welt.
Daher dürfen wir Ihnen aus Wien ein Kontingent
von DEMEL-Geschenkpackungen übersenden mit dem Gedanken, einigen Österreichern und Freunden Österreichs
in Ihrer näheren Umgebung die Aufgaben fern von
Wien ein wenig zu versüßen und ihnen die Rückkehr
zu ihren altgewohnten Plätzen zu erleichtern.

Mit den besten Wünschen
für einen guten Erfolg Ihrer Mission
i.A. *[signature]*
L Y L A C AG
(Cecily Salm Reifferscheidt)

ein kleines Stück Österreich, um *einigen Österreichern und Freunden Österreichs in Ihrer näheren Umgebung die Aufgaben fern von Wien ein wenig zu versüßen* ... .

Udo wird unterdessen zunächst Prokurist der „Ch. Demel's Söhne Ges.m.b.H." und später Geschäftsführer. Diese Ges.m.b.H. verkauft dann auch die Marke „Demel" an die Schweizer Lylac. Der Preis für die Markenrechte ist beachtlich: In vier Teilbeträgen kommen zwischen 1972 und 1975 670.000 Schweizer Franken zusammen, die die Lylac an die Demel Ges.m.b.H. zu zahlen hat. Max Peterhans, der Schweizer Briefkastenfirmen-Mann und Lylac-Repräsentant, lässt Udo schriftlich wissen, dass er diese Konstellation für ein internationales Demelgeschäft für beide Seiten als äußerst positiv betrachte. Und Max Peterhans macht Udo in seinem Schreiben *nachdrücklich darauf aufmerksam, dass darüber keinesfalls irgendwelche Gerüchte an die Öffentlichkeit dringen dürfen, um nicht das sowieso schon total geschädigte Image des altehrwürdigen Hauses noch mehr zu schädigen.*

Im Zuge des gesamten Verkaufsprozesses bleibt das Traditionscafé übrigens das bis dato einzige Mal in seiner Geschichte für einen ganzen Tag geschlossen, weil die Belegschaft eine Betriebsversammlung abhält.

Neue Zeiten

Er sei *mit der Vehemenz eines Kugelblitzes in den vor Ehrfurcht vor sich selbst erstarrten Demel* hereingebrochen, notiert die Journalistin Eva Bakos in einem Artikel für die Zeitschrift „Essen und Trinken". Und er habe das Kunststück fertiggebracht, das Demel-Denkmal zu restaurieren, ohne ihm die Patina zu nehmen.

Was folgt, ist nämlich ein großer Umbau des gesamten Hauses – mit der Einschränkung, dass die Denkmalschutzbehörde ein Wörtchen mitredet. Aber Udo macht Platz für sich selbst, seine

Baustellenbesichtigung im Demel, vorne Udo Proksch mit Kulturstadtrat Helmut Zilk, hinten Bürgermeister Leopold Gratz und Vizebürgermeisterin Gertrude Fröhlich-Sandner, 1983

Mit Bruder Roderich Proksch (Architekt) im Demel

Familie, seine Firmen und für den Club 45. Die Ch. Demel's Söhne Gesellschaft m.b.H. tritt in der Folge als Vermieterin/Verpächterin auf. Im Haus Kohlmarkt 14 residieren sowohl Bruder Roderich Proksch, der Architekt, dem im vorderen Trakt Räumlichkeiten in der vierten Etage für Wohn- und Gewerbezwecke vermietet werden, als auch später der Verein „Wien International – Verein für internationale Kontakte" und selbstverständlich der „Club 45".

Jeder abgeschlossene Sanierungsschritt im Demel gerät zum öffentlichen Event: Als etwa das neu geschaffene „Kaiserzimmer" eröffnet wird, ist die Liste der prominenten Gäste lang: Karl Lütgendorf, Erika Pluhar, Schauspieler Peter Vogel, Anita von Karajan, Helmut Zilk, Dagmar Koller, Teddy Podgorski und viele mehr sind dabei, als Kanzler Bruno Kreisky das Band durchschneidet – ohne ideologische Berührungsängste, wie sich zeigt:

Der Kanzler, der ja schon lange durch ein Shakehands mit Otto von Habsburg demonstriert hat, daß Österreichs monarchistische Vergangenheit als bewältigt anzusehen ist, gab sich auch amüsiert, als „Demel"-Chef Udo Proksch ihn bat, das „Kaiserzimmer" auch symbolisch mit einer Banddurchschneidung zu eröffnen.

„Wir haben da zwei Bänder, Herr Bundeskanzler", warnte der „Demel"-Herr, „ein rot-weiß-rotes, das für Sie bestimmt ist, und ein schwarz-gelbes, das der Verteidigungsminister durchschneiden soll, denn der ist ja ein Freiherr".

„Aber was, her mit der Scher'", wischte der Kanzler alle Bedenken beiseite und schnitt beide Bänder auf einmal durch, schreibt „Adabei" am 28. Oktober 1973 in der „Neuen Kronen Zeitung" darüber.

Udo inszeniert sich medial auch als großer Kenner der Zuckerbäckerei: *Wird da eh kein Pektin-Glumpat verwendet?, Könnten wir nicht Bacardi statt normalem Rum beimischen?,* und gibt Anweisung an die „Demelinerinnen", die Serviererinnen seines Cafés: *Vor allem Kinder und alte Leute müssen freundlich*

behandelt werden, und natürlich die schönen Männer! Das Gehabe des neuen Herrn am Kohlmarkt passt dem Standesvertreter der Zuckerbäcker überhaupt nicht in den Kram, und er schreibt Udo einen wütenden Brief:

Sehr geehrter Herr!
Am Montag, den 20. November 1972, hatte man in der Sendung „Zeit im Bild" des Fernsehens Gelegenheit, den Stil der neuen Geschäftsführung der Konditorei Demel kennenzulernen.

Hiebei haben Sie die Behauptung aufgestellt und ich zitiere wörtlich: „Als naiver Zuckerbäcker kann ich mir erlauben, was ich will". Als Bundesinnungsmeister der Zuckerbäcker Österreichs obliegt es mir, den Ruf dieses Gewerbes zu schützen. Ich fordere Sie deshalb auf, sich künftighin nicht mehr als Zuckerbäcker zu bezeichnen. Sie haben hiezu keinerlei Recht, Sie haben niemals dieses Gewerbe erlernt. Wie weit Sie das Eigenschaftswort „naiv" für Ihre Person weiter behalten wollen, dies zu beurteilen, entzieht sich meiner Zuständigkeit.

Dieser Brief werde in der Fachzeitschrift „Der Konditor" zum Abdruck gebracht – das Zuckerbäckerhandwerk wolle mit dem neuen Stil in der Konditorei Demel in keinen Zusammenhang gestellt werden, schließt der Bundesinnungsmeister.

Freunde von Udo lassen sich hingegen zu wahren Hymnen hinreißen, wie etwa der Publizist Hubert Feichtlbauer auf offiziellem Briefpapier der Wochenzeitung „Die Furche":

Meister! Sie haben meine künftige Berufslaufbahn auf dem Gewissen!

Nie mehr werden mir papierene Zeitungsseiten Erfüllung verschaffen können, seit ich Ihre marzipanenen verkostet habe! ... Sie haben einen völlig neugearteten Bodenmythos in mir gezüchtet, seit ich weiß, daß Böden mit sooo viel Buttercreme getränkt sein können! Mit einem Wort: Sie haben mein asketisches Weltbild zerstört! Und im Postskriptum merkt Feichtlbauer an: *Im Verzweiflungsfall werde ich trachten, in einer Marzipanfurche begraben zu werden. Senkrecht natürlich.*

ABGEORDNETER ZUM NATIONALRAT A.D.
KOMMERZIALRAT
HANS KULHANEK
OBMANN
DER PENSIONSVERSICHERUNGSANSTALT
DER GEWERBLICHEN WIRTSCHAFT

Wien, am 7.12.1972
1080 Martinstrasse 97
Tel. 49 18 56

Herrn
Udo P r o k s c h
c/o Konditorei Demel

Kohlmarkt
1o1o Wien

Sehr geehrter Herr !

Am Montag, den 2o. November 1972, hatte man in der Sendung
"Zeit im Bild" des Fernsehens Gelegenheit, den Stil der neuen
Geschäftsführung der Konditorei Demel kennenzulernen.

Hiebei haben Sie die Behauptung aufgestellt und ich zitiere
wörtlich: "Als naiver Zuckerbäcker kann ich mir erlauben,
was ich will". Als Bundesinnungsmeister der Zuckerbäcker
Österreichs obliegt es mir, den Ruf dieses Gewerbes zu
schützen. Ich fordere Sie deshalb auf, sich künftighin nicht
mehr als Zuckerbäcker zu bezeichnen. Sie haben hiezu keinerlei Recht, Sie haben niemals dieses Gewerbe erlernt. Wie
weit Sie das Eigenschaftswort "naiv" für Ihre Person weiter
behalten wollen, dies zu beurteilen, entzieht sich meiner
Zuständigkeit.

Ich werde diesen Brief in der Fachzeitschrift "Der Konditor"
zum Abdruck bringen lassen. Das Zuckerbäckerhandwerk will
sich nicht mit dem neuen Stil in der Konditorei Demel auch
nur in den leisesten Zusammenhang gestellt sehen. Die Distanz
zu den Geschäftspraktiken im neuen Demel-Betrieb kann nicht
deutlich genug gezogen werden.

Mit Gruß

Redaktion: 1010 Wien, Reichsratsstraße 17, Tel. 43 99 62, 43 97 82

1978-09-22

Herrn
Udo R. Proksch
v. Serge Kirchhofer
p.A. DEMEL
1010 Wien, Kohlmarkt 14

Meister!

Sie haben meine künftige Berufslaufbahn auf dem Gewissen!

Nie mehr werden mir papierene Zeitungsseiten Erfüllung verschaffen können, seit ich Ihre marzipanenen verkostet habe!

Wie sollte ich je wieder Hand an den FURCHE-Pflug legen können, ohne des Ackers aus Biskuitteig zu gedenken, mit dem Sie meine Phantasie (für immer) und meinen Magen (für lange) korrumpiert haben?

Sie haben einen völlig neugearteten Bodenmythos in mir gezüchtet, seit ich weiß, daß Böden mit sooo viel Buttercreme getränkt sein können!

Mit einem Wort: Sie haben mein asketisches Weltbild zerstört! Wie aber werde ich, wenn die FURCHE sich deshalb von mir trennen sollte, mir als Jungpensionist den Demel leisten können?

Darüber grübelt
Ihr Dennoch-Bewunderer

(Hubert Feichtlbauer)

P.S.: Im Verzweiflungsfall werde
ich trachten, in einer
Marzipanfurche begraben zu werden.
Senkrecht natürlich.

Bankverbindungen: 18.303 Schelhammer & Schattera, Österr. Postsparkasse 1607.464

STUDIO FÜR WERBEGESTALTUNG GES. M. B. H.   WIEN I. WALFISCHGASSE 12

Ch. Demels Söhne Gesellschaft
m.b.H.

Kohlmarkt 14
1010 Wien

Wien, 31. August 1972

Honorarnote
=====================

Wir erlauben uns, für die von uns
geleistete Werbetätigkeit -

Ausarbeitung der Auslagengestaltung -
Erfassung und Übernahme des gesamten
Werbe- und Verpackungsmaterials -
Kontaktnahmen mit den jeweiligen
Verpackungsherstellern - Ausarbeitung
einer Werbeträger-Erfassungstabelle -

den Betrag von

S 20.000,-- (Schilling zwanzigtausend)
===========

in Rechnung zu stellen

und empfehlen uns Ihnen

mit vorzüglicher Hochachtung

STUDIO FÜR WERBEGESTALTUNG
GESELLSCHAFT M.B.H.

STUDIO FÜR WERBEGESTALTUNG GES. M. B. H.
WIEN I, WALFISCHGASSE 12, AUSTRIA, TEL. 52 49 41, CREDITANSTALT-BANKVEREIN KONTO NR. 28-62-928

An der Qualität der Konditorei-Produkte sollte sich unter Udos Kommando nichts ändern, auch nicht an einer Tradition, zu der die „Demelinerinnen" weiterhin verpflichtet werden: Gäste sind grundsätzlich in der dritten Person anzusprechen: „Haben der Herr schon gewählt?" (wobei gelegentlich noch ein Titel eingefügt wird: „der Herr Graf", „der Herr Doktor", „der Herr Professor"). Die (bis heute) stets schwarz gekleideten Damen im Demel sind zu Udos Zeiten dem Kommando seiner damaligen Lebensgefährtin Cecily Salm-Reifferscheidt unterstellt. Den Kabarettisten und Chansonnier Gerhard Bronner inspirieren die immer unnachahmlichen Servierdamen zu seiner „Pizzi K. und Kato-Polka": *Wir sind die allerletzten Hüterinnen einer echten Wiener Tradition. Und wir fungieren hier als Priesterinnen einer fast vergessenen Religion ... .*

Im Namen des „Demel" macht Udo auch gleich einmal einträgliche Geschäfte – mit sich selbst beziehungsweise mit seinen anderen Firmen. So wird etwa sein eigenes „Studio für Werbegestaltung" mit dem Design der verschiedenen Drucksorten und Werbemittel beauftragt – Kostenpunkt: 20.000 Schilling.

Schaufenster-Skandale

Für einen, der sich selbst ständig als Neuerfindung im Schaufenster der Öffentlichkeit inszeniert, ist das Demel-Schaufenster ein idealer Platz zur Verwirklichung kreativ-provokanter Entwürfe. Das beginnt mit dem 143. Kaiser-Geburtstag 1973. Udo lässt eine Figur Kaiser Franz Josephs I. aus Zuckerguss ausstellen. Wenig später schlägt ihr der Autor und Illustrator Wilfried Zeller-Zellenberg eigenmächtig – und ohne Udos Wissen – den Kopf ab und präsentiert auf dem Rumpf sein neues Buch mit dem Titel „Seid lieb zueinander. Ein k. u. k. Kaleidoskop" – um damit den „geistigen Inhalt" zu präsentieren. Im Wahlkampf 1975 hocken Bruno Kreisky und Josef Taus – aus Marzipan geformt – in Astronautenanzügen und aufblasbaren Handschuhen in der Auslage, assistiert von FPÖ-Chef Friedrich Peter als Edelweißträger und KPÖ-Chef Franz Muhri mit rotem Halstuch. *Die Herren sind ein Produkt der Diktatur der Zuckerbäcker. Nach dem 5. Oktober dürfen sie vernascht werden*, ist Udos lapidarer Kommentar zum Wahlkampf-Schaufenster.

1979 wird das Treffen von US-Präsident Jimmy Carter und KPdSU-Parteichef Leonid Breschnew in Wien zu den sogenannten SALT-II-Abrüstungsgesprächen thematisiert. Die beiden Politiker werden als Puppen beim Schachspielen abgebildet – mit Schachfiguren in Raketenform – als Anspielung auf das Wettrüsten im Kalten Krieg, still beobachtet von Gastgeber Bruno Kreisky in der Livree von Fürst Metternich. Wenige Monate später wird das Arrangement zur Eröffnung der Wiener UNO-City um die Figur des damaligen UNO-Generalsekretärs Kurt Waldheim in der Kleidung eins Jet-Piloten der UN-Friedenstruppe erweitert.

Zu einem – für Udos Verhältnisse allerdings höchstens mittelgroßen – Skandal wird die Kreation zum Jahrestag der Oktoberrevolution – der brennende Winterpalast von St. Petersburg und der Leninkopf aus Zuckerguss. Udo entwirft das Arrangement auf Packpapier und verfasst folgenden Begleittext: *Wir erlauben uns darauf hinzuweisen, daß vor 55 Jahren in den letzten Tagen des Oktober 1917 (Gregorianischer Kalender 6. und 7. Nov. 1917) im damaligen St. Petersburg, bzw. Petrograd, dem heutigen Leningrad, jene Ereignisse stattfanden, die zur Gründung der heutigen Union der Sozialistischen Sowjetrepubliken führten.* Der monarchistische Schriftsteller Alexander Lernet-Holenia, ein Freund des Demel-Vorbesitzers Berzeviczy-Pallavicini, soll über dieses Arrangement so erbost gewesen sein, dass er soeben erstandene Demel-Süßigkeiten im Büro der Konditorei an die Wand geworfen und sich lautstark über das „Kommunistenpack" beschwert haben soll. Die sowjetische Botschaft hingegen bedankt sich bei Udo in Form einer Einladung zum großen Empfang an-

Demel-Auslage mit Jimmy Carter, Leonid Breschnew und Bruno Kreisky, 1979

Demel-Auslage „brennender Winterpalast", 1972

Demel-Auslage „25 Jahre Staatsvertrag":
Bruno Kreisky, Leopold Figl, Adolf Schärf und Julius Raab, 1980

„Auslagengruft" auf dem Dachboden des Demel, 1979

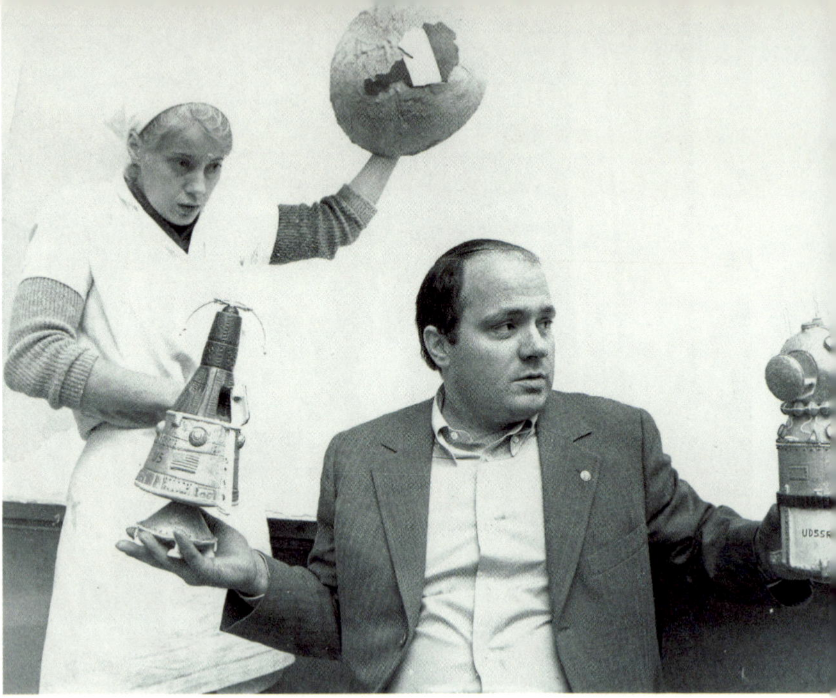

Ideen zu Demel-Auslage über Raumfahrt, mit Zuckerbäcker-„Künstlerin“ Rosemarie Bahsler

Der Außerordentliche und Bevollmächtigte Botschafter
der Union der Sozialistischen Sowjetrepubliken
und Frau L. P. Aristowa

beehren sich Herrn Udo Proksch

zu dem am Dienstag, den 7. November 1972 von 18 bis 19.30 Uhr in der Botschaft
der UdSSR stattfindenden Empfang anläßlich des

55. Jahrestages der Großen Sozialistischen Oktoberrevolution

höflichst einzuladen

Wien III, Reisnerstraße 45–47 — Telephon 73 12 15 (nur bei Absage)

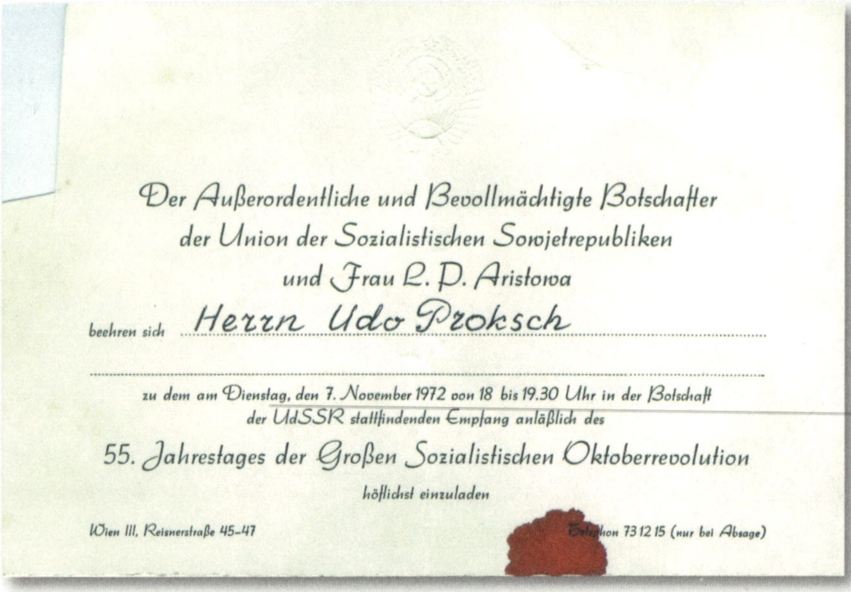

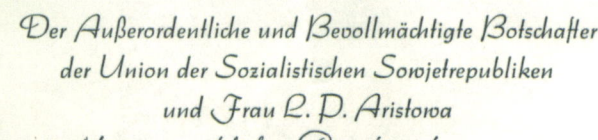

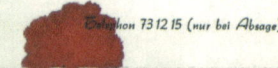

lässlich des Jahrestages der Großen Sozialistischen Oktoberrevolution.

Sämtliche Auslagen-Ideen stammen von Udo selbst, umgesetzt werden sie vielfach von Rosemarie Bahsler, genannt „Die Künstlerin". Und Udo weiß immer genau, was er will: Als der politische Streit um den geplanten Kraftwerksbau an der Donau bei Hainburg eskaliert, lässt er Norbert Steger, Fred Sinowatz, Hans Dichand und Günther Nenning in der Auslage erscheinen: Die Figuren sollen *alle gleich groß* sein und *sympathische Rosagesichter* haben. Dichand wünscht er sich mit *Bleistiften*, Nenning mit *Hufen von Hirschen*, Steger unbedingt mit *Brille, alle Figuren auch etwas schmücken mit Orden usw.* Wenn die Gestalten *lebensgroß* ausfallen, sollen sie *Astro-Anzüge* tragen. In der Variante mit Kleinfiguren sieht er vor, Bäume aus den Körpern wachsen zu lassen. Eine Anspielung auf „Auhirsch" Günter Nen-

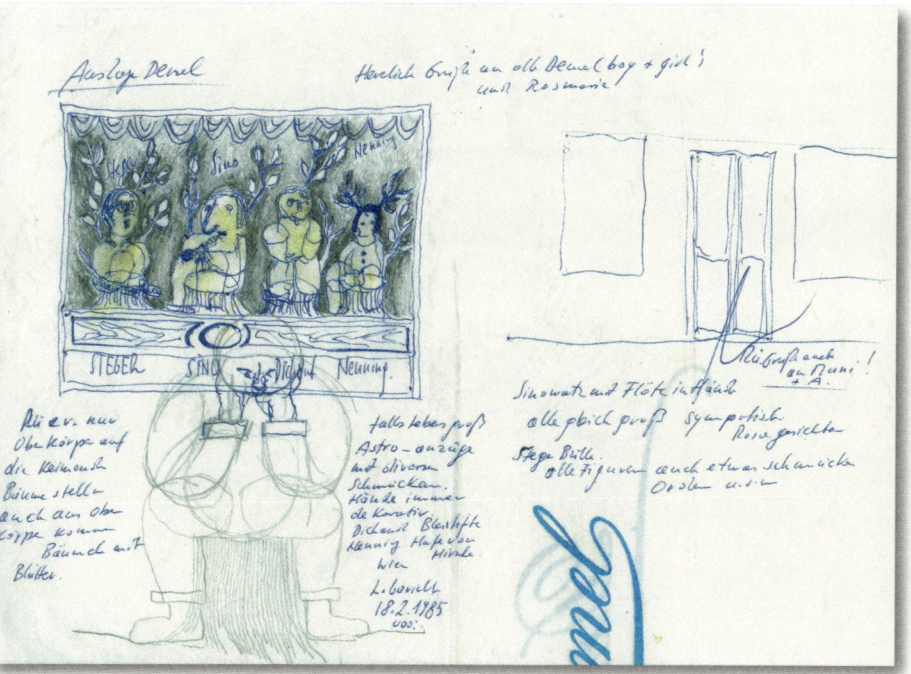

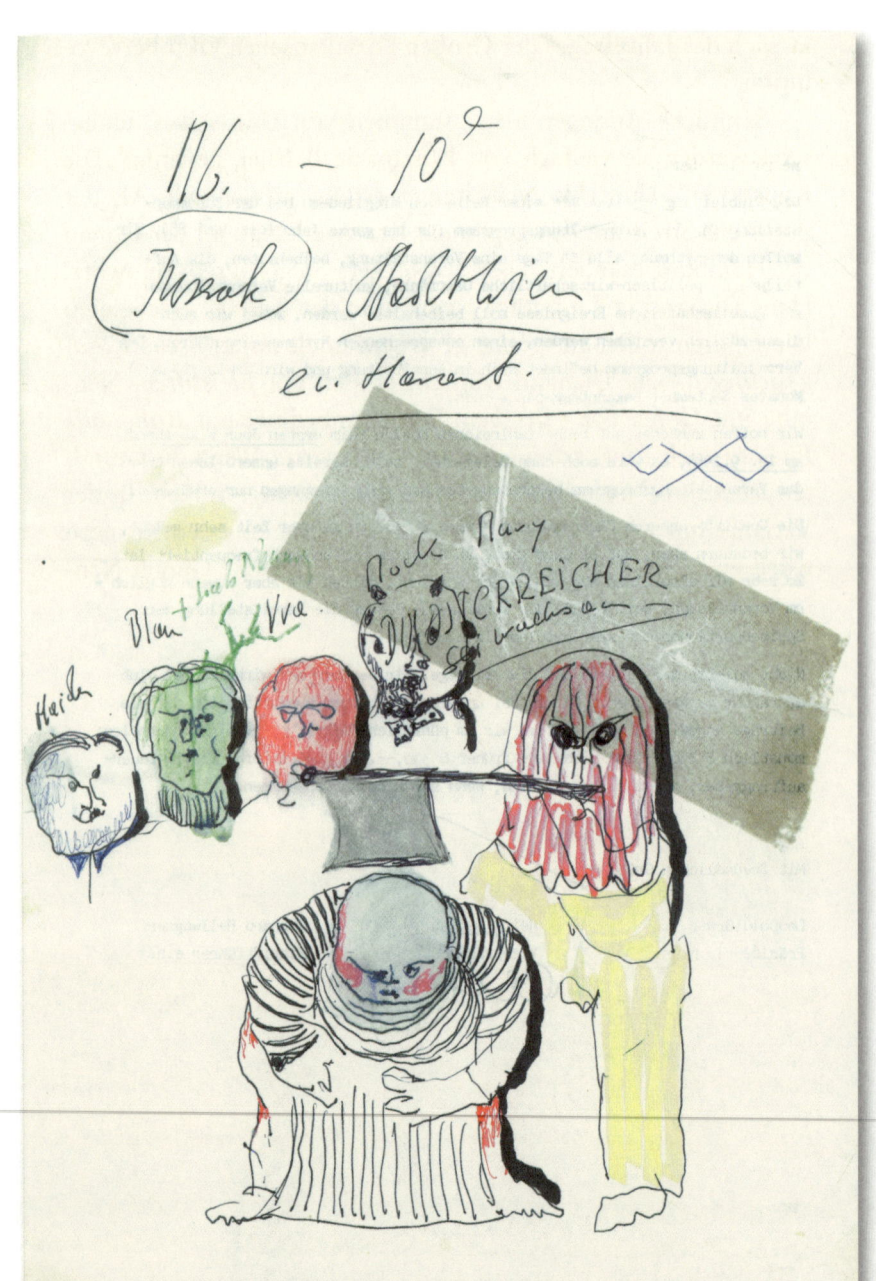

ning. Der bekannte Journalist und Kolumnist ist einer der Anführer der Anti-Kraftwerks-Proteste, die im Dezember 1984 zu einer Besetzung der Stopfenreuther Au führen und in einer gewaltsamen Auseinandersetzung mit der Polizei gipfeln. Bei Pressekonferenzen der Auschützer tritt Nenning stets mit einem Hirschgeweih als Kopfschmuck auf. Der Konflikt endet mit der Verkündigung eines „Weihnachtsfriedens" durch Bundeskanzler Fred Sinowatz und dem Verordnen einer „Nachdenkpause" durch Innenminister Karl Blecha. Mittlerweile ist die Stopfenreuther Au längst Teil des Nationalparks Donau-Auen, ein Kraftwerk wird hier wohl nie gebaut werden.

Als der deutsche Regisseur Hans-Jürgen Syberberg für seine filmische Auseinandersetzung mit deutscher Tradition einen Streifen über Karl May produziert, ist auch eine Szene im Demel geplant: Dabei soll Karl May ein Präsent aus der Küche des Hauses überreicht werden, und Syberberg schlägt Udo vor, vielleicht *etwas aus der Figuren- oder Szenenumgebung Karl May's* zu *präsentieren. Wie wäre es mit einer Figur des Winnetou allein oder mit Old Shatterhand zusammen nackt im Stil des Jugendstils und Symbolismus um 1900 ... .* Und Syberberg fände es wunderbar, *wenn Sie in Ihrem Schaufenster und wir auf unserem Plakat vielleicht einen nackten Winnetou und Old Shatterhand in Zuckerguß haben.* Udo notiert auf dem Brief gleich entsprechende Anweisungen.

Die Schaufenster-Inszenierungen finden entsprechenden Widerhall in den Medien – bis nach Deutschland. Günther Nenning, *neuerdings Gastmoderator bei „III nach 9", Fernsehen, Radio Bremen, Deutschlands progressivster Politunterhaltungsshow oder was,* lädt Udo zu sich in die Sendung ein: *Willst Du nicht einmal mittun? ... Vielleicht solltest Du so ein Zuckerkunstwerk mitbringen und wir essen es dann gemeinsam auf im Studio. Oder Du bringst den Poldi Gratz mit an der Hand, nicht als Bürgermeister, sondern als Prinz aus dem fernen Wien, oder so was.*

TMS Film-Gesellschaft mbH · 8 München 40, Genter Straße 15 a · Telefon 36 14 882

Herrn
Serge Kirchhofer

Wien 1 / Österreich
Am Kohlmarkt
Café Demel

22.2.74

dora

Rü.
FR. Ros.
Zuckerteig?

Karl May
Etikette auf
Leb Kuchen
oder
Einhorn
Bücher
die
Bücher
div. (Donau)
Symbol
von
Hr. May

Lieber Herr Kirchhofer,

vielen Dank für Ihren freundlichen Empfang beim letzten
Wienbesuch. Nach unserem Drehplan würden wir gerne bei
Ihnen am 18.4. in der Früh drehen, und zwar im Raum,
wo der Kuchen ausgestellt wird, vor dem Rauchsalon und,
wie besprochen, kurz hinten in der Küche. Wir werden
uns natürlich bemühen, Ihren Betrieb so wenig als möglich zu stören. Es sind zwei Schauspieler, Helmut Käut-
ner als Karl May und der sächsische Schauspieler Schind-
ler als Chef des Hauses, der Karl May persönlich bedient
und ihm in der Küche sein persönliches Präsent überreichen soll.

Als dieses persönliche Präsent meine ich, wie besprochen,
sollte man vielleicht etwas aus der Figuren- oder Szenenumgebung Karl May's präsentieren. Wie wäre es mit einer
Figur des Winnetou allein oder mit Old Shatterhand zusammen nackt im Stil des Jugendstils und Symbolismus
um 1900, so wie der Karl May-Freund und Maler Sascha
Schneider einige Titelbilder zu Karl May Romanen brachte.
Ich lege Ihnen in schlechter Fotokopie zunächst Muster
bei. Ich fände es schön, wenn Sie in Ihrem Schaufenster
und wir auf unserem Plakat vielleicht, eine nackten
Winnetou und Old Shatterhand in Zuckerguß haben. Alle
Dinge der Organisation usw. machen dann ohnehin meine
Mitarbeiter, Herr Eichinger aus München oder Herr Dworak
in Wien.

Ich werde mich melden, wenn ich Ende März wieder in Wien
bin, wobei ich mich freue, Sie wieder zu treffen.

Mit freundlichen Grüßen

Hans Jürgen Syberberg

UDO

26. FEB. 1974

ABLEGEN
IN MAPPE:

UDO

Kein Zutritt für Japaner – Off limits for Japanese!

1984 erscheint in der Auslage ein Schild mit der Aufschrift *Off limits for Japanese. Information on the counter* – eine Aktion, die noch diplomatische Verwicklungen zur Folge haben sollte. Der Zeitschrift „Bunte" erzählt Udo im selben Jahr seine Version der Geschichte: 1972 habe sich ein japanischer Werksspion eingeschlichen und sei 1975 in seine Heimat zurückgekehrt, wo er bei der Firma Nakamuraya in Tokio arbeitete, die den Namen Demel für sich sichern ließ. Als die japanische Firma Takorabune-Kyoto mit dem Wiener Demel ein Vertriebsgeschäft für Wiener Süßwaren anbahnte, wurde die Angelegenheit bekannt. Proksch trägt die folgende österreichisch-japanische Auseinandersetzung öffentlichkeitswirksam aus und lässt sich im Demel-Schaufenster mit dem „Off-limits-for-Japanese"-Schild fotografieren. In einem Interview mit dem japanischen Fernsehen brüllt er einem Millionenpublikum wörtlich entgegen: *Ich erkläre Japan den Krieg!*, bis sich schließlich der österreichische Handelsdelegierte für Japan einschaltet und zu vermitteln versucht. Am 4. Juli 1984 schreibt Wolfgang Mayerhofer an Udo, die Japanische Firma sei bereit, den *Markennamen „DEHMERU" kostenlos zu übertragen ... vorausgesetzt, dass Sie bereit sind, an Nakamuraya einen Brief zu schreiben, in welchem Sie Verständnis für die Position der japanischen Firma zeigen, sich entschuldigen, durch die Anbringung des Schildes „Off Limits for Japanese" seiner Firma Unannehmlichkeiten bereitet zu haben, akzeptieren, dass die Firma Nakamuraya den Markennamen „Demel" unabhängig und ohne Wissen über Ihre Firma eingetragen hat, sowie Herr Yokomizo nicht von der Firma Nakamuraya zu Ihnen geschickt wurde, um bei Ihnen spezielle Rezepte „auszuspionieren".*

Von einem derartigen Entschuldigungsbrief ist in Udos Akten keine Kopie zu finden – was vermutlich bedeutet, dass er ihn nie geschrieben hat. Stattdessen entschließt er sich zu einer anderen

Form von österreichisch-japanischer Völkerverständigung. Er gibt jedem japanischen Touristen die Erlaubnis, in sein Zuckerparadies einzutreten, wenn der Gast bereit ist, einen Brief an Kaiser Hirohito zu unterschreiben, in dem der Monarch dazu aufgefordert wird, sein Volk ordentlich zu ermahnen, sich nicht mit fremden Federn zu schmücken.

Der Doppeladler

Die internationale Medienpräsenz ist Udo mit derartigen Aktionen weiterhin gewiss. Vor allem in Deutschland wird der bunte Hund aus Österreich flächendeckend porträtiert und ausgiebig interviewt. Auch das „Zeit-Magazin" widmet dem Neo-Cafetier Anfang 1973 einen Artikel, in dem Udo so nebenbei erwähnt, er sei mit ernsthaften Versuchen beschäftigt, durch Kreuzung einen Doppeladler zu züchten. Weil im Zusammenhang mit Udo Proksch so gut wie nichts unmöglich scheint, schreibt ein Herr aus Düsseldorf unter Bezugnahme auf das erwähnte Interview an Udo: *Da mich dieses Phänomen außerordentlich stark interessiert, würde ich mich sehr freuen von Ihnen zu hören, ob Sie an dieser Sache tatsächlich arbeiten …* Schade, dass auf dieses Ansuchen keine Antwort von Udo dokumentiert ist.

Die erste Adresse – oder Treffpunkt für Prominenz

Solche und ähnliche Skurrilitäten und Skandälchen ändern nichts daran, dass sich in dem Patrizierhaus an Österreichs feinster Adresse Promis aller Kategorien zum Naschen einfinden, was Udo selbstredend in einem Gästebuch und auf unzähligen Fotos festhalten lässt. Auf der ersten Seite unterschreiben am 29. Mai 1972 Cecily Salm-Reifferscheidt, die gesamte Belegschaft des Demel, und als Letzter *S.K. UDO.*

Im Demel-Kaiserzimmer mit Teddy Podgorski und Boxerlegende Max Schmeling, 1985

Im Lauf der Jahre gesellen sich Kronprinz Hassan Bin Talal von Jordanien und Prinzessin Sarvath mit ihren Kindern dazu, die Hollywood-Diva Liz Taylor, Fürst Rainier von Monaco und Prinzessin Caroline, Friedrich Dürrenmatt, Eliette von Karajan und selbstverständlich Toute Autriche von Bruno Kreisky abwärts.

Und statt des Kaiserhauses entpuppen sich die republikanischen Institutionen als mindestens ebenso einträgliche Kundschaft. Das Catering-Geschäft kommt in Gang, im Haus selbst werden im Auftrag diverser Regierungsstellen exklusive Diners veranstaltet. Schon am 19. Oktober 1972 findet sich im Demel auf Einladung des Bundesministers für Landesverteidigung eine Gruppe von zwölf Herren ein, die Militär-Attachés aus Rumänien, Italien, der USA, von Südafrika, Korea, der Schweiz, der UdSSR, von Großbritannien, Frankreich, Belgien, Polen und Ungarn. Von österreichischer Seite werden weitere rund 14 Offiziere und Beamte als Gäste genannt. Eine Woche vor dem geplanten Dinner schreibt der Leiter der Attachéabteilung des Bundesministeriums für Landesverteidigung einen Brief mit den genauesten Anweisungen an Udo. *Ich darf vorschlagen, daß eine Tafel für je 13 Personen an den Längsseiten und als Reserve für je 1 Person an den Stirnseiten gedeckt werden möge. Die Tischkarten und Sitzordnung werde ich zum Abendessen mitbringen lassen. Für die Menükarten und den Blumenschmuck werden Sie, wie besprochen, Vorsorge treffen.*

Gleichzeitig bitte ich, für das Abendessen Zigarren (Ritmeester Rozet und Schimmelpennink), Stumpen und einige Zigarettensorten (Golden Smart, Malboro, Dames) bereithalten zu wollen.

Beiliegend übersende ich Ihnen auch wie gewünscht, die Tischfahne von KOREA, für die Herstellung des Geschenktörtchens. Und die Rechnung dann bitte an das Bundesministerium für Landesverteidigung ...

Udo, der Gönner

Von Anfang an erweist sich Udo als durchaus großzügig im Umgang mit den Produkten seines Hauses – ganz so, wie es sich Helmut Zilk in dem zitierten Brief gewünscht und erhofft hat. Die Zuwendungen, Geschenke und Aufmerksamkeiten aus dem Hause Demel sind Legion, und die Dankesschreiben für Überraschungsgeschenke, Weihnachtsgaben, Aufmerksamkeiten zu Geburts- und Ehrentagen füllen mehrere Ordner.

DEMEL
K·u·K· HOF-LIEFERANT
· WIEN ·

Weihnachtsliste 1976
=======================

Otto Wolff von Amerongen   1 Dose Gansleber
c/o Frau von Greger   1 Weihnachtsstollen
Reischfeld
<u>A 6370 Kitzbühel</u>

Herhausen
Kaspersbroich Schloss
Bei Solingen-Haan   1 Weihnachtsstollen
<u>Nähe Düsseldorf/BRD</u>

Nina Rindt-Matyn
Villa Janin   1 Weihnachtsstollen
<u>CH 1261 Le Muids Vand</u>

Niki Lauda
Oberelsenwang
Hof bei Salzburg   1 Weihnachtsstollen
<u>5020 Salzburg</u>

A. Blöchlinger
Florastraße 5   1 Weihnachtsstollen
<u>CH 6314 Unterägeri</u>

Greta Fischer
c/o Lyxac AG
Oberndorf/Oele   1 Weihnachtsstollen
<u>CH 6232 Geuensee</u>

I.H. Otto von Habsburg
<u>Böcking am Starnbergersee</u>   1 Dose Bonbons

Dir. Zehetner   2 Stollen
<u>Wiener Neustadt</u>

Dr. Helmut Satke   Lebkuchenarabesken
<u>Wien 1, Opernring 8</u>   1 Grillage

Schwester Hermi   1 Stollen
<u>c/o Dr. Satke</u>   1 Grillagetorte

<u>Seka?</u>
<u>Gottwald</u>
<u>Geist</u>
<u>Lanz.</u>

DEMEL
K. u. K. HOF-LIEFERANT
• WIEN •

Landeshauptmannstellvertr. Czettl	1 Stollen 1 Grillagetorte
Frau Tesarek	1 Stollen 1 Grillagetorte
Länderbank Kärntnerring Herr Leitner	1 Stollen
Major Matauschek	3 Torten
Dir.Dr. Schneider ÖLB	1 Christbaum/1 Lebkuchenarabes 1 Grillage
Helga Moser c/o ÜIAAG	1 Christbaum 1 Grillage
ORF lt. Hr. Kirchhofer	25 Autoschokoladen Grillagetorte Marmelade Weihnachtsbaum
Direktor Heinz	1 Stollen 3 Glas Marmelade 1 Mohnpotize 1 kg Teegebäck 1 Holzbonbonniere Nr.3
Udo Studio	5 Autoschokoladen 5 Grillagetorten 5 Weihnachtsbäume 5 Lebkuchenarabesken
Dir. Dr. Ottl ÖCI	1 Lebkuchenarabesken 1 Grillagetorte 1 Christbaum
Dr. Damian	1 Stollen 1 Grillagetorte
Dkfm. Alfred Reiter c/o Österr. Investitionskredit AG Wien 1, Renngasse 10	1 Stollen 1 Grillagetorten

Dr Gotthold Neujahr

DEMEL
K·u·K· HOF-LIEFERANT
· WIEN ·

Dipl.Kfm.Dr.Franz Vranitzky Lebkuchenarabesken
Gen.Dir.Stellvertr./CA-BV Grillagetorte
Wien 1, Schottenring 6-8 Christbaum

Dr. Zanger Jakob Stollen
Wien 1, Neuer Markt 1 Grillagetorte

Schotzko Grillagetorte
c/o Firma Denzel 1/2 kg Teegebäck
Wien 1, Parkring 1 Weihnachtsbonbonniere

Mycinski Grillagetorte
c/o Firma Denzel 1/2 kg Teegebäck
Wien 3, Erdbergerlände 100 1 Weihnachtsbonbonniere

Finanzamt für Körperschaften
Referent JE 1X Lebkucvhenarabesken
Gruppenleiter je 1 Grillagetorte
Sekretärin
Wien 1, Schottenring 14

Dr. Binder 1 Stollen
Wien 18, Gymnasiumstraße 21 1 Grillagetorte

Frau Schmid 1 Christbaum
c/o Bundeskanzleramt 1 Grillagetorte

Komm.Rat Eder Lebkuchenarabesken
Wien 1, Hegelgasse 8 Grillagetorte,1 Christbaum

Bundesdenkmalamt 1 Stollen

Mag. Abt. 7 1 Stollen

Frau Winkler 1 Weihnachtsbonbonniere
c/o Rathaus 1 Stollen/ 1 Grillagetorte

Landeshauptmann Maurer
c/o NÖ Landesregierung 1 Stollen
Wien 1, Herrengasse 1 Grillagetorte

Dabei weiß Udo immer zu unterscheiden, wem was zukommen soll – je nach Wichtigkeit der Person. Gegen Weihnachten lässt er ausführliche Listen anlegen, in denen festgelegt wird, wer womit beglückt wird.

So erhält Niki Lauda zu Weihnachten 1976 lediglich einen Weihnachtsstollen und Otto von Habsburg nur eine Dose Bonbons. An den Referenten, den Gruppenleiter und die Sekretärin des Finanzamtes für Körperschaften werden hingegen je einmal Lebkuchenarabesken und eine Grillagetorte verschickt, ein Direktor der Länderbank bekommt dazu noch einen Christbaum, an den ORF werden 25 Autoschokoladen sowie Grillagetorten, Marmelade und ein Weihnachtsbaum übersendet. Ein gewisser Herr Direktor wird besonders großzügig bedacht: mit einem Stollen, drei Gläsern Marmelade, einer Mohnpotize, einem Kilogramm Teegebäck und einer Holzbonbonniere Nr. 3. Den Besetzern des Arena-Geländes in Wien, die sich monatelang gegen den geplanten Abbruch des ehemaligen Schlachthofes wehren, schickt er ungefragt drei Kisten mit Demel-Süßigkeiten.

Mit einer besonderen Aktion werden 1973 Kunden aus den USA, aus Kanada und aus Großbritannien verwöhnt: Man gewährt ihnen beim Kauf oder bei der Konsumation von Demel-Produkten einen extrem günstigen Wechselkurs (etwa für einen Dollar 21 statt wie offiziell nur 18 Schilling). Die Anweisung an die Serviererinnen vom 13. August 1973 lautet: *Wenn ein Kunde mit Dollar oder Pfund zahlen möchte, füllt die entsprechende Demeliterin einen Rechnungszettel aus, der alle Bonpreise beinhaltet (sodaß kein Bon zwischen Tisch und Kasse verschwinden kann) und bittet den Kunden den Betrag an der Kasse unter Vorweis irgend einer Nationalitätsbestätigung ... zu bezahlen. Natürlich sollte sie sich mit einem Blick vergewissern, ob der Kunde dann auch wirklich zahlt und nicht verschwindet.*

M. Ka / Huberth

C.45

45.club Vienna
Austria
im Dorotheer.
Kohlmarkt 14.
Tel. NR.

1.4.77
1213356
61342
37891

R. Huberth

← Einheit
← Clubcafe
Nana Busch

Links kein Finger.
Darauf / olafa Fingerspitzkissen.
tiefer Hall.

Club 45

Bei mir können sie fressen und saufen, aber tanzen werden sie nach meiner Pfeife.

Macht, Mythen und Märchen

Um kaum eine Institution der Zweiten Republik ranken sich so viele Mythen wie um den „Club 45". Ein *Nervenzentrum politischer Macht* soll er gewesen sein, eine Art Geheimloge, wilde Sex-Szenen prominenter Politiker sollen sich in eigens für diesen Zweck eingerichteten Hinterzimmern abgespielt haben, von Udo Proksch fotografisch dokumentiert, so als eine Art Lebensversicherung. Von der Existenz der Fotos haben viele gewusst. Gesehen hat sie aber vermutlich nur Ex-Ehefrau Daphne Wagner – und, wie sie heute sagt, sofort vernichtet.

Unter den Mitgliedern finden sich vor allem, aber nicht nur, Männer mit Nähe zur Sozialdemokratie, sie kommen aus der Politik, der Wirtschaft, den Medien und der Kunst. Der Opposition ist das von Anfang an ein Dorn im Auge, sie vermutet stets ein geheimes Machtkartell mit der Absicht von Geschäftemacherei hinter den Clubtüren, und Norbert Steger, damals FPÖ-Chef und gelegentlich Gast im Club, sagt unumwunden: *Der Club ist Ausdruck einer Denkungsart, wie man durch Beziehungen möglichst leicht viel Geld verdienen kann.*

Der Bauunternehmer Alexander Maculan, selbst langjähriges Clubmitglied, schreibt Jahre später in einem erhaltenen Schriftstück mit dem Titel „Konzept – Udo Proksch und der Club 45" über den Club: eine *Pseudoheimstätte eines sozialis-*

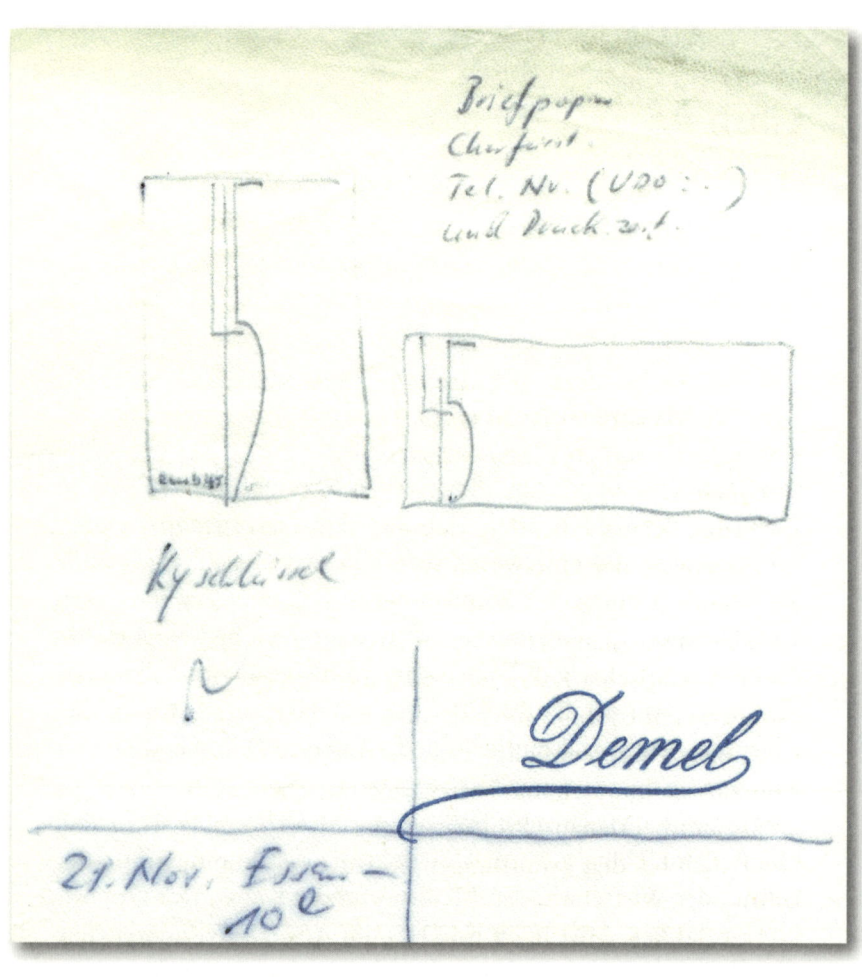

tischen Parteiadels, und er schildert seine Wahrnehmung und Erinnerung:

Aus meiner Sicht ein Gesellschaftsclub wie mehrere in Wien, zu wenig um zu leben, zu viel um zu sterben. In jeder Form überbewertet. Sicherlich war die gesamte SPÖ-Prominenz, aber auch viele Künstler und auch manche anders denkende Mitglieder in diesem Club. Darunter auch ich. Mein Eindruck war, daß viele

SPÖ-Repräsentanten dem Grau und dem Alltag der Parteilokale entfliehen wollten. Es war die Zeit Bruno Kreisky's, Fenster auf in der geschlossenen österreichischen Gesellschaft. ...

Ich habe den Club 45, und ich war eines der ersten Mitglieder, so kennengelernt: wenige Gäste zu mittags, auf die allerdings ein hervorragendes Essen von Demel wartete, am Abend noch wenige Gäste, ein bis zwei Veranstaltungen im Monat, bei dem dann aber alle Wiener Adabeis erschienen, um im Glanz der Prominenz ihre Wichtigkeit zu zeigen. Eine Geheimloge im Club 45 zu sehen, wie das von einem Buchautor und von vielen Medien später getan wurde, ist aus meiner Sicht eine Absurdität, die nur aus dem österreichischen Kastendenken verständlich ist.

Bruno Kreisky bemüht sich auf seine Art, die Verschwörungstheorien der Opposition zu zerstreuen, wenn er den Club 45 öffentlich mit dem CV (Cartellverband) oder den Rotariern auf eine Stufe zu stellen versucht. Aber der Vergleich hinkt: Im Fördern politischer Karrieren sind die beiden genannten Organisationen dem Club 45 niemals auch nur annähernd ebenbürtig. Und auch Udo verwendet das Netzwerk, um neue politische Kontakte zu knüpfen und bestehende zu vertiefen. Kontakte, die ihm später bei seinen „Projekten" und bis zu einem bestimmten Grad auch bei den Ermittlungen im Fall „Lucona" noch nutzen sollen.

Tatsächlich wird der Club 45 nicht von Udo, sondern von Leopold Gratz ins Leben gerufen. So erzählt es jedenfalls Leopold Gratz selbst in mehreren Interviews. Es ist zunächst die Idee eines unverfänglichen Männertreffs britischer Art – die Zahl 45 im Clubnamen soll für jene Generation stehen, die in der Atmosphäre des Kriegsendes und der jungen Demokratie aufgewachsen ist. Ab Ende der 1960er Jahre trifft sich ein zunehmend größer werdender Kreis abwechselnd in den Wohnungen seiner Mitglieder, *bis die Runde zu groß, die Wohnung der Gastgeber und die Geduld der Ehefrauen zu klein wurde,* wie Leopold

A k t e n n o t i z   4. 1o. 1972

betreffend Club 45

Verteiler: Udo
           Roderich
           Rüdiger
           Gsell

Der Mietvertrag liegt am kommenden Freitag um 16.oo Uhr
bei Dr. Damian, Wien 6, Linke Wienzeile 4, Tel.
zur Unterzeichnung bereit.

Dr. Zanger ist zu verständigen, daß er zu diesem
Termin bei der dortigen Adresse anwesend ist. (Ca. 1 Stunde).
Dr. Zanger soll die erforderlichen Unterlagen mitbringen.
Frage an Dr. Zanger: Wird der Vertrag vergebührt?
Dr. Damian hat die Vollmacht aller zur Unterschrift.
Vollmachtsnachweis ist zu erbringen. - Dr. Zanger!

Udo - Einzahlung des Mitgliedsbeitrages. Udo wird Mitglied.

Roderich:

Speisezimmer - Fundus von der Bundesrepublik macht Gratz.
Roderich - 3o Eßplätze vorsehen!
Bar-Gestaltung macht Udo.
Frau Eva Staringer hat Udo vorgeschlagen. Bedenken bestehen
jedoch evtl. lediglich, weil sie vorher bei Trend gearbeitet
hat.

Bestellung der Sauna - bzw. Kostenvoranschläge, Kosten-
schätzungen für alles via Roderich.
Spannteppiche, wieviele qm, Kosten derselben.
Die Bilder über Unterrichtsministerium - graue Eminenz ist
Dr. Hermann (links) via Gratz oder die Herren Dr. D oder
Komm.Rt. E.

Von Udo wurde ein Besuch im Vorwärtsverlag angekündigt.

Roderich soll bitte am Freitag, 6. 1o. um 17.oo Uhr im
Demel sein mit dem Modell und den Unterlagen für das
Pressehaus, das wir gemacht haben. Oben im Demel aufstellen!
Im Anschluß an die freitagliche Mietvertrgsuntrzeichnung
erfolgt im Demel eine Besprechung mit den Herren Dr. D.
und Komm.Rt. Eder, etvl. auch Gratz.
Roderich, bitte alles mit Udo besprechen und auch die
Saune-Unterlagen mitnehmen!

Udo - Beleg von Komm.Rat Dr. Eder über S 24o,-- mitnehmen
und ihm übergeben.

Gratz später bekennt. Just zu dieser Zeit übernimmt Gratz' enger Freund Udo den Demel. Auf eigene Kosten des Clubs wird dort ein Stockwerk angemietet, die für damalige Verhältnisse fürstliche Monatsmiete von 20.000 Schilling (heute umgerechnet etwa 4700 Euro) macht es erforderlich, die bis dahin lose Formation in einen Verein mit Statuten und allem Drum und Dran umzuwandeln.

Die „Gesellschaftliche Vereinigung Club 45" wird daraufhin ordnungsgemäß eingetragen, nach einigen Verzögerungen wegen der Umbauarbeiten im Demel-Haus (mit der Gestaltung und Ausstattung wird selbstredend Udos Bruder Roderich, der Architekt, beauftragt) kann der Verein Anfang 1973 sein Quartier am Kohlmarkt beziehen, und der Club verpasst sich Statuten, die da lauten:

1. Die Pflege kultureller und gesellschaftlicher Kontakte zwischen den Mitgliedern.

2. Die Durchführung von Veranstaltungen gesellschaftlicher oder kultureller Natur, beschränkt auf den Kreis der Mitglieder und ihrer Gäste.

Und 3. wird noch angemerkt, dass *die Tätigkeit des Vereines ... nicht zum Zwecke der Erzielung eines finanziellen Gewinnes* erfolgt – was sowieso nie der Fall war, im Gegenteil.

Der monatliche Mitgliedsbeitrag wird zunächst mit umgerechnet 70 Euro festgesetzt. Schon nach drei Monaten weist eine Aufstellung über die Konsumationen der Mitglieder einen Umsatz von umgerechnet 2180 Euro und einen Verlust von 740 Euro aus. Das um zirka 23 Euro angebotene Club-Menü *(mit halber Mehlspeis')* ist zwar bei allen Mitgliedern äußerst beliebt, erweist sich aber als Verlustgeschäft. Immer wieder muss auch mit dem Demel über die Modalitäten verhandelt werden. Zunächst wird der Club montags bis donnerstags von 11 bis 21 Uhr geöffnet, freitags von 11 bis 17 Uhr. Die Servierkräfte für das Mittagsmenü in der Zeit von 12 bis 14 Uhr sind im Mietpreis inbegriffen. Am Abend müssen die Mitglieder etwa 47 Euro pro Servierkraft vergüten. Später werden neu hinzukommende Clubmitglieder eine „Eintrittsgebühr" von zunächst 250 Euro und am Ende 325 Euro hinblättern müssen, zumindest laut Statut – aber mit Udo kann man diesbezüglich ja reden. Manche Mitglieder, deren Beitritt aus Prestigegründen für den Club besonders wünschenswert ist, bekommen durchaus großzügige Rabatte eingeräumt.

Aber wer dem Club angehören will, muss schon ganz bestimmte Voraussetzungen erfüllen, um überhaupt aufgenommen zu werden. Das ist auch den Anwärtern klar, aber sie wissen auch, welche Erwartungen sie an den Club stellen dürfen. So schreibt etwa ein Herr Kommerzialrat aus Breitenfurt an Udo und begründet sein Ansuchen um Mitgliedschaft so: sein Unternehmen arbeite *derzeit an einer Reihe neuer Entwicklungen, welche in der in- und ausländischen Wirtschaft größte Beachtung finden. Diese Programme machen engste Kontakte zu Politik und Wirtschaft nötig, sodaß ich eine Mitgliedschaft zu „Club 45" anstrebe und Dich ersuche, für meine Aufnahme einzutreten.*

Udo antwortet umgehend: *Ich habe unserem Herrn Bürgermeister L. Gratz, der Dich ja kennt, in dieser Angelegenheit Mitteilung gemacht und Deiner Aufnahme im Club steht nichts mehr im Wege. Außerdem hat man mich unlängst auch in den Vorstand gewählt – Du bringst ja sowieso alle für eine Aufnahme notwendigen Voraussetzungen mit und es ist daher sicher – nach der derzeitigen Aufnahmesperre, welche dazu diente, die „Spreu vom Weizen" zu trennen und ein Industrie-Statut zu schaffen – daß alles positiv erledigt wird.*

Obwohl Udo erst 1977 in den Vorstand des Vereins aufrückt, ist er von Anfang an neben Leopold Gratz und dem SPÖ-Anwalt Heinz Damian die zentrale Figur des Clublebens. Auf seine Initiative hin wird sofort in den Clubräumlichkeiten eine Sauna eingerichtet, was später die Gerüchte über anzügliche Vorkommnisse nur noch befördern soll.

In Udos Diktion soll der Club aber vor allem Ziel der Sehnsucht nach der elitären Idylle sein: *Man will eine Bleibe haben, wo*

Herrn
Serge Kirchhofer

Kohlmarkt 14
1010 Wien

Lieber Udo!

Wie Dir ja bekannt, arbeiten meine Firmen derzeit an einer Reihe neuer Entwicklungen, welche in der in- und ausländischen Wirtschaft größte Beachtung finden.

Diese Programme machen engste Kontakte zu Politik und Wirtschaft nötig, sodaß ich eine Mitgliedschaft zu "Club 45" anstrebe und Dich ersuche, für meine Aufnahme einzutreten.

Unser gemeinsamer Freund, Herr Komm.Rat Fritz Eder, wird sicher auch meine Aufnahme befürworten und wird Dein Vorschlag betreffend steuerliche Entlastung der Mitgliedsbeiträge im Industriebereich aus unserer Gesinnungsgruppe große Bedeutung haben.

Ich hoffe, daß es Dir möglich ist, meine Bewerbung durchzubringen und verbleibe

mit freundschaftlichem Gruß

Dein Alfred

Wien, 22. Maerz 1977

Lieber Kommerzialrat,

vielen Dank fuer Deinen Brief betreffend CLUB 45; man merkt gleich, der erfolgreiche Industrielle schreibt da.
Ich habe unseren Herrn Buergermeister L. Gratz, der Dich ja kennt, in dieser Angelegenheit Mitteilung gemacht und Deiner Aufnahme in den Club steht nichts mehr im Wege. Auszerdem hat man mich unlaengst auch in den Vorstand gewaehlt -
Du bringst ja sowieso alle fuer eine Aufnahme notwendigen Voraussetzungen mit und es ist daher sicher - nach der derzeitigen Aufnahmesperre, welche dazu diente die " Spreu vom Weizen " zu trennen und ein Industrie-Statut zu schaffen - dasz alles positiv erledigt wird.

Dich hoffentlich bald nach telefonischer Abmachung zu einem *(in C 45)*
Mittagessen einladen zu duerfen, verbleibe ich

U. Proksch-Kirchhofer

CLUB 45

September 1979
WIEN, am

Sehr geehrtes Clubmitglied !

Unserem Clubmitglied, Herrn Univ.Doz. Dr. Herbert Czitober, Primarius und Vorstand der 1. Medizin. Abteilung der Allgemeinen Poliklinik, wurde vom Herrn Bundespräsidenten der Titel eines a.o.Universitätsprofessors verliehen. Der Club gratuliert herzlich zu dieser verdienten Auszeichnung.

Nachstehend erlauben wir uns, eine Vorschau auf die beabsichtigten Veranstaltungen vorzulegen :

Mi., 26.9 : Buchpräsentation , Heinz Fischer-Karwin: "Das teuerste Vergnügen der Welt – die Wiener Staatsoper seit 1945 "

Mi., 10.10: Bert Brecht Abend mit dem Volkstheater

Di., 16.10: Kamingespräch: " Der Österreicher und seine verstaatlichte Industrie " mit Dr. Heribert Apfalter, Dr. Johann Buchner, Dkfm. Kurt Meszaros, Dipl.Ing. Alexander Maculan

Fr.,19.10: Buchpräsentation André Heller – Christine de Grancy

Anfang November : Margit Schmidt : "Erlebtes in Kuba"

Ende November : Residenzverlag Salzburg präsentiert seine Autoren und und ihre Werke

Anfang Dezember : Mag.Dir. Dr. Josef Bandion : Kamingespräch über die Probleme der Stadt Wien

16. Dezember : Matinee – klassische Kammermusik

Zu all diesen und allfälligen zusätzlichen Veranstaltungen wird gesondert eingeladen.

Wir haben den Club auch in diesem Jahr den Sommer über offengehalten. Ab September ist nun auch wieder Abendbetrieb, das heißt der Club ist von Montag bis Donnerstag von 10 - 20 h und am Freitag von 10 - 15 h geöffnet.

CLUB 45 · A-1010 WIEN · KOHLMARKT 14 · I. STOCK · TELEPHON NR. 63 32 04
Bankverbindungen: CA-BV, Zweigstelle Kärntner Ring, Kto. 50-44326 · BAWAG, Zentrale Wien, Kto. 00-66292-4 · Zentralsparkasse d. Gemeinde Wien, Zweiganstalt Operng., Kto. 602 345 308

> Wir bitten, um Engpässe zu vermeiden, telefonisch die Inanspruchnahme des Clubrestaurants bekanntzugeben.
>
> Wir weisen nochmals auf die Clubbeiträge hin : S 250.- monatlich; Jahresvorauszahlungen oder Halbjahresvorauszahlungen werden dankbar entgegengenommen.
>
> Wir hoffen, Sie häufig im Club begrüßen zu dürfen und verbleiben
>
> mit freundlichen Grüßen
>
> Dr. Heinz Damian
>
> (Schriftführer)

man seinen Rock hinhängt, ein Pfeiferl raucht, seine Zeitung liest, Freunde trifft und der Ehefrau ein wenig Freiheit lässt.

Mit der geplanten „Pflege kultureller Kontakte" und „Durchführung kultureller Veranstaltungen" scheint es allerdings nicht immer weit her zu sein. Das schildert der damals wohl prominenteste Fernseh-Kulturmoderator Heinz Fischer-Karwin in einem „Trend"-Artikel 1981. Man habe ihn zwecks künstlerischer Anreicherung des Programms in den Verein gelotst, ihn an einen Tisch gesetzt und ihm den Rücken gekehrt. *So ein Desinteresse habe ich nirgends erlebt*, wird Fischer-Karwin in dem Artikel zitiert.

Dennoch lockt der Club seine Mitglieder immer wieder mit Kamingesprächen, Diskussionen oder Vorträgen. Da steht einmal

Bruno Kreisky aus Marzipan und Zuckerguss

„Der Österreicher und seine verstaatlichte Industrie" auf dem Programm, ein andermal geht es um die „Medienzukunft durch Kabelfernsehen", und Künstler wie Friedrich Dürrenmatt oder Hans Weigel haben sich nach ihren Lesungen nicht über einen Mangel an Interesse beschwert. Anlässlich einer Ausstellung von Arbeiten des Karikaturisten Erich Sokol lässt Udo eine besondere Torte anfertigen – ganz im Stil des Künstlers. Bruno Kreisky aus Zuckerguss – als römischer Cäsar – in Unterhosen!

Manchmal ist das „Club"-Motto aber auch einfach nur: Feiern, bis die Fetzen fliegen! Zum Beispiel, als die beiden Formel-1-Weltmeister Niki Lauda und James Hunt im wahrsten Sinn des Wortes begossen werden.

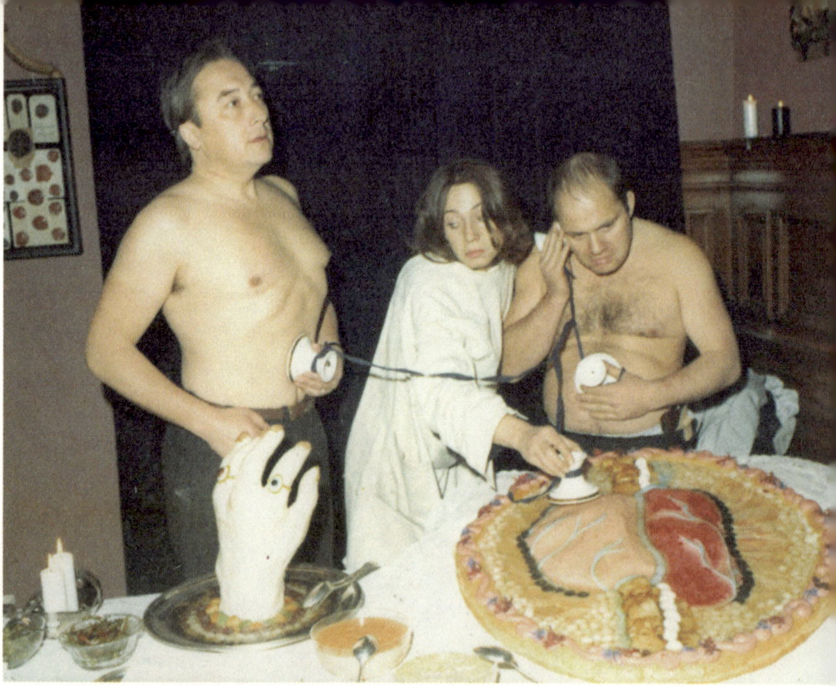

Horrorbuffet „alles essbar" zum Geburtstag von Jakob Graf Coudenhove-Kalergi (l.) und Udo Prokschs Schwester Rodtraut (Mitte)

Geburtstagsfeier für Stadtrat Peter Schieder (l.) mit Torte in Form eines Atommeilers, entworfen von Udo Proksch, 1976

Buchpräsentation zum 100-jährigen Jubiläum der Bayreuther Festspiele, v.l.n.r.: Udo Proksch, Schauspieler Peter Vogel, Erika Pluhar, Opernsänger Eberhard Waechter, Wolfgang Wagner, Nike Wagner, 1976

Mit Formel-1-Größen James Hunt und Niki Lauda, 1976

Hochzeitsfeier von Karl Blecha mit Gundi Teuber, im Demel-Salon, 1982

„Schießübungen" im Demel-Salon, 1981

MITGLIEDERLISTE
STAND: MAI 1 9 8 0

231001 AMBROSCH Heinrich, Dr., Direktionsrat Zentralsparkassa
231002 AMHOF Robert, Dr., Rechtsanwalt
231006 AMRY Herbert, Dr., Legationsrat
231003 ANDROSCH Hannes, Dr., Bundesminister f. Finanzen
231004 APFALTER Heribert, Dkfm, Generaldirektor Voest
231005 ARTNER Hans, abs.jur., Dir. Hypobank
231007 ATZLER Karl, Komm.Rat, Dir. Allg. Unfallvers.anstalt
231008 AUER Günther, Ing. , Waffelfabrik

231118 BAAR Heinz, Generalkonsul Zürich
231103 BANDION Erwin, Dr. Min.Rat , Bundeskanzleramt
231119 BANDION Josef, Dr., Magistratsdirektor
231101 BAUER Franz, Dkfm., Wirtschaftsprüfer Consultatio
231121 BAUM Otto, Dipl.Ing., Projektbau
231120 BAYER Richard, Dr. Min.Rat Bundeskanzleramt
231104 BENCZAK Stefan, Dr., Vorstandsdir. Eumig
231105 BENNING Achim, Burgtheaterdirektor
231107 BIAK Kurt, Dkfm. Komm.Rat., Dir. Österr. Bundesverlag
231115 BINDER Otto, Gen.Dir. Städt. Versicherung
231109 BLAHA Paul, Direktor Volkstheater
231108 BLECHA Karl, Zentralsekretär SPÖ
231110 BOHMANN Rudolf jun., Dr., Firmenges. Bohmann Verlag
231111 BRANDSTETTER Werner , Dr., Rechtsanwalt
231116 BUCHNER Gerhard , Ing., SGP
231114 BUCHNER Johann, Dr., Gen.Dir. Chemie Linz
231117 BUKOWSKI Ditrich, Dr., Botschafter in Sofia

231203 CHINI Leo, Komm.Rat, Maler-u.Anstreicherbetrieb
231204 CRANZ Harald, Dr. Industrievertretungen
231201 CZITOBER Herbert Dr., Prof. Polyklinik

231301 DAMIAN Heinz, Dr., Rechtsanwalt
231304 DANZINGER Rudolf, Dr., Revisor d.österr. Wirtschaftsberatung
231306 DASCHL Eduard, Reg.Rat, Vorwärts Verlag
231310 DEMEL Karlheinz , Dr., Sektionsrat BMfWissenschaft
231309 DEXINGER Karl, Komm.Rat, Gen.Dir.Stellv. Verkehrsbüro

231307 DINHOF Herbert,GR, Kuratorium d.Wr.Pensionistenheime
231308 DOSTAL Hans, Filmproduktion
231305 DRAGON Friedrich, Dr., Chefredakteur Kronenzeitung

231402 EBERL Rudolf, Dr.,Prim., Doz., Krankenhaus Lainz
231403 EBERLE Manfred, Dr., Chefarzt NÖ Gebietskrankenkasse
231404 EDER Friedrich Franz, Komm.Rat, beeid.Buchprüfer
231407 EHM Kurt. Komm.Rat, Tapeziererbetrieb
231408 EIBEGGER Gundomar, Intendant Hörfunk
231406 ENZINGER Alfred, Dkfm,Ing., AG f. Bauwesen
       ERTL Gunter, Dr.,Univ.Doz., Justizpalast

231506 FABRICIUS Otto, Dipl.Ing., Dr. Hon.Prof., Alpine Montan
231507 FACH Erich, Kaufmann
231508 FEHLE Armin, Dkfm., Gesellschafter d. Dorland Werbeges-
231509 FEICHTINGER Freidrich, Komm.Rat, Gen.Dir.Stellv. ÖMV
       FEITL Fritz, Direktor, Verkehrsbüro
231510 FIALA Rudolf, Dr., Dir. Zentralsparkassa
231511 FIEBICH Adolf, Dr., Rechtsanwalt
231504 FISCHER Alfred, Dr., Vorstandsdir. Elan

231501 FISCHER Karl, Dr., BMfAA
231516 FISCHER KARWIN Heinz, Journalist
231512 FLOETTL Walter, Gen.Dir. BAWAG
231515 FORSTNER-BILLAU Alois , Dipl.Ing., Oberstleutnant BMfLV
231505 FREMUTH Walter, Dr., Komm.Rat, Gen.Dir. Verbundges.
231503 FRITZ Paul, Redakteur Neue Zeit

231606 GARON Werner , Ing., Kaufmann
231607 GATTERER Claus, Prof., Journalist
231604 GEHMACHER Ernst, Dipl.Ing. IFES Inst.
231610 GESSLER Max,Vorstandsdir. Armaturen Ges.m.b.H.
231612 GIBLER Ferdinand , Dipl.Ing., Dr., Patentanwalt
231613 GIEBISCH Leopold, Dir. Echo Werbung
231603 GÖTTLICHER Erich, Dr., Gen.Dir.Donauvers.
231608 GOTTLIEB Friedrich, Dir. Girozentrale
231601 GRATZ Leopold, Bürgermeister
231611 GRIESSLER Erwin, Mag., Nationalbank
231605 GRÜNWALD Oskar, Dkfm., Dr., Gen.Dir. ÖIAG

231705 HAHNREICH Friedrich, Dr., Notar
231706 HAIDEN Alfons, Dr., Dir. Zentralsparkasse
231708 HAIDEN Günther, Dipl.Ing., Bundesminister f.Land-u.Forstwirtschaft
231719 HANSEN Heinz, Prof., Journalist
231722 HARTIG Peter, Dkfm, Assiga Anlagenbau
231704 HÄUSSERMANN Ernst, Dr., Prof.,Hofrat, Dir. Th.i.d.Josefstadt
231711 HÄUSSLER Franz, Dir. Theater an der Wien
231728 HELLER Otto Gen.Konsul Sao Paulo
231727 HELLWAGNER Gerhard, Dr., OLGR, Richter
231712 HELMREICH Paul, Dkfm, Dir. Hafenbetrieb i.R.
231715 HERZOG Freidrich, Dr., Dir ÖBB
231713 HESELE Hans DDr., Min.Rat, Abg.z.Nat.Rat
231720 HOCHSTRASSER Wilhelm, Dir. Leykam
231721 HOCK Johann ,Dir. Zentralsparkasse
231707 HÖFINGER Paul, Dir. Zentralsparkasse
231716 HOFMANN Fritz, Dir. Sozialbau
231701 HOLOHLAVSKY Kurt, Dr. med. Facharzt f. Gynäkologie
231725 HOLPER Adolf, Dir., Wr. Zuwandererfonds
231714 HOMOLKA Fritz, Prokurist
231723 HORWATEK Günther, Dr., SPÖ Landesparteisekretariat
231708 HRABAC Josef Peter , Dir. IRS
231709 HRDLICKA Alfred, Prof., Bildhauer
231724 HUBER Heinz , Dr., Dir. Bgld,Landeshypothekenanstalt
231718 HUBER Helmut, Dkfm, WIBEBA
231717 HUBER Wilhelm, Dir. Vorwärts Verlag

231805 JAGSCH Hubert, Dkfm., Vorstandsdir. Papierfabr. Steyrermühl
231808 JAKUBEC Emil. Dipl.Ing. Ziv.Ing
231806 JAUERNIK Ernst, Dkfm, Dir. Volksfürsorge
231802 JEBAVY Franz , Dir. Synthesa
231804 JUNKER Ermar, Dr., Stadtphysikus
231807 JUNKER Helmut, Dr., Progress Werbung

231918 KADITS Manfred,Komm.Rat, Gen.Dir. Konsum
231905 KAISER Karl, Dr.,Hofrat, Gen.Dir.Österr.Beamtenversicherung
231903 KAZDA Josef, Dr. Sektionschef, BMfBauten

231902 KELLERMAYER Josef, Dr.,Komm.Rat, Vorstandsdir. Chemie Linz
231917 KEMLER Joachim, Dir. Touropa
231901 KIENZL Heinz, Dr., Gen.Dir. Nationalbank
231906 KLENNER Klaus, Dkfm,Dr.,Kaufmann
231910 KOGLER Robert, Vorstandsdir. Verkehrskreditbank
231908 KOLLER Herbert ,Dr., Gen.Dir. Voest
231909 KOLLER Walter Dkfm, Dr. Int. Bank f. Außenhandel
231915 KOZLIK Günther, Prokurist Consultatio
231912 KRAUS Ernst, Dr., Dir. Holding
      KRAUSE Heinz-Werner, Generaldirektor, RANK XEROX AUSTRIA GMBH.
231904 KREBS Helmut, Dr. Senatsrat, Fremdenverkehr
231916 KRENDLESBERGER HelmutDr. Senatsrat Mag Abt 5
      KREUZER Hans, Dr.,Direktor, Airtour Austria
231914 KÜHBERGER Friedrich, Dr., Dir. Infrabau
231911 KUBAT Norbert, Dir. AUA

232009 LAKMAYER Kurt, Dir. Österr. Hotel A.G.
232002 LANC Erwin, Bundesminister f. Inneres
232008 LANG Helmut, Mag., Dir. Chemie Linz
232004 LAUSECKER Karl, Budesminister f. Verkehr
232006 LUCZENSKY Othmar, Dipl.VW, Gen.Dir. ODSG
232005 LUDL Herbert, Dr., Projektbau
232001 LUGMAYER Herbert, Dir. Zentralsparkasse

232007 LÜTGENDORF Karl, General, Min.i.R.

232110 MACHTL Josef Dr., Gen.Dir. Holding
      MACULAN Alexander, Dr.,Dipl.-Ing., Hofmann & Maculan
232102 MADER Gerals, Landesrat Bgld
232103 MANTLER Karl, Gen.Dir. Z.i.R.
232109 MARSCH Fritz, Zentralsekretär SPÖ
232104 MATAL Walter, Dipl.VW. BMfLV
232105 MELLICH Theoderich, Dr., Vorstandsdir. Girozentrale
232111 MESZAROS Kurt, Dkfm, Vorstandssir. ÖMV
232101 MITTENECKER Helmut, Dr., Hofrat ÖBB
232107 MORITZ Herbert, Dr., Landeshauptmann Stellv. Sbg

232113 MRKWICKA Kurt, Filmproduktion
232108 MUHR Walter, Dr., Kaufmann
232112 MULIAR Fritz. Prof, Schauspieler

232203 NAGY Ferenc, Dr., prakt.Arzt
232202 NENNING Günther DDr, Präs.d.Journalistengewerkschaft
232201 NÖSSLINGER Kurt, Dkfm.,Gouverneur Postsparkasse

232304 OBERMAYER Werner, SPÖ Zentrale
232301 ORTH Friedrich, Ing, Kaufmann
232302 OSWALD Dr., Cjefarzt PVA
232303 OTTO Alexander Dr., Botschafter Chile

232402 PACHERNEGG Johann, Dr. Min.Rat BMfInneres
232412 PAHR Willibald, Dr., Bundesminister f.AA
232408 PAVLIS Alois Dr., Österr. Werbeges.
232403 PENNINGER Josef Dr., Vorstandsdir. Zentralsparkasse
232413 PICHLER Paul, Dipl.Ing. Fa Swietelsky
232414 PICKL Viktor, Dr.Sektionschef, Volksanwaltschaft
232404 PODGORSKI Teddy, Sportchef ORF
232401 POLAK Hans, Dir. Zsolnay Verlag
232410 PREM Christian Dr., Rechtsanwalt
232409 PROKSCH Roderich , Architekt
232407 PROKSCH Udo
232411 PURZLER Hans, Komm.Rat Konsum

232516 RABENREITER Konrad, Ing. Dir. Wr.Baustoff.gmbh
232503 RAUTER Anton, Dr. Komm.Rat. Prof. Verbandsdir. Konsum
232519 REDTENBACHER Michael Dr.Univ.Doz. Chirurg
232514 REIDINGER Karl , Dr., Polzeipräsident
232513 REINCKE Heinz, Burgschauspieler
232512 REINHART Karl, Dr., Abg.
232506 REISER Walter, Dir. Bauring
232507 REISINGER Karl Dr. Gen.Dir. Wr. Stadtwerke
232505 REUL Herbert Dkfm, Dr. Direktionsrat ÖBB
232508 RIEDLER Josef, Chefredakteur Neue Zeit
232511 RIMSKY Walter, Dr., Dir. Chemie Linz
232509 ROSENZWEIG Wilhelm, Dr., Rechtsanwalt

REHOR Karl, Ing., Vorstandsdirektor, NEGRELLI BAU-AG.

232501 ROSSI Karl, Dkfm, Dir. Gustana
232520 ROSZENICH Norbert, Dr., BMf Wissenschaft
232510 ROTHBAUER Gerhard, Dr. Prim. Zahnklinik Lainz
232515 RUZICKA Roman, Dr., Dir ÖCI

232620 SAIBL Willibald Mag, Gen.Dir. Infrabau
232606 SAILLER Franz Dr., Sektionschef BMfLV
232616 SAILLER Josef Dipl.Ing. Oberbaurat Wr. Stadtwerke
232697 SALCHER Herbert, Dr., Bundesminister f. Gesundheit
232608 SCIO Heinz Dr. Drok. AKPE
232604 SEEBÖCK Ernst, Dir. Nationalbank
232613 SEDA Anton, Dipl.Ing. Stadtbaudirektor
232609
232614 SENGER Fritz, Prof. Kabelfernsehen
232618 SIEBENSOHN Hans, Dr. Obersenatsrat MA
232610 SINOWATZ Fred Dr. Bundesminister f. Unterricht
232619 SISEL! Dieter Dipl.Ing. Denkmalamt
232602 SKALA Walter Dr. Dir ORF
232601 SKOTTON Franz Dr. Bundesratspräs.
232615 SLUNSKY Othmar Dr. Rechtsanwalt
232611 SOKOL Alfred Dr. Gen. Dir. Österr. Verkehrsbüro
232617 SOKOL Erich Chefgrafiker ORF
232622 SOKOLOVSKY Alfred Dr. Obersenatsrat MA f Staatsbürgerschaftsang.
232603 SÖLTZ-SZÖTS Josef Dr. Prim Hautarzt
232612 SPERLICH Klaus. Dr.med

       SCHÄFER Theo, Dr., "Hör Zu"
232716 SCHAFRANEK Franz Dr., Dir. Engl. Theater
232702 SCHÄRF Paul Dr., Gen,Dir i.R.
232707 SCHARTL Herbert, Dr., Dir. ÖBB
232706 SCHIKUTA Milan Ing GÖC
232715 SCHIELEIN Rolf Dir. Gustana
232711 SCHILLING Peter, Dr., Wirtschaftsprüfer
232718 SCHINDL Franz Dr., Seroplas GmbH
232703 SCHMIDL Adalbert Dkfm Dir. Chemiefaser Lenzing
       SCHMID Alexander, Dr., Internist

232712 SCHNEIDER Friedrich Dr. Präs. Finanzlandesdirektion
232705 SCHNEIDER Rudolf Dr.,Dkfm Vorstandsdir. CA
232704 SCHRAMKE Peter, Dr., Dir. Kommunalkreditbank
232708 SCHREMS Karl General. Stadtkommandant
232717 SCHUSTER Günther Mag arch. Architekt
232709 SCHWAB Fritz Dkfm, Dir, Z-Bank
232713 SCHWAIGER Erwin Dir. (Extrablatt)
232714 SCHWAIGER Gerhard Dr., Dir AKPE
232710 SCHWARZ Heinrich Dr. Sektionsrat BMfU

232805 STACHER Alois Dr.Univ.Doz., Stadtrat
232806 STADLER Herbert Dr. Vorstandsdir. Wr.Städt.Vers.
232809 STADLER Klaus Dkfm. Prok. Holding
232804 STEFLITSCH Josef DDr. Vorstandsdir. Alpine Montan
232808 STRAKA Peter BVG
232811 STEINDLING Adolf Gen.Dir. Centralbank
232812 STOCK Ernst, Dir. Wr. Kongresszentrum
232803 STREICHER Rudolf Dipl.Ing ÖIAG
232810 STRACHE Max, Landesparteisekretär NÖ
232802 STROER Alfred Dir. BAWAG

232907 THIEL Wilhelm Gen.Dir. Unfallvers.
232905 TRAXLER Heinz Dr., Dir. Städt.Vers.
232906 TREML Werner, Bezirksjournale
232904 TRÖTHANN Leopold Dir. BAWAG
232902 TROGER Kurt Dr. Facharzt f. Gynäkologie

233001 UHER Julian Dr., Vorstandsdir. CA
233002 ULRICH Anton Dipl Ing. Dr., Eisenbahnverkehrs AG

233101 VAJDA Otto Prof., Bundestheaterverw.
233105 VAK Karl Dr., Gen.Dir. Zentralsparkasse
233106 VINZENZ Gerhard , Kaufmann
233103 VITZTHUM Anton, Gen,Dir.Stellv. PVAG
233102 VOGL Helmut Dr., Landesrat Bgld
233107 VRANITZKY Franz Dr.Dkfm. Gen.Dir.Stellv. CA

233212 WAAS Hans Dr. Zentralsekr. Gew.d.öffentl.Bediensteten
233206 WAGNER Gerhard Dkfm. Dir. Z
233202 WAISSENBERGER Robert Dr. Kulturamt
233215 WEBER Ernst Dr. Min.Rat. BMf Justiz
233208 WEIDINGER Josef Baumeister
233214 WEIHS Ingomar Dr. PSK
233220 WEINER Georg KommRat Kaufmann BGO
233213 WERNER Erich Dipl. Ing. Siemens Data
233218 WILDLING Ernst Dipl Ing. Dir. Austroplan
233203 WILFLING Siegfried Dkfm Dr.
233205 WILFLING Wilhelm Komm Rat, Senator, Dir. Bahnbau
233201 WIMBERGER Walter Gen.Dir Ranshofen
233219 WINTER Adolf Dipl.Ing.
233209 WITZMANN Hanspeter Dr. Dir. Martha Erdöl
233211 WRATSCHKO Werner Dr. Impadoc
233210 WOLFF Walter Dr. Wr.Gebietskrankenkasse
WÖSSNER Karl, Dr., Steuerberater
233217 WUSSOW Klausjürgen, Burgschauspieler

233501 ZEHETNER Norbert Dir. Länderbank Wr.Neustadt
233504 ZELNICZEK Erich, Ing. ITT
233503 ZILK Helmut Dr., Stadtrat
233502 ZIESEL Wolfdietrich Dipl Ing Dr., Prof.Akademie

Der Club, die Politik und die Geschäfte

Der wahre „Mehrwert" einer Club-45-Mitgliedschaft liegt aber anderswo. Das Netzwerk der Clubfreunde funktioniert bei der Vermittlung von internationalen Kontakten ebenso wie bei der Anbahnung großer Geschäfte. Das führt auch dazu, dass die Fäden der Ermittlungen im legendären „AKH-Skandal", der Korruptionsaffäre rund um den Neubau des Wiener Allgemeinen Krankenhauses, letztlich im Club 45 zusammenlaufen sollten.

Es ist die Zeit der SPÖ-Alleinregierung unter Bruno Kreisky. Die Sozialdemokratie positioniert sich neuerdings als weltoffene, liberale Partei mit Wirtschaftskompetenz. Gleichzeitig – so ortet es der Politikwissenschafter Anton Pelinka in einem Artikel für das Buch „Politische Affären und Skandale in Österreich, von Mayerling bis Waldheim" – findet eine Säkularisierung der Politik in Form eines Bedeutungsverlustes traditioneller Ideologien statt. In dieser Zeit wird die Stadt Wien – traditionell als Hochburg sozialdemokratischer Gesellschaftspolitik angesehen, unter weiterbestehender sozialdemokratischer Hegemonie – auch eine Stadt der Korruption. Am Beispiel des AKH-Skandals, schreibt Pelinka weiter, wurde deutlich, *dass Menschen, mit der Sozialdemokratie organisatorisch verbunden, prinzipiell ebenso anfällig für Korruption sein können wie „Bürgerliche".*

Dieser „Säkularisierungsprozess" findet im Club 45 einen adäquaten Rahmen – wenn auch nicht zur Freude aller in der Sozialdemokratie. Josef Cap, damals noch Chef der Jungsozialisten, hält die Institution für ein *Symbol der Verflechtung von Geschäft und Politik, die der sozialistischen Idee „eigentlich geschadet"* hat. *„Was soll sich ein einfacher Arbeiter denken, wenn er am Demel vorbeigeht?"* Und der damalige SP-Pressesekretär Bruno Aigner spricht in einem Artikel für die Parteipostille „Zukunft" von *Eiterbeulen* und *parasitären Erscheinungen,* was ihm vom Parteivorstand eine strenge Rüge einbringt. Der Publizist Claus Gatterer sieht sich im Zuge der Aufarbeitung des AKH-

CLUB 45

An Herrn
Prof. Claus Gatterer
Anton Baumgartnerstr. 44
1230 Wien 23

WIEN, am 6.5.1981

Sehr geehrter Herr Professor!

Der Club Vorstand hat Ihr Austrittsschreiben vom 27. 4.1981 zur Kenntnis genommen. Er bedauert, daß Sie sich gezwungen sehen, unseren Freundeskreis zu verlassen.

Was die in Ihrem Schreiben erhobenen Vorwürfe betrifft, so hat sich der Clubvorstand wiederholt gegen diese Vorwürfe zur Wehr gesetzt. Wenn Sie in Ihrem Schreiben erwähnen, daß Sie von einer, der österreichischen Arbeiterbewegung nahestehenden Vereinigung nicht nur ideell und moralisch eine andere Haltung und eine andere Form der Reaktion erwartet, erhofft und gewünscht hätten, so sind uns diese Ausführungen nicht ganz verständlich.

Wir haben auf diffamierende Angriffe mit gerichtlichen Schritten geantwortet und es haben z.B. zahlreiche Persönlichkeiten des öffentlichen Lebens Ehrenerklärungen abgegeben.
Unsere Mitglieder haben es nicht notwendig, sich von Ihnen vorwerfen zu lassen, daß sie keine guten Sozialisten sind. Sie sind zu einem sehr großen Teil schon seit Jahrzehnten in der sozialistischen Bewegung tätig und zwar sowohl an führender politischer Stellung, als auch an der Basis.

Wenn Sie sich schon, sehr geehrter Herr Professor, auf Viktor Adler und andere sozialistische Führer berufen, so möchten wir Ihnen doch in Erinnerung rufen, daß diese sich stets gegen Pauschaldiffamierungen gewehrt haben, wenn einzelne Mitglieder der Sozialdemokratie strafbare Handlungen verübten, z.B. in den achziger Jahren des vergangenen Jahrhunderts.

Im Gegensatz zu Ihnen betrachten wir den Club nicht als Ärgernis, sondern als eine Stätte der Begegnung von Männern, die es in Ihrem Leben zu etwas gebracht haben und die in gesellschaftlichem und politischem Bereich großes Ansehen genießen. Der Club wurde deswegen gegründet, weil es an einer derartigen Stätte der Aussprache und Diskussion gefehlt hat.

CLUB 45 · A-1010 WIEN · KOHLMARKT 14 · I. STOCK · TELEPHON NR. 63 32 04
Bankverbindungen: CA-BV, Zweigstelle Kärntner Ring, Kto. 50-44326 · BAWAG, Zentrale Wien, Kto. 00-66292-4 · Zentralsparkasse d. Gemeinde Wien, Zweiganstalt Opergn., Kto. 602 343 308

Die überwiegende Mehrheit der Club Mitglieder ist der Auf=
fassung, daß sich gerade in schwierigen Zeiten die wahre
Freundschaft erweist und daß es nicht angeht, bei Schwiereg=
keiten sofort das Weite zu suchen.
In diesem Sinne haben wir keinen Anlaß uns von dem Interview
des Herrn Udo Proksch zu distanzieren, weil dieser stets
bewiesen hat, daß er in schwierigen Situationen seine Freunde
nicht in Stich läßt.

Wenn Sie in Ihrem Schreiben ausführen, daß der Vergleich
des Herrn Bundeskanzlers mit dem CV für uns wie eine ver=
diente Ohrfeige gewirkt haben soll, so sind wir der Auffassung,
daß wir dazu keinen Anlaß haben, weil sich ein paar Sätze
vorher der Herr Bundeskanzler lobend über die Aktivitäten
unserer Mitglieder im letzten Wahlkampf geäußert hat.

Wenn Sie uns weiter den Rat geben, die Mitglieder des Club
45 möchten in Richtung der Großväter der sozialdemokratischen
Bewegung nachdenken, so hätte es dieses Rates Ihrerseits
nicht bedurft.
Wenn Sie öfters unsere Veranstaltungen und unseren Freundes=
kreis besucht hätten, so hätten Sie sich überzeugen können,
daß die Mitglieder des Club 45 in ihrem gesellschaftlichen
und beruflichen Kreis bemüht sind, nach den Grundsätzen der
Sozialdemokratie zu handeln. Sie haben damit keinen Vergleich
mit Ihren Kritikern zu scheuen, die meist neidvoll, die aus=
gezeichnete berufliche und menschliche Bewährung unserer
Mitglieder feststellen. Bei aller Würdigung der Verdienste
der Großväter soll man nicht übersehen, daß erst die "Enkel"
gesiegt haben.

Der Ordnung halber ersucht Sie der Club Vorstand mit bei=
liegendem Erlagschein den Rückstand von 1900,- S zu be=
zahlen.

Mit dem Ausdruck vorzüglicher Hochachtung

Dr. Gerhard Hellwagner

(Kassier)

CLUB 45

WIEN, am **1. MÄRZ 1977**

VORSTANDSSITZUNG

CLUB 45 · A-1010 WIEN · KOHLMARKT 14 · III. STOCK · TELEPHON NR. 63 32 04
Bankverbindungen: CA-BV, Zweigstelle Kärntner Ring, Kto. 50-44326 · BAWAG, Zentrale Wien, Kto. 00-66292-4 · Zentralsparkasse d. Gemeinde Wien, Zweiganstalt Operng., Kto. 602 345 308

I. Antrag

Der Vorstand wolle beschließen, die, in der Liste IV als zahlungssäumig angegebenen Mitglieder werden wegen Nichtzahlung des Mitgliedsbeitrages trotz mehrfacher Mahnung bedingt ausgeschlossen, wobei der Ausschluß wirksam ist, wenn die auszuschließenden Mitglieder, nach Bekanntgabe des Ausschlußes, innerhalb von 14 Tagen nicht den Rückstand + bisherige Beiträge 1977 nachbezahlt haben.

II. Antrag

Der Vorstand wolle beschließen, daß die in der Liste I angeführten Mitglieder aufgenommen werden.

III. Antrag

Der Vorstand wolle beschließen, daß die, in Liste II angeführten Personen, falls sie die Aufnahme in den Club wünschen, aufgenommen werden.

IV. Antrag

Der Vorstand wolle beschließen, daß die Aufnahme von fördernden Mitgliedern bis zur Erstattung des diesbezüglichen Gutachtens durch Dkfm Bauer zurückgestellt wird. Die Clubleitung wird beauftragt die Aufnahmebedingungen (Förderungsbeitrag) festzusetzen und die Aufnahme zu vollziehen.

V. Wahlvorschlag für den Vorstand :

Bisheriger Vorstand (ausgenommen Pogats und Herrmann) zuzüglich Udo Proksch, daher insgesamt :

   Gratz
   Marsch
   Otto
   Göttlicher
   Eder
   Damian
   Proksch
   Riedler
   Meszaros
   Wilfling
   Rossi
   Vak
   Mellich   Rechnungsprüfer
   Bauer

VI. Gehaltsregelung Frau Ertl

Liste I

Herren, die sich um eine Mitgliedschaft beworben haben

Name	Vorschlag
Dr. Dr. Günther Nenning, Vorsitzender der Journalistengewerkschaft	Damian
Dir. Reitbauer, Generalsekretär BMfAA	Otto
Bundesminister Dr. Willibald Pahr, BMfAA	Otto
Dir. Eduard Harendt, Compress Ltd	Eder
Redakteur Heinz Hansen, Salzburger Nachrichten	Damian (Do.)
Dkfm Kozlik, Consultatio	Bauer
Dr. Helmut Zilk., Redakteur	Damian
Mag. Willibald Seibl, Gen.Dir. Infrabau	Eder
Dr. Schwaiger, Dir. AKPE	Damian
Rolf Schilein, Holding	Rossi
Dkfm. Ernst Jauernik, Dir. Allgem. Versicherungs AG	Rossi
K.R. Hans Purzler, Vorstandsdir. Konsum	Rossi (Rauter)
Dir. Paul Mautsch, Vorstandsdir. Vöslauer Kammgarn	Rossi (Rauter)
Herr Grießler, Verwandter K.R.Eder	Eder
Max Geßler, Vorstandsdir. Österr. Armaturenges.	Damian (Salcher)
Dr. Walter Seeböck, Rechtsabt. Bauring	Eder (Danzinger)
Dipl.Ing.Otto Baum, Projektbau	Damian
Gundomar Eibegger, Intendant	Damian (Diemann)
Rudi Friedl, Bildhauer	Damian
K.R. Abg. Kurt Mühlbacher, Präs.d. Freien Wortschaftsverbandes	Damian
Dr. Christian Prem, Rechtsanwalt	Damian
Dkfm. Helmuth Huber, Wibeba	Damian
Gerhard Vinzenz, Autowerkstätte, Funktionär i.Freien Wirtsch.verb.	Rossi (Ehm)
K.R. Gerhard Stepan, Strohal OHG, -"-	Rossi (Ehm)
Anton Tusch, Buchdruckerei, -"-	Rossi (Ehm)
Dr. Harald Cranz, Antiquitätenhändler u. Jurist	Damian (Rauscher)
Dipl.Ing. Siesel, MA 35 (Baupolizei)	Damian (R. Proksch)
Dr. Ziesel, Prof. Akademie d. Bildenden Künste	Damian (R. Proksch)
Heinz Holecek, Kammersänger	Damian

Liste II

Herren, deren Aufnahme in den Club vom Vorstand genehmigt werden sollte

        Name   Vorschlag

Dkfm. Alfred Reiter, Interbank   Damian
stellv. Gen. Dir. Vranitzky   CA   Wilfling
Beppo Mauhardt, BM Finanzen   Bauer
Prof. Erwin Chojka, Gymnasialdirektor   Damian
Dr. Erndl. Gen.Dir. Länderbank   Damian
Dir. Fischerlehner, Sozialbau   Damian
Dkfm. Halama., Elin   Damian
Univ. Prof. Dr. Norbert Leser   Damian
Dr. W. Loibl, Kabinettsrat b. Bundespräsidenten   Damian
Dr. Bruno Nußpichler, Schuldirektor   Damian
Dr. Heinz Paradeiser, RA   Damian
Prof. Hugo Pepper, Verlagslektor Europa Verlag Damian
Prof. Dkfm Josef Rois, Vorstandsdir. i.R.   Damian
Dr. Günther Steinbach, Sozialministerium   Damian
Dipl.Ing. Franz Witzmann, Gen.Dir Porr Ag   Damian
Dipl.Ing Fritz Zeisel, Werbeleiter Elin   Damian

Liste IV

Auszuscheidende Mitglieder

Name	Rückstand
Min.Rat Dr. Erwin Bandion	2400.- + Beitrag 1977
Mag. Dir.Dr. Josef Bandion (will erst ab jetzt Mitglied werden)	3800.- + 1977
Prim. Dr. Bucher	2800.- + 1977
Generalkonsul Baar Heinz	1800 + 1977
Dr. Richard Bayer	2600.- + 1977
Doz. Dr. Herbert Czitober	2800.- + 1977
Danzinger Dr. Rudolf	2000.- + 1977
Freyler Prof Fred	1600.- + 1977
DDr. Anton Heschgl (verweigert Annahme von Clubpost)	4800.- + 1977
Dkfm Kurt Hawlicek	4800.- + 1977
Dr. Heinz Holczer	5000.- + 1977
Dir. Fritz Hoffmann	2800.- + 1977
Dr. Peter Jankowitsch	2400.- + 1977
Gen.Sekr. Jungbluth	9400.- + 1977
Dr. Richard Kirchweger	4800.- + 1977
Erich Lessing	4800.- + 1977
Erich Sokol	2400.- + 1977
Schönwald Rudolf	7400.- + 1977
Scheer Dr. Otto	4800.- + 1977
Schmiedl Dkfm Albert	2800.- + 1977
Prof. Raoul Schmiedeck	3200.- + 1977
Werner Treml	2800.- + 1977
Abg. Alfred Teschl	2200.- + 1977
~~Dr. Ernst Weber~~	~~2600.- + 1977~~
Kr. Dr. Wossika	2200.- + 1977

Skandals sogar veranlasst, aus dem Club auszutreten. Club-Kassier Dr. Gerhard Hellwagner antwortet auf das Austrittsschreiben Gatterers mit den Worten: *Unsere Mitglieder haben es nicht notwendig, sich von Ihnen vorwerfen zu lassen, daß sie keine guten Sozialisten sind. Sie sind zu einem sehr großen Teil schon seit Jahrzehnten in der sozialistischen Bewegung tätig und zwar sowohl an führender politischer Stellung, als auch an der Basis.*

Im Club selbst hat man für solche Anfeindungen aus den eigenen Reihen und teils weit schärfere von den Oppositionsparteien eine einfache Erklärung: *Die einen ärgern sich, daß Rote einen Kulturbetrieb aufziehen, die anderen appellieren an das reine, proletarische Gewissen.* Freunden wie Feinden ist aber eines klar: Wer drin ist, genießt <u>zumindest</u> den Vorteil eines Informationsvorsprungs.

Venedig-Urlaub mit Bruno Kreisky, Leopold Gratz und dem italienischen Geschäftsmann Renzo Vianello

Geschichten vom Dr. Kreisky

Bemerkenswert ist die Beziehung, die Udo mit Bundeskanzler Bruno Kreisky pflegt. Udo soll auf Kreisky eine magische Wirkung gehabt haben, erzählt André Heller in Helene Maimanns filmischem Porträt zu Kreiskys 100. Geburtstag. Heller schildert, wie er Udo eines Tages auf dem Wiener Kohlmarkt trifft und ihm vorschlägt, doch den Kanzler zu besuchen. Damals sind die Sicherheitsvorkehrungen noch kaum nennenswert, und die beiden Männer marschieren ungehindert ins Sekretariat des Kanzleramtes am Ballhausplatz. Als die Sekretärin den ungebetenen Besuchern sagt, der Chef habe einen ausländischen Minister zu Gast und sei jetzt nicht zu sprechen, erklärt Udo: alles akkordiert, kein Problem. Er reißt die Tür zu Kreiskys Büro auf, zieht seine Pistole, die er fast immer bei sich trägt, und brüllt: *Kontrolle, Kontrolle, Kontrolle!* Der Kanzler bedeutet seinem verdutzten Gast: alles in Ordnung, das ist nur der Herr Proksch, und Udo macht kehrt und verlässt das Kanzlerbüro. (Helene Maimann: „Bruno Kreisky, Politik und Leidenschaft", ORF, 2011)

Geschichten vom Dr. Kreisky

Im Mai '68 schrieben die Rebellen an die Mauern des Quartier Latin: ‚Seid konkret, denkt das Unmögliche!'
Nur Hollywood ist heute noch konkret. Im filmischen Epos ‚Krieg der Sterne' siegt Vernunft über Unvernunft, Sinn über Widersinn. Hollywood – die letzte Bastion der Menschlichkeit?
Zu ebener Erde nämlich erfreuen sich die abscheulichsten Perversitäten eines Nicht-Angriff-Paktes. Überall führt die Niedertracht das Regiment, und die Internationale des Pharisäertums hat sich konsolidiert.
Eine Welt gibt sich langsam auf.
In diesem Universum der unbegrenzten Unmöglichkeiten könnte Österreich ein Paradiesvogel sein: schenken wir der Welt eine Logistik des Überlebens.
Bekämpfen wir den Imperialismus der Barbarei mit Legionen von Alternativen. Entwickeln wir neue Produkte, ja ganze Industrien zum Überleben. Exportieren wir Modelle wahrhafter Humanität.
Österreich: ein Laboratorium für Außergewöhnliches.
Und profilieren wir dieses Selbstverständnis mit dem besten Promotor, den wir derzeit haben: mit Bruno Kreisky."

André Heller

„Kreisky ist nicht mein Ideal. Seine Haltung dem SS-Offizier Friedrich Peter gegenüber, sein Zwentendorf-Ja haben mich erschreckt, enttäuscht und traurig gemacht.
Trotzdem gibt es für mich unter den seriösen Kanzlerkandidaten derzeit keinen Besseren als Bruno Kreisky. Er als einziger hat eine Regierungsbeteiligung der FPÖ ausgeschlossen. Damit über dieses Land die geistigen Lederhosen nicht vollends das Klima bestimmen, damit Österreich nicht eines Tages tatsächlich österarm heißen muß, wähle ich Bruno Kreisky."

Ausgewählt von André Heller

Geschichten vom Dr. Kreisky

Nichts mehr ist heute so, wie es einmal war.
Die Weltwirtschaftskrise hat die blinde Fortschrittsgläubigkeit dreier Nachkriegsjahrzehnte zu Fall gebracht. Der Sozialdemokrat Bruno Kreisky mußte als Arzt am Krankenbett des Kapitalismus die Krise überwinden, weil die Marktwirtschaft aus eigener Kraft dazu nicht imstande war. Der Erfolg Bruno Kreiskys hat die Konservativen so verunsichert, daß sie heute mit dem Slogan ‚Gesicherte Arbeitsplätze, blühende Wirtschaft' Wahlwerbung machen. Sozialdemokratisch ist, was die Konservativen zehn Jahre zu spät erkennen.
Bruno Kreisky hat schon wieder zehn Jahre Vorsprung. ‚Umweltschutz', sagt Bruno Kreisky, ‚muß als gesellschaftspolitische Aufgabe von elementarer Bedeutung erkannt werden.' Niemand ist heute gegen Wirtschaftswachstum, denn Wachstum sichert Arbeitsplätze. Wachstum hat aber auch die Tendenz, Umwelt zu zerstören.
Wir wollen nicht vollbeschäftigt zugrunde gehen!
Eine gesunde Umwelt ist genauso ein Bestandteil von Lebensqualität wie ein gesicherter Arbeitsplatz. Beide Ziele sind für Bruno Kreisky gleichrangig."

Erika Pluhar

„Mein überzeugtes Engagement gegen Zwentendorf mußte sich notwendigerweise auch gegen Bruno Kreisky richten. Trotzdem ist es mir unmöglich, anzunehmen, daß seine Befürwortung eines Atomkraftwerkes eine ihm selbst glaubhafte war.
Schließlich hat er die Volksabstimmung ermöglicht. Und ich halte Bruno Kreisky für den Garanten, daß das Nein der Bevölkerung auch in Zukunft respektiert wird."

Ausgewählt von Erika Pluhar

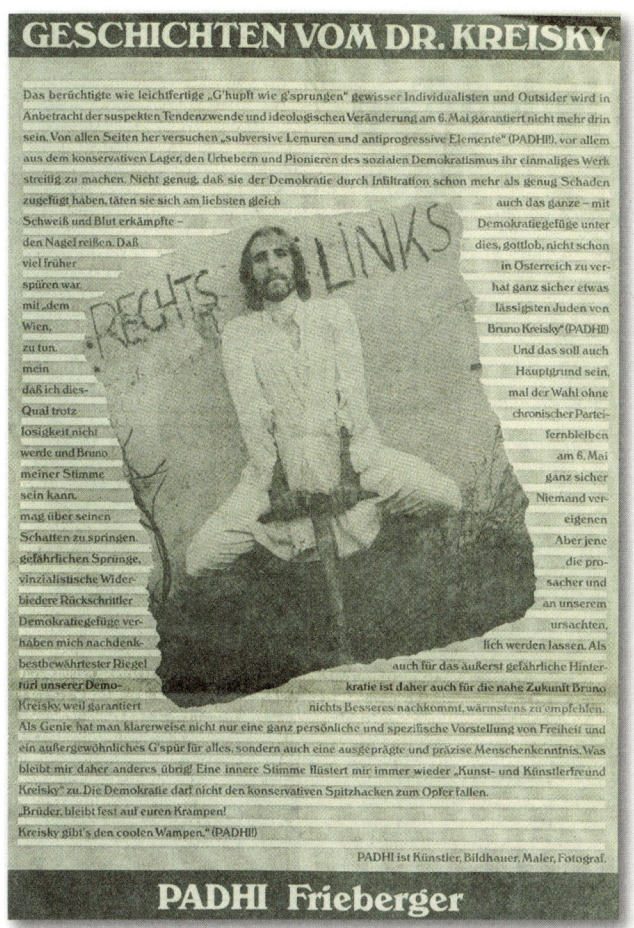

Für die Wiederwahl des „Sonnenkönigs" Kreisky 1979 lässt sich der „Herr Udo" – wie er in den Räumlichkeiten des Demel und des Club 45 genannt werden will – denn auch etwas Besonderes einfallen. Die Idee ist damals noch neu: Prominente sollen in führenden, auflagenstarken Zeitungen Wahlhilfe leisten. Künstler, Sportler, Intellektuelle und Wirtschaftsgrößen sollen in möglichst persönlich gehaltenen Statements erklären, warum sie Kreisky unterstützen. Udo übernimmt die gesamte Planung und beauftragt eine Schweizer Firma mit der Durchführung des Projekts. Vorgesehen sind 25 halbseitige Einschaltungen in der „Kronen Zeitung", 25 viertelseitige im „Kurier", 12 viertelseitige in der „Presse" und weitere Anzeigen im „profil", im „Trend" und in der „Wochenpresse". Die präsumtiven Autoren unterzeichnen einen Vertrag mit dem Text:

Ich erkläre mich bereit, meine Überzeugung, daß Dr. Kreisky auch in der nächsten Legislaturperiode Bundeskanzler bleiben soll, in einem Statement mit entsprechender Begründung bzw. diese meine Meinung in einem Interview darzulegen.

Ich erkläre weiters meine Zustimmung, daß dieses Statement oder Interview samt meinem Bild in Form von PR, Inseraten oder Artikeln, allerdings nicht auf meine Kosten, veröffentlicht wird.

André Heller, Erika Pluhar, Teddy Podgorski und Erich Sokol, Curd Jürgens, Friedrich Torberg, Kurt Kalb, Burgtheater-Direktor Achim Benning, VOEST-Alpine-Generaldirektor Heribert Apfalter, Hans Peter Daimler, Senta Berger, Christiane Hörbiger, Fußballer Walter Schachner sowie „Opernführer" Marcel Prawy erzählen in der Folge ihre „Geschichten vom Dr. Kreisky" öffentlichkeitswirksam mit diversen Lobpreisungen seiner Fähigkeiten und Verdienste. Exemplarisch sei hier das Zitat von Udo Proksch aus der „Kronen Zeitung" vom 18. April 1979 angeführt, der selbstredend ebenfalls einer der Unterstützer ist:

Ich mag Kreisky, weil er tolerant ist. Er hat keine erotische Liaison mit der Macht. Ich mag Kreisky, weil er mehr als nur Esprit ist. Er ist musisch, ja schöpferisch. Ausgestattet mit einem „feeling" für die echten Probleme und einem variantenreichen Repertoire, sie zu lösen. So facettenreich der Kanzler ist, ist er doch homophon. Kreisky ist erfolgreich. Das zählt.

Die Kampagne ist ein gefundenes Fressen für die Karikaturisten, aber auch für die kritische politische Auseinandersetzung der schreibenden Zunft. Alfred Payrleitner fragt in einem Kommentar im „Kurier" vom 2. Mai 1979:

Steht vielleicht eine neue Kaiserkrönung zu Aachen bevor? Wird Bruno zum Herrscher der Welt gewählt ...? Keine Spur. Aber es soll nur ein bisserl vergessen gemacht werden, daß ... die nächste Steuererhöhung mit absoluter Sicherheit bevorsteht. ... Aber das sind ja alles Kleinigkeiten, perspektivlose Wadelbeißereien. Wo wir doch einen Kanzler haben, der genauso gut auch US-Präsident, Papst oder König von England sein könnte. Und das deutsche Wochenmagazin „Spiegel" titelt seinen Bericht mit *Eine Art männlicher Maria Theresia*, um dann zu schreiben: *Es geht um Sicherheit bis hin zur Furcht vor der geringsten Störung des Status quo. Wie es ist, so soll es bleiben.*

In den Erhalt des Status quo – also der Kanzlerschaft Kreiskys – fließen allein für diese Kampagne insgesamt rund fünf Millionen Schilling (umgerechnet etwa 820.000 Euro) – keine Kleinigkeit für diese Zeit. In den Medien beginnt das große Rätselraten über die Financiers. Auslandsösterreicher seien es, die dem Kanzler zu Dank verpflichtet seien, oder war es doch Formel-1-Weltmeister Niki Lauda? Dazu sagt Udo lapidar: *Probieren Sie einmal, sich von Niki Lauda fünfzig Schilling auszuborgen!*

Kreisky selbst will übrigens von der ganzen Sache nichts gewusst und damit auch nichts zu tun haben, wenngleich ihm die Bemühungen selbstverständlich sehr gefallen. Bei seinen Förderern bedankt er sich nach der Wahl sogar mit einem Empfang im Bundeskanzleramt (mit Demel-Catering?).

Sein ÖVP-Herausforderer Josef Taus macht die Kampagne in der Fernsehkonfrontation vor der Nationalratswahl zum Thema und wirft der SPÖ vor, den prominenten Wahlkampf-Unterstützern die Worte in den Mund zu legen und auch finanziell hinter der ominösen ausländischen Treuhand-Konstruktion zu stecken. Kreisky bleibt gelassen: *die Texte werden nicht mit der Sozialistischen Partei akkordiert, die sieht niemand vorher, ich auch nicht. Das ist eine Initiative, die die Beteiligten selbst ergriffen haben, und ich kann jeden Eid darauf schwören, daß ich die Texte vorher nicht gesehen habe.*

Im Bundeskanzleramt: Bruno Kreisky, Erika Pluhar, Susi Nicoletti, Friedensreich Hundertwasser, 1979

Damit ist Kreisky offenbar nicht allein. Auch die Unterstützer selbst dürften das eine oder andere Mal überrascht sein, als sie ihre eigenen Erklärungen zu Gesicht bekommen. Als etwa vom damaligen Burgtheater-Direktor Achim Benning zu lesen ist: *... aus einem erstarrten, verkrusteten Staatsgebilde, geprägt durch bürgerliche Alleinregierung und große Verhinderungskoalition, hat sich ein modernes Staatswesen entwickelt. ... Man stabilisiert die Demokratie in Österreich, indem man an Bruno Kreisky als Bundeskanzler festhält*, bricht eine innenpolitische Kontroverse los. Benning wird von der Opposition Opportunismus vorgeworfen, er wird zum Rücktritt aufgefordert. Der Burgtheater-Chef rechtfertigt sich: Dieser Teil des Textes sei gar nicht von ihm, er hätte es anders formuliert.

Der wahre Autor der „Geschichten vom Dr. Kreisky" ist nämlich ein freischaffender Journalist, über dessen Arbeit Josef Votzi im „profil" ätzt: *Ein Märchenonkel geriet über den anderen in Verzückung.*

Wie die Geschichte zeigt, hat die Unterstützung Marke Udo jedenfalls nicht geschadet – weder Proksch noch Kreisky. Für den Club 45 sollten trotzdem harte Zeiten anbrechen, als nur wenig später die Republik von einem der größten Skandale ihrer Geschichte erschüttert wird.

Der AKH-Skandal

Sehr geehrtes Clubmitglied!
Die Vorfälle um das Allgemeine Krankenhaus und der Umstand, daß über drei Mitglieder unserer Vereinigung die Untersuchungshaft verhängt wurde, führten zu einer Reihe von Publikationen über unseren Club. Der Clubvorstand wurde mit der Frage befaßt, inwieweit auf unrichtige Zeitungsmeldungen entgegnet bzw. mit Klagen vorgegangen werden soll.

Ein besonders unerfreuliches Ereignis in diesem Zusammenhang soll jedoch nach Ansicht der Clubleitung Anlaß für eine entsprechende sofortige Aktion seitens der Clubmitglieder sein. Ausgerechnet der Sekretär der Vereinigung Österreichischer Industrieller, Herr Dr. Herbert Krejci, hat in einer Fernsehsendung des Club 2 vom 27. Juli 1980 unter anderem folgendes gesagt: „Man kann die Mafia lokalisieren. Sitz der Mafia ist am Kohlmarkt in dem berühmten Club 45. Dort gehen nämlich die Herren aus und ein, die für diese (AKH-)Geschäfte verantwortlich sind."

Das schreibt der Clubvorstand 1980 an seine Mitglieder und stellt in Aussicht, dass die Anwälte, die dem Club angehören, allfällige Privatklagen von Mitgliedern übernehmen und einbringen – lediglich gegen Ersatz der Stempelgebühren und Barauslagen.

Zu derartigen Privatklagen kommt es in der Folge aber nicht – weil nur „einfache Mitglieder", nicht aber ausreichend Vorstandsmitglieder eine Klagsermächtigung erteilen.

Im Club kocht jedenfalls die Luft, erst recht, als in der U-Haft-Begründung des Richters für einige Verdächtige im AKH-Skandal nachzulesen ist, ... *bildeten das Korruptionskartell rund ums*

August 1980

Sehr geehrtes Clubmitglied !

Die Vorfälle um das Allgemeine Krankenhaus und der Umstand,
daß über drei Mitglieder unserer Vereinigung die Untersuchungshaft verhängt wurde, führten zu einer Reihe von Publikationen
über unseren Club. Der Clubvorstand wurde mit der Frage befaßt,
inwieweit auf unrichtige Zeitungsmeldungen entgegnet bzw. mit
Klagen vorgegangen werden soll.

Ein besonders unerfreuliches Ereignis in diesem Zusammenhang
soll jedoch nach Ansicht der Clubleitung Anlaß für eine entsprechende sofortige Aktion seitens der Clubmitglieder sein.
Ausgerechnet der Sekretär der Vereinigung Österreichischer
Industrieller, Herr Dr.Herbert Krejci, hat in einer Fernsehsendung des Club 2 vom 27.Juli 1980 unter anderem folgendes
gesagt: "Man kann die Mafia lokalisieren. Sitz der Mafia ist am
Kohlmarkt in dem berühmten Club 45. Dort gehen nämlich die Herren
aus und ein, die für diese (AKH-)Geschäfte verantwortlich sind."

Eine große Anzahl von Mitgliedern hat ihrerseits verlangt, daß
gegen Herrn Krejci mit Klage vorgegangen werde.

Die Anwälte, welche unserem Club als Mitglieder angehören, haben
sich bereit erklärt, die Vertretung der Mitglieder zu übernehmen
und die entsprechenden Privatanklagen einzubringen.

Die Klagemöglichkeit sämtlicher Clubmitglieder resultiert aus
Entscheidungen des Obersten Gerichtshofes, veröffentlicht in den
Juristischen Blättern 1978, Seite 236 und Seite 326. Eine über
die Barauslagen (Stempelmarken) hinausgehende Kostenbelastung für
unsere Anwälte tritt für das einzelne Mitglied nicht ein.

b.w.

Wien, 4.September 1980

Sehr geehrtes Clubmitglied !

Ich gebe bekannt, daß, entgegen unserer ursprünglichen Absicht, von der Einbringung von Privatanklagen gegen den Generalsekretär der Vereinigung Österreichischer Industrieller, Herrn Dr.Krejci, Abstand genommen wurde.

Der Grund hiefür liegt darin, daß außer unserem Vorstandsmitglied Dr.Gerhard Hellwagner, Richter im Evidenzbüro des Obersten Gerichtshofes, und dem Unterfertigten keines der Vorstandsmitglieder eine Klagsermächtigung erteilt hat.

Ich danke in diesem Zusammenhang den etwa 60 Clubmitgliedern, die eine Klagsermächtigung erteilt haben. Ich bitte aber um Verständnis, daß eine Klage wegen einer sogenannten Kollektivbeleidigung schwerlich erfolgreich geführt werden kann, wenn nur die "einfachen Mitglieder", nicht aber die Vorstandsmitglieder klagen. Es mag sein, daß die urlaubsbedingte Abwesenheit teilweise an der Nichterteilung der Vollmachten Schuld trägt, solche Motive sind aber letztlich rechtlich irrelevant.

An diejenigen unserer Mitglieder, welche uns Vollmachtsformulare übersandt haben, werden diese mit Dank retourniert.

Dr.Hellwagner und ich haben jedoch persönlich geklagt und wir werden das Risiko einer Prozeßführung alleine tragen und unsere Mitglieder über den Sachausgang verständigen.

Die Verbesserung der Kommunikation unter den Clubmitgliedern wird Gegenstand unserer Bemühungen im kommenden Jahr sein.

Infolge Rücklegung von Funktionen im Clubvorstand ist eine Ergänzungswahl notwendig geworden, die statutarisch nur in Form einer außerordentlichen Hauptversammlung erfolgen kann.

- b.w.-

Die Einladung zur Hauptversammlung wird Ihnen mit getrennter Post zugehen, ich möchte aber schon jetzt im Sinne der Bestrebungen, das Clubleben zu intensivieren, um eine möglichst zahlreiche Teilnahme bitten.

Unser in Planung befindliches, umfangreiches Veranstaltungsprogramm hängt noch von der Zusage der Referenten ab, sodaß ich mit der Bekanntgabe noch etwas zuwarte. Ich kann aber schon jetzt sagen, daß in diesem Jahr Kamingespräche, kulturelle und gesellschaftliche Veranstaltungen in reicherem Maße als im Vorjahr stattfinden werden !

Mit freundlichen Grüßen

Dr. Heinz Damian
(Schriftführer)

i.A. D.Rinesch
(Clubsekretariat)

AKH. Als Nährboden dafür gab es Freundschaften untereinander, Möglichkeiten von Einflussnahmen (auf Auftragsvergaben und Schmiergeldzahlungen) ihren Firmen gegenüber, einen gesicherten sozialistischen Background (etwa durch den Club 45 oder Pro-forma-Mitgliedschaft bei der SP ... und ein solchen Machenschaften gegenüber völlig hilfloses System mangelnder Kontrolle durch die öffentlichen Körperschaften.

Als zentrale Figuren des ganzen Skandals entpuppen sich bald (Club-45-Mitglied) Adolf Winter und (Club-45-Mitglied) Siegfried Wilfling. Als 1972 nach jahrelangen Verzögerungen der Bau endlich in die Gänge kommen soll, beauftragt die Stadt Wien die Wiener Magistratsabteilung 17 mit der Durchführung der Planung für den Bau des AKH. Bis 1975 werden zwar überteuerte externe Gutachten erstellt, aber der Baufortschritt bleibt mäßig. Also gründen Bund und Stadt Wien gemeinsam eine AG, genannt AKPE. Chef dieser Firma wird der Magistratsbeamte der Stadt Wien Adolf Winter, auf den auch die Idee für diese Art der Abwicklung zurückgeht. Die AKPE gibt zunächst einmal wieder ein teures Gutachten in Auftrag – bei einem Konsortium namens Odelga-ÖKODATA. Und der Chef der Odelga ist Siegfried Wilfling, der gleichzeitig als Konsulent der AKPE, als Konsulent der Stadt Wien und als Vertreter der Stadt Wien im Aufsichtsrat der AKPE agiert – ein klassischer Interessenkonflikt.

Adolf Winter bereitet sich schon 1972 auf seine Machenschaften vor: Er gründet durch einen Strohmann eine Briefkastenfirma in Liechtenstein, später eine zweite. Auf beide Konten fließen in den folgenden Jahren Überweisungen von Firmen, die Bauaufträge für das AKH erhalten haben. Von dort wird das Geld an Konten in der Schweiz, in Griechenland, in der Bundesrepublik Deutschland und auch in Österreich überwiesen und teilweise als Schweigegeld an die involvierten Personen der einzelnen Baufirmen zurückgezahlt. Insgesamt etwa 40 Millionen Schilling (umgerechnet rund 10 Millionen Euro) kommen so zusammen. Zudem lässt sich Winter sein privates Umfeld und das seiner engsten Freunde von den involvierten Baufirmen gratis verschönern.

Und Wilfling wird von der Stadt Wien mit der Funktion des Bereichsleiters für das Spitalswesen belohnt und darf nebenbei noch gegen Honorar seine Tätigkeit als Konsulent für die Stadt Wien ausüben.

Der dritte Mann im Bund der involvierten Club-45-Mitglieder ist Erich Zelniczek, der Vertriebsdirektor der Telefon-Firma ITT.

Aufgedeckt wird der Skandal von dem Starjournalisten Alfred Worm. Der erste „profil"-Bericht dazu erscheint im April 1980. Die Story wird auch zu einem Meilenstein des heimischen Journalismus. Denn Alfred Worm bedient sich eines umstrittenen Mittels, um an Informationen heranzukommen. Er trifft sich mit Adolf Winter in einem Wiener Café und konfrontiert ihn mit seinem Wissen: Er – Winter – habe illegale Provisionen erhalten. Winter schlägt einen Tauschhandel vor: Er verspricht Informationen über unerlaubte Einflussnahmen eines Sektionschefs im Finanzministerium bei der Vergabe von Aufträgen im Rahmen des AKH-Baus, wenn Worm im Gegenzug sein Wissen über ihn – Winter – bei sich behält. Was Winter nicht weiß: Worm zeichnet das Gespräch mit einem versteckten Tonband auf, um sicherzustellen, dass Winter seine Aussagen nicht im Nachhinein abstreitet. Dass auf dem Tonband nichts als Tellerklappern und Gemurmel zu vernehmen ist, gesteht Alfred Worm erst Jahre später ein. Das tut dem Fortgang der Geschichte auch keinen Abbruch. Worm setzt alles auf eine Karte und blufft erfolgreich: Mit der folgenden Veröffentlichung des Quasi-Schuldeingeständnisses Winters kommt der AKH-Skandal so richtig ins Rollen, und damit gerät der Club 45 immer mehr in ein schiefes Licht.

Im April 1981 veröffentlicht Alfred Worm übrigens sein Buch über den AKH-Skandal und schickt Udo ein Exemplar zu. Worms handschriftlich verfasste Begleitkarte lässt keine Zweifel darüber offen, wo er die Fäden der Affäre zusammenlaufen sieht: *Ohne*

Udo keinen Club 45, ohne Club 45 keinen Winter, ohne Winter keinen AKH-Skandal, ohne AKH-Skandal kein Buch „Der Skandal". Lieber Herr Proksch! profil und ich danken. Ihr Alfred Worm.

Plötzlich ist Udo nicht mehr auf den Society-Seiten der Zeitungen zu finden, sondern in langen ausführlichen Artikeln der Polit-Magazine, die den Club 45 als „Staat im Staat", als gehei-

DEMEL
K.u.K. HOFZUCKERBÄCKER
· WIEN ·

An die
Republik Österreich
zu Handen des Herrn
Präsidenten des Nationalrates Anton BENYA
Parlamentsgebäude
1010 W I E N

Wien, am 24. März 1981

Sehr geehrter Herr Präsident!

Vom Untersuchungsausschuss im Zusammenhang mit dem Bau des Allgemeinen Krankenhauses in Wien wurde ich für heute als Zeuge vorgeladen.

Da bei Beweiserhebungen durch den Untersuchungsausschuss die Bestimmungen der Strafprozessordnung über das Beweisverfahren in der Hauptverhandlung vor den Gerichtshöfen 1. Instanz sinngemäss anzuwenden sind, die Hauptverhandlung gemäss § 228 Strafprozessordnung öffentlich ist, meine Zeugeneinvernahme jedoch in nicht öffentlicher Verhandlung vor sich gehen soll, protestiere ich dagegen, unter diesen gesetzwidrigen Umständen auszusagen.

Der Zweck einer nicht öffentlichen Verhandlung liegt in der Wahrung der Vertraulichkeit. Wie sich jedoch zeigte, wird dieses Gebot durch den Untersuchungsausschuss in keiner Weise beachtet. Ich ziehe daher einer

Seite 2

DEMEL
K. u. K. HOF-LIEFERANT
° WIEN °

Seite 2

möglicherweise entstellten und einseitig gefärbten Wiedergabe meiner Aussage die volle Öffentlichkeit vor, da ich ansonsten, wie bereits existente Beispiele zeigen, erhebliche persönliche Nachteile befürchte.

Die (nur für normale, nicht also auch für Untersuchungs-) Ausschüsse geltende Bestimmung des § 37 Geschäftsordnungsgesetz hat gemäss § 33 Abs. 4 des zitierten Gesetzes gegenüber den Bestimmungen der StPO über die Hauptverhandlung, darunter insbesondere die des auf Art. 90 Abs. 1 B-VG zurückgehende grundlegende Vorschrift des § 228 über die Öffentlichkeit, zweifellos zurückzustehen.

Mit vorzüglicher Hochachtung,

Ergeht gleichlautend an:
1) Herrn Bundesminister für Inneres
   Erwin Lanc
2) Untersuchungsausschuss
3) Massenmedien

P.S. Bitte folgende Literatur beachten:

Untersuchungsausschuss Senator McCarthy,
1950, Washington, D.C., USA

Michael Tuchatschewskij, Marschall,
Moskau 1936/37, UdSSR

Roland Freissler, Präsident des sogenannten
Volksgerichtshofes, Berlin, 1944/45

Österr. Strafprozessordnung

mes Machtzentrum und als geheime Männerverschwörung darstellen.

Auf der politischen Ebene folgt der Veröffentlichung des Skandals ein parlamentarischer Untersuchungsausschuss unter dem Vorsitz des damaligen FPÖ-Chefs Norbert Steger, und parallel dazu beginnt bald die gerichtliche Aufarbeitung. Dass Udo vor den Untersuchungsausschuss geladen wird, behagt ihm offenbar gar nicht. Er schreibt 1981 einen offenen Brief auf Demel-Briefpapier und richtet ihn *An die Republik Österreich, zu Handen des Herrn Präsidenten des Nationalrates Anton BENYA, Parlamentsgebäude, 1010 Wien.* Darin erklärt er unter Angabe aller nötigen Paragrafen der Strafprozessordnung und diverser Präzedenzfälle aus den USA, aus der UdSSR und aus Deutschland, dass er die ihm zustehende Vertraulichkeit bei einer Aussage vor dem Ausschuss nicht gewährleistet sehe, und erhebt Einspruch dagegen, *unter diesen gesetzwidrigen Umständen auszusagen. ... Ich ziehe daher einer möglicherweise entstellten und einseitig gefärbten Wiedergabe meiner Aussage die volle Öffentlichkeit vor, da ich ansonsten, wie bereits existente Beispiele zeigen, erhebliche persönliche Nachteile befürchte.*

Der Brief ergeht gleichlautend an den Untersuchungsausschuss, die Massenmedien und an den Bundesminister für Inneres, (Club-45-Mitglied) Erwin Lanc.

Die Öffentlichkeit hat aber zu diesem Zeitpunkt längst ihr Urteil gefällt: *Im Club 45 liefen die Fäden des AKH-Skandals zusammen*, schreibt der „Kurier" schon im Sommer 1980. Der Club 45 versucht, mit verstärkten Aktivitäten seine Krise zu bewältigen. Nach einer außerordentlichen Hauptversammlung Ende 1980 notiert der Schriftführer im Protokoll: *besonders gut besucht ... Diskussion über aktuelle Clubprobleme* fand *eine rege Beteiligung. Besonders eindrucksvoll war das Bekenntnis unseres Präsidenten, Bürgermeister Leopold Gratz, zu unserem Freundeskreis, ungeachtet oder gerade im Hinblick auf die bekannten, gehässigen Presseangriffe.*

Die Affäre wird die Innenpolitik noch lange beschäftigen. 1982 muss sich Kanzler Kreisky im Nationalrat Fragen der Abgeordneten gefallen lassen, unter anderem auch, ob im Zuge der ganze Affäre auch das Geld für die Wahlkampagne „Geschichten vom Dr. Kreisky" geflossen sei. Der Kanzler verneint energisch.

Und der AKH-Skandal macht auch einer Geschäftsanbahnung ein Ende, für die sich Udo eine mächtige Frau ausgesucht hat:

Imelda Marcos

Lieber Herr Proksch! Ich habe vor einigen Tagen eine Einladung von Präsident MARCOS zu einem offiziellen Besuch in Manila erhalten. Das schreibt Bundeskanzler Bruno Kreisky in einem Brief vom 21. März 1979 an Udo. Er wolle die Einladung gerne annehmen – *wenn es irgendwie geht, noch in diesem Jahr.* Und

Mit Imelda Marcos beim Wiener Opernball, 1979

BRUNO KREISKY

Wien, am 21.März 1979

Lieber Herr Proksch !

Ich habe vor einigen Tagen eine Einladung von Präsident MARCOS zu einem offiziellen Besuch in Manila erhalten. Ich freue mich ausserordentlich über diese Einladung und bin fest entschlossen, sie - wenn es irgendwie geht - noch in diesem Jahr anzunehmen. Das hängt natürlich vom Ausgang der Wahlen ab. Jedenfalls werde ich die Einladung in offizieller Form beantworten. Ich wäre aber dankbar, wenn Sie schon anlässlich Ihres Besuches in Manila von meiner Bereitschaft den Präsidenten zu besuchen, Mitteilung machen könnten. Ich werde mich ausserdem freuen, Frau Imelda MARCOS wiederzusehen, die hier in Österreich den hervorragendsten Eindruck - und das in jeder Beziehung - hinterlassen hat.
    Ich wünsche Ihnen eine gute Reise.
                   Leben Sie recht wohl,

Herrn
Udo PROKSCH
<u>W i e n</u>

Udo möge doch anlässlich seines Manila-Besuches von seiner – Kreiskys – Bereitschaft Mitteilung machen. Er freue sich im Übrigen, *Frau Imelda MARCOS wiederzusehen, die hier in Österreich den hervorragendsten Eindruck – und das in jeder Beziehung – hinterlassen* habe.

Damit bezieht sich Kreisky auf den Besuch von Imelda Marcos in Wien Anfang 1979.

Die Frau des damaligen philippinischen Präsidenten Ferdinand Marcos besucht in Wien den Opernball, wo sie auch ein Tänzchen mit Udo wagt, und ihr zu Ehren wird ein *Abendempfang im Demel auf Einladung von privater Seite* organisiert, wie es in der Einladung heißt. Der eigentliche Zweck der Reise ist freilich ein anderer: Eine Reihe von Betriebsbesuchen steht auf dem Programm, ebenso wie Gespräche mit dem Bundespräsidenten, dem Bundeskanzler und dem Vizekanzler. Bei dieser Gelegenheit sollen Absichtserklärungen für gemeinsame Projekte unterzeichnet werden, an denen mehrere österreichische Firmen teilnehmen sollen: unter anderem die aus dem AKH-Skandal bekannte ODELGA und die Firma Johann Prutscher. Es geht um 13 Provinz-Spitäler mit je 200 Betten, um eine Einwegspritzen-Fabrik und um eine Müll-Recycling-Anlage.

Imelda Marcos' politisches Pouvoir geht weit über das übliche einer Präsidentengattin hinaus. Als Gouverneurin der Hauptstadtprovinz Manila schaltet und waltet sie nach eigenem Gutdünken, nicht ohne selbst bei jedem Auftrag mit zu profitieren. Ihr Land schafft es regelmäßig an die Spitze der Liste der korruptesten Staaten der Welt, das Marcos-Regime herrscht mit aller Brutalität einer Militär-Diktatur, und Imelda ist ihr Gesicht und ihre Stimme nach außen. Die ehemalige Schönheitskönigin pflegt persönliche Kontakte zu den Mächtigsten der Welt: US-Präsident Ronald Reagan und seine Frau Nancy gehören zu ihrem Freundeskreis, und sie verkehrt mit Chinas führendem Politiker des 20. Jahrhunderts Mao Tse-tung, mit Andrei Gromyko, dem damaligen Außenminister der Sowjetunion und späteren Vorsitzenden des obersten Sowjet, mit Libyens Staatschef Muammar al-Gaddafi und Kubas Präsident Fidel Castro. Die Weltbank schätzt, dass die Marcos ihrem Land mindestens zehn Milliarden Dollar abgepresst haben.

Vermutlich hätte Imelda Marcos auch am Geschäft mit den Österreichern kräftig mitverdient, wäre es denn zustande gekommen. Die Voraussetzungen sind gegeben: Anfang 1980 absolviert Bundeskanzler Kreisky seinen Besuch bei Präsident Marcos in Manila, die beiden Politiker verleihen einander die jeweils höchsten Orden ihrer Länder. Aber dann fliegt der AKH-Skandal auf und setzt den Bemühungen ein Ende. Zu einem weiteren Imelda-Besuch in Wien kommt es nicht mehr. Zum Trost schickt Udo der Präsidentengattin im August ein großzügiges Paket mit Demel-Leckereien, laut Pro-forma-Rechnung im Wert von 2400 Schilling (zirka 370 Euro), und versichert im englischen Begleittext: Es tut uns so leid, dass Sie nicht gekommen sind. Wir hoffen, dass es Ihnen und dem Präsidenten gut geht. Beste Grüße und Wünsche aus Wien sendet Udo Proksch-Kirchhofer.

Die Kontakte, die Udo damals pflegt, könnten ihn später veranlasst haben, im Zuge der „Lucona"-Ermittlungen ausgerechnet auf die Philippinen (und in die USA) zu flüchten. Da sind Präsident Marcos und seine berühmte Frau allerdings schon mit US-Hilfe aus dem Land geflohen, vertrieben von einem Aufstand ihres unterdrückten Volkes.

Der Kontakt zu den Marcos ist wohl über Niki Lauda zustande gekommen. Jedenfalls ist das in einer eidesstattlichen Erklärung von Udo aus dem Jahr 1983 nachzulesen. Er verfasse diese Erklärung über Ersuchen des Rechtsanwaltes der Firma Johann Prutscher, schreibt Udo, um *wahrheitsgemäße Auskunft über die mir bekannten Aktivitäten des Herrn Niki Lauda für die Firma Johann Prutscher* zu geben.

Er selbst, Udo, habe als Bevollmächtigter der Firma Niki Lauda Limited Hongkong 1977 in Zürich eine Vereinbarung mit der Firma Prutscher abgeschlossen und unterschrieben. Die Verbin-

Ch. Demel's Söhne
Zuckerbäcker
Wien I. Kohlmarkt 14

Madame
Imelda Romualdes Marcos
Minister of Human Settlements
and Governor of Metro Manila

Malacañan Palace
MANILA

PHILIPPINES

---

2 große Margeriten
3 × Autoschokolade
4 kleine Grillage
2 Bonbonkistere Gr.4
1 × Hofburg
1 Holzkistel (4 kl. So.dr)
1 Hauptheaterlinzer

1 Demelhaus Bonbonière

14. 8. 80

J Bittel   № 13478   Her UDs

Saldierblock   № 13478   Bezahlt am:
Verkäuferin:

Madame
Imelda Romualdes Marcos
Minister of Human
Settlements and
Governor of Metro Manila

Malacañan Palace
Manila

Dear Madam,

we are so sorry that you did not come, we hope that you and Mr. President are well, best regards and greetings from Vienna sends

Udo Proksch-Kindlkofer

14/8/1980

```
Madame
Imelda Romualdes Marcos
Minister of Human Settlements
and Governor of Metro Manila

Malacanan Palace
M A N I L A

PHILIPPINES

                              Vienna, 14. August 1980

PROFORMA - INVOICE
(present free of charge)

17 different boxes with pralines(chocolates)

                    total A.S. 2.400.—
                    ======================


with compliments,

CH. DEMEL's SÖHNE GesmbH
```

dung zwischen der Firma Prutscher und Frau Marcos habe im Sinne dieser Vereinbarung Niki Lauda angebahnt. Lauda habe auch einen Geschäftsbesuch von Udo und Prutscher in Manila in die Wege geleitet und die beiden Herren persönlich via Bangkok dorthin fliegen wollen. In Bangkok muss Lauda wegen eines Defekts am Flugzeug zurückbleiben, die beiden Herren reisen allein nach Manila weiter, *um das durch Herrn Niki Lauda eingeleitete umfangreiche Geschäftsgespräch führen zu können.*

Auf dem Rückweg treffen die beiden Männer in Djakarta mit dem indonesischen Vizepräsidenten zusammen, auch dieses Gespräch kommt durch Lauda zustande, und es bestehen Aussichten auf größere Spitalsgeschäfte in Indonesien.

Für die zweite Hälfte des Jahres 1980 – so Udo weiter in seiner Erklärung – habe Lauda für die Firma Prutscher in Saudi-

E R K L Ä R U N G   A N   E I D E S   S T A T T
==

Über Ersuchen des Rechtsanwaltes der Firma Johann Prutscher Wien um wahrheitsgemäße Auskunft über die mir bekannten Aktivitäten des Herrn Niki Lauda für die Firma Johann Prutscher im Sinne der am 16.11.1977 zwischen der Firma Niki Lauda Limited Hongkong und der Firma Johann Prutscher in Zürich unterschriebenen Vereinbarung, erkläre ich, Udo Proksch, auch Serge Kirchhofer, auf Grund meiner damaligen persönlichen Wahrnehmung folgendes an Eides statt:

1) Am 16.11.1977 habe ich persönlich in Zürich auf Grund einer mir durch den Rechtsvertreter der Niki Lauda Limited Hongkong erteilten Telex-Vollmacht für diese von mir vertretene Firma die Vereinbarung mit der Firma Johann Prutscher abgeschlossen und unterschrieben. Diese Urkunde ist weder im Original, noch in beglaubigter Abschrift nach Österreich gebracht worden, da jeder Vertragsteil diese in der Schweiz aufbewahrt.

2) Die Verbindung zwischen der Firma Prutscher und Frau Ismelda Marcos, Gattin des Präsidenten der Philippinen, hat im Sinne der eingangs erwähnten Vereinbarung Herr Niki Lauda angebahnt. Er hat in der Folge einen Geschäftsbesuch des Herrn Hans Christoph Prutscher in Manila für Mitte November 1978 vereinbart. Herr Hans Christoph Prutscher und ich flogen daher mit einer Maschine des Herrn Niki Lauda Mitte November 1978 mit diesem von Wien nach Manila. In Bangkok mußte Herr Lauda mit seiner Maschine aus technischen Gründen zurückbleiben, konnte daher unvorhergesehener Weise nicht mit nach Manila kommen und mußte direkt von Bangkok aus nach Wien zurückkehren, sodaß Herr Prutscher und ich allein nach Manila weiterreisen mußten, um das durch Herrn Niki Lauda eingeleitete umfangreiche Geschäftsgespräch führen zu können.

3) Für die selbe Reise hatte Herr Niki Lauda auch eine Geschäftsverbindung zum damaligen indonesischen Vizepräsidenten, Herrn Malik, angebahnt. Auf der Rückreise von Manila fuhren wir nach Djakarta. Dort fand dieses Geschäftsgespräch mit Herrn Vizepräsident Malik über größere Spitalsgeschäfte in Indonesien mit Aussicht auf positive Fortsetzung statt.

4) In der zweiten Jännerhälfte des Jahres 1980 hatte Herr Niki Lauda für die Firma Prutscher in Saudi Arabien eine geschäftliche Verbindung mit dem Prinzen Badr angebahnt. Es war vereinbart, daß Herr Hans Christoph Prutscher und ich auf der Rückreise von einem neuerlichen Geschäftsbesuch in Manila nach Wien in Saudi Arabien Zwischenstation machen. Dorthin hatte sich für den selben Zeitpunkt Herr Niki Lauda mit seinem Flugzeug von Wien aus direkt begeben, um dort nochmals persönlich für das Funktionieren dieser Geschäftsanbahnung zu sorgen, was er auch tat. Dieses geschäftliche Gespräch fand statt. Es zeitigte vollen Erfolg. Hiebei ging es um die Führung und Organisation zweier Krankenhäuser mit je 500 Betten in Riyad und Jeddah. Die Verhandlungen erwiesen sich als so aussichtsreich, daß bereits erste schriftliche Vereinbarungen vorlagen. Erst im Zusammenhang mit den sogenannten AKH-Ereignissen sind diese Aktivitäten zum Stillstand gekommen.

Diese meine wahrheitsgemäßen Angaben kann ich unter Zeugenpflicht jederzeit vor der Abgabenbehörde bestätigen.

Wien, am 24.1.1983

Arabien eine geschäftliche Verbindung mit dem Prinzen Badr angebahnt. Hans Christoph Prutscher und Udo treffen auf der Rückreise von einem neuerlichen Manila-Besuch in Saudi-Arabien mit dem Prinzen und mit Lauda zusammen. Es geht um die Führung und Organisation zweier Krankenhäuser mit je 500 Betten in Riyad und in Jeddah. *Die Verhandlungen erwiesen sich als so aussichtsreich, daß bereits erste schriftliche Vereinbarungen vorlagen. Erst im Zusammenhang mit den sogenannten AKH-Ereignissen sind diese Aktivitäten zum Stillstand gekommen*, erklärt Udo zum Abschluss und vermerkt noch, diese seine wahrheitsgemäßen Angaben unter Zeugenpflicht jederzeit vor der Abgabenbehörde bestätigen zu können.

Der Grund für diese eidesstattliche Erklärung könnte eine Untersuchung der Steuerbehörden gegen Niki Lauda gewesen sein – zu dieser Zeit startet Österreichs Fiskus eine Aktion Scharf gegen Prominente, die versuchen, ihre Einkünfte steuerschonend im Ausland anzulegen. Und Niki Lauda bekennt freimütig, er habe eine Firma in Hongkong gegründet, weil dies das einzige Land der Welt sei, wo man unter sieben Prozent Steuern zahle.

Udo macht sich also für zahlreiche Freunde stark, und spätestens zu dieser Zeit wird rückblickend klar: Er ist nicht nur der harmlose Scharlatan, der Partylöwe und der exzentrische Künstler, als den ihn viele darstellen wollen. Udo hat seine Finger in der Politik, in großen Geschäften – auch wenn daraus häufig nichts wird – er ist durchaus in der Lage, Dinge akkurat zu planen und durchzuziehen, und er hat keine Skrupel, sich seiner Freundesnetzwerke ausgiebig zu bedienen.

Der Auto-Plan

Mit Niki Lauda verbindet Udo übrigens noch mehr: Hat er im Demel noch Feste zu Ehren des Weltmeisters gegeben, so konzentriert sich die Beziehung später vor allem auf erträumte Geschäf-

Serge Kirchhofer

29 Mai 1977

V E R E I N B A R U N G

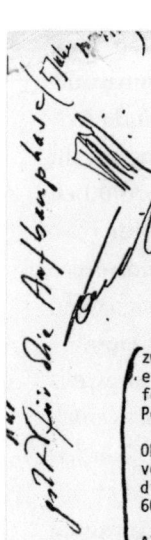

zwischen Niki Lauda und U. Proksch-Kirchhofer betreffs Projekt eine Automobilfabrik in Österreich (Raum Wien) und den daraus folgende Geschäften unter dem derzeitigen Arbeitstitel "Austro-Porsche" oder "Austro-Daimler" oder "Austro-Lauda", o.ä.

Obengenannte Herren verpflichten sich einen Teilungsschlüssel von 60% - 40% für alle Einnahmen, Beteiligungen, ~~~~~~~, usw. die das obengenannte Projekt betreffen, anzuwenden. Das heißt 60% für Herrn Niki Lauda, 40% für Herrn U. Proksch-Kirchhofer.

Alle Lizenzen, Tantiemen, Honorare unterliegen ebenso diese Teilungsschlüssel.

Die technische und Promotion-Seite für diese Geschäfte obliegen Herrn Niki Lauda, die ideologische Seite, das Industrie-Design und die Public Relations obliegen Herrn U. Proksch-Kirchhofer.

Herr Niki Lauda verpflichtet sich, ebenso Herr U. Proksch-Kirchhofer, sämtlichen Unterlagen, bzw. Pläne, Briefe, Abmachungen den Parteien zugängig zu machen. Ebenso wird vereinbart, daß eine Gesellschaft, in welcher Form immer, zu gründen ist, an der sich die beiden Parteien majorisiert beteiligen.

Über die Art der Geschäfte ist strengstens Stillschweigen zu bewahren und dies wird extra durch die Kenntnisnahme der schweizerischen und österreichischen Urkunden über Geheimhaltung und die Unterschriften darauf bestätigt.

Die Vereinbarung geht automatisch nach Tod oder sonstige Verhinderung an die Erben über, sollten solche nicht existieren, hat der Partner das erste Recht zu kaufen, bzw. zu übernehmen. Die Vereinbarung hat auch den Zweck, Niederlassungen im Ausland zu gründen, die sich mit den Auswirkungen diesen Vereinbarung befassen.

U. Proksch-Kirchhofer   Niki Lauda

SERGE KIRCHHOFER, WIEN I, WALFISCHGASSE 12, AUSTRIA, TEL. 52 49 41

te. 1977 beschließen die beiden Männer, eine Automobilfabrik in Österreich aufzuziehen. Dazu setzen sie eine Vereinbarung auf. Unter dem Arbeitstitel „Austro-Porsche" oder „Austro-Daimler" oder „Austro-Lauda" soll im Raum Wien die Fabrik entstehen. Die beiden Herren wollen alle Einnahmen im Schlüssel von 60 zu 40 aufteilen, also 60 Prozent für Lauda, 40 Prozent für Udo.

Lauda soll sich um die technische und die Promotion-Seite kümmern, die „ideologische Seite", das Industrie-Design und natürlich die Public Relations fallen unter die Ägide von Udo.

Und dann heißt es: *Über die Art der Geschäfte ist strengstens Stillschweigen zu bewahren und dies wird extra durch die Kenntnisnahme der schweizerischen und österreichischen Urkunden über Geheimhaltung und die Unterschriften darauf bestätigt.*

Die beiden Herren stellen Kanzler Kreisky ihren gewagten Plan vor. Als der meint, „Austro-Porsche" könne man das Auto nicht nennen, das gebe es ja schon, schlägt Udo den Namen „Austro-Daimler" vor – mit dem Argument, den echten, wahren Daimler an der Hand zu haben. Da bringt er seinen langjährigen Partner Hans Peter Daimler ins Spiel, der aber mit der Auto-Dynastie nur den Namen, aber sonst nichts teilt.

Udo überall

Tänzer auf vielen Hochzeiten

Das Auto-Projekt ist nur eines der vielen Vorhaben Marke Udo, die nie in die Tat umgesetzt werden. Seine Vernetzung in beinahe unzähligen Firmenbeteiligungen verdient schon fast die Bezeichnung „Imperium". Studio für Werbegestaltung, Pinosa, Zapata, Lylac, Optico, Kibolac, Demel, dazu ein halbes Dutzend Vereine – Udo, der Tausendsassa, der sich in den 1960er Jahren auch noch mit einem neuen Phänomen seiner Zeit auseinandersetzt: Am 15. Oktober 1965 wendet er sich mit einem Brief an Wiens Vizebürgermeister Heinrich Drimmel mit einer Idee, wie dem Problem des *ruhenden Kraftfahrzeugverkehrs*, also der Parkplatznot, mit dem Bau von Tiefgaragen begegnet werden könne.

Wenig später darf er seinen Plan dem Vizebürgermeister persönlich vorstellen, und er fertigt über das Gespräch eine brisante Aktennotiz an: *Es ist nicht entschieden, ob Parkgaragen von der öffentlichen Hand zu bauen und zu finanzieren sind oder ob andere Finanzierung (privat) angebracht ist. Die Sozialisten wehren sich dagegen, daß es eine öffentliche Aufgabe ist. Drimmel schließt sich persönlich dieser Meinung an. Auf Grund der letzten Sitzung sind die Sozialisten bereit, öffentliche Mittel zur Verfügung zu stellen. Drimmel hat aber Bedenken dagegen, daß die Gemeinde (Sozialisten) in solchen Gesellschaften die Mehrheit haben bzw. sich durch Strohmannbeteiligungen verschaffen (heimliche Verstaatlichung).*

Bevor sich die Politik da eine endgültige Meinung bildet, muss Udo aber ohnehin noch den Partner für sein Wunschprojekt überzeugen und an Bord holen. Nur das Beste vom Besten ist für ihn gut genug, sowohl was die Wahl des Namens als auch des Standortes betrifft: Am Schwarzenbergplatz, einer der verkehrsreichsten Adressen Wiens, soll die Tiefgarage gebaut werden, und das Nobelpalais im Besitz der Familie Schwarzenberg soll auch eine Rolle spielen, und so entsteht auch der Name für das Unterfangen, das Udo jahrelang beschäftigen soll.

Black Mountains

Udo denkt – wie fast immer – gleich in großen Dimensionen. Eine Tiefgarage, ein Atomschutzbunker, eine Tankstelle mit Waschstraße, Luxusapartments, Büros, ein Hotel mit Restaurant und ein „Health Center" sollen in den und um die Schwarzenbergschen Latifundien mitten in Wien entstehen. Mit seinen Vorhaben konfrontiert, schreibt die Schwarzenbergsche Administration Ende 1965 an Udo:

Seine Durchlaucht hat uns beauftragt, uns zwecks Prüfung der baulichen und wirtschaftlichen Aspekte dieses Projektes mit Ihnen direkt ins Einvernehmen zu setzen. Da ja ein dermaßen weittragendes Projekt angesichts der vielen sich zwangsläufig ergebenden Probleme eines genauen Studiums bedarf, bitten wir Sie, sehr geehrter Herr Proksch, um Überlassung der Seiner Durchlaucht vorgewiesenen Pläne, besonders aber eines kurzen Exposé über die Finanzierung und die sich bietenden Ertragsmöglichkeiten.

Udo beauftragt seinen Bruder, den Architekten Roderich Proksch, mit der Ausarbeitung von Unterlagen, und er leitet auch das Vorhaben „öffentliche PR" in die Wege:

Roderich, heute wurde eine Aussprache mit Erbprinz Schwarzenberg gehalten. Die Garage wird gebaut, ich bekam die Optionen und diese Sachen, und wir werden die Finanzierungsvorgespräche beginnen können … . Er ist einverstanden mit allen unseren Vorschlägen – an meiner kleinen Holding Firma für das

Projekt mitbeteiligen. Das wäre teilweise nicht ungünstig. Es ist außerdem mit Prinz Schwarzenberg abgesprochen, zu seiner Hochzeit, die am 6. April (Soirée in Wien) – 8. April in Seefeld stattfindet. Ich möchte gerne, daß das in Harper's Bazaar gebracht wird, und auch in der Zeitung „Gesellschaft", eventuell auch in der Zeitung Stern … . Journalisten etc. etc. ankündigen, auch über die wirtschaftliche Stellung des Hauses Schwarzenberg in Österreich, vor allem in der Steiermark Artikel verfassen.

Solche Zeitungsartikel finden sich nicht im Archiv, dafür aber ein reger Schriftverkehr, der nachweist, dass Udo in der Folge Kontakt mit dem Bauunternehmer Alexander Maculan aufnimmt. Mit ihm, und nicht wie ursprünglich geplant mit Fürst Schwarzenberg, gründet er dann die Garagen-Projekt-Gesellschaft GPG. Der Fürst hingegen bekommt kalte Füße wegen der Größe des Bauvorhabens. Geschätzte Kosten: rund 90 bis 100 Millionen Schilling. Und schreibt Udo, *daß der Zeitpunkt für die Einleitung konkreter Schritte zur Realisierung dieses, meine derzeitigen Möglichkeiten weit übersteigenden Projekts jetzt noch nicht gekommen ist.*

Später vermietet Schwarzenberg an Udo zumindest einige Dachbodenräume im Areal des fürstlichen Palais, wo das Baubüro eingerichtet wird. Udo legt weitere Aktivitäten an den Tag: Er nimmt Kontakt mit Josef Taus auf, damals Aufsichtsratsvorsitzender der ÖIG, der Vorläuferorganisation der heutigen Verstaatlichten-Holding ÖIAG. Er veranstaltet eine *Garagen-Enquete*, nominiert einen ganzen Organisationsstab und macht sich ausführlich Gedanken über zu erwartende Gewinne aus seinem Projekt: Garage: 11 Millionen Schilling pro Jahr, Health-Center: 2 Millionen, Verkaufserlöse aus den Luxus-Apartments: 2,2 Millionen, Mieterlöse von neun Großwohnungen und fünf Garçonnièren: 600.000 pro Jahr und so weiter.

In der Substanz geht aber nichts weiter. Maculan lässt Udo 1970 wissen: *Da ich nur an einer raschen Realisierung des Projektes interessiert bin und andererseits mit den bisherigen Resul-*

taten sehr unzufrieden bin, müssen nunmehr raschestens das weitere Vorgehen und die Erfolgschancen für eine Realisierung des Projektes geprüft werden. ... Sollte das nicht möglich sein, so bin ich gerne bereit, Dir oder von Dir genannten Personen meinen Anteil an der Garagenprojektierungsgesellschaft zu überlassen.

Die Gesellschaft dümpelt weiter vor sich hin, ohne dass je etwas in die Tat umgesetzt wird. Und sie erstellt auch Bilanzen, die Udo offenbar jahrelang nicht interessieren. Erst 1974 schreibt er an Maculan: *Hallo – in Eile – sehe die Bilanzen zum ersten Mal. – Damals wurde zwischen Dir und mir ausgemacht: Du zahlst für mich das notwendige Viertel Gründungskapital ein – dies kann ich leider nicht daraus ersehen ... . Und bitte was soll die zu meinen Ungunsten lautende Summe von 8760 S bedeuten? Zu Deiner Information: wir bezahlen monatlich 540 S Miete für das Baubüro ... im Palais Schwarzenberg. Bitte um Richtigstellung der Angelegenheit.*

Fazit des Projektes Black Mountains: Keine Garage, keine Apartments, schon gar kein Atombunker, und nicht erst zu reden vom „Health Center". Außer Spesen nichts gewesen.

Civil und Militär

In den 1970er Jahren beschäftigt Udo auch noch eine alte Idee: Das Projekt XP 19 soll weitergeführt werden, und zwar in Form des Vereins „C.U.M." – „Civil und Militär". Der „Verein zur Förderung ziviler und militärischer Bestrebungen hinsichtlich einer Intensivierung der Forschungs- und Entwicklungsarbeit auf dem Gebiet des Umweltschutzes" setzt sich zum Ziel, dass *bestehende Bestrebungen in zivilen und militärischen Bereichen, dem allgemeinen Sicherheitsbedürfnis grundsätzlich durch erhöhte Anstrengungen Rechnung zu tragen, besonders unterstützt werden.*

Am 12. Juni 1978 meldet Udo der Wiener Polizeidirektion, dass die konstituierende Generalversammlung des Vorstandes am 14. Oktober 1977 stattgefunden hat. Sofort können also die Maßnahmen in die Tat umgesetzt werden, um die Vereinsziele zu erreichen, und zwar: *a) Vorträge und Versammlungen, gesellige Zusammenkünfte und sonstige Veranstaltungen; b) Herausgabe eines Mitteilungsblattes; c) Errichtung einer Bibliothek; d) Dokumentationszentrum; e) Forschung und Entwicklungsaufträge.*

Punkt a) lässt sich im Club 45 locker mit bewältigen – der Kohlmarkt Nr. 14, das Demel-Haus, ist zweckmäßigerweise auch der Sitz des neuen Vereins. Punkt e) hingegen, Forschung und Entwicklungsaufträge – das ist es wohl, was Udo besonders interessiert. Er wird logischerweise Präsident des Vereins C.U.M., und auch die restlichen führenden Köpfe sind gute alte Bekannte: Vizepräsident und Geschäftsführer ist Teddy Podgorski, Vorsitzender des eigens eingerichteten „Forschungsbeirates" ist Verteidigungsminister General Karl Lütgendorf, Schriftführer ist der „Krone"-Journalist Roman Schliesser und Rechtsprüfer wird Emil Ettrich (jener Emil Ettrich, dessen Frau Hermine Ettrich als erste Käuferin des Demel aufscheint).

Aber wie schon beim Verein „Freunde der Senkrecht-Bestattung" ist auch bei der Gründung des C.U.M. Schlamperei im Spiel. Zu spät gemeldete Generalversammlung und Vorstands-Zusammensetzung, es geht eine Weile lang zwischen Udo, dem Präsidenten und der Vereinsbehörde hin und her. Die Anfänge des Vereins reichen aber weiter zurück. 1973 schreibt Bundesminister Karl Lütgendorf unter Bezugnahme auf seinen geplanten „Verein zur Förderung des Republikanischen Staatsbewusstseins im Sinn der immerwährenden Neutralität zum Zwecke der Forschung und Entwicklung auf dem Gebiet des zivilen und militärischen Umweltschutzes" an Udo:

Da wir ja bisher viele Ihrer interessanten Projekte zusammen besprochen haben, hätte ich eigentlich erwartet, daß Sie auch über diese Vereinsgründung mit mir vorher Kontakt aufgenom-

men haben würden. Vielleicht ist es Ihrer Aufmerksamkeit entgangen, daß es in Österreich bereits seit 1963 eine „Gesellschaft zur Förderung der Landesverteidigung" gibt, in deren Vorstand ich persönlich an der Seite von anderen Ministern wie auch von Vertretern aller Sozialpartner und der Österreichischen Bankvereine tätig bin. ... Durch die Gründung Ihres Vereines ergibt sich zweifelsohne eine Überschneidung dieser sehr wohl gemeinten und auch notwendigen Förderungsbestrebungen. Ich glaube daher n i c h t, daß es zielführend wäre, wenn wir nun gleichzeitig unter was immer für einem Namen, einen Verein ins Leben rufen, der zwangsläufig eine Doppelgleisigkeit zur Folge haben muß.

Dessen ungeachtet nimmt Udos eigener Verein seinen Betrieb auf und darf später, wie erwähnt, auch Lütgendorf als führenden Funktionär in seinen Reihen begrüßen.

Zunächst einmal beschäftigt sich Udo mit dem Aufbau eines Feldflugplatzmuseums, wo Flug- und Truppenübungen vorgeführt werden können. Zuerst hat er dafür den Standort Völtendorf bei St. Pölten auserkoren, aber letztlich fällt seine Wahl auf

Besichtigung eines privaten Atombunkers: Udo Proksch und Karl Lütgendorf

Modell des „C.U.M.-Landes"

Flugfeld Aspern, mit Schauspieler Herbert Fux und Fallschirmspringer Hans Huber

das Flugfeld Aspern. Für sein Unterfangen stellt der Verteidigungsminister ungewöhnlich großzügig Bestände des Österreichischen Bundesheeres zur Verfügung – selbstredend werden die Transporte auch mit Mitteln und vermutlich auch auf Kosten des Heeres durchgeführt. Zwar ist gelegentlich sogar von einem „Verkauf" der Heeresgegenstände die Rede, Hinweise auf Rechnungen oder Zahlungen finden sich aber keine, dafür jede Menge Anweisungen Lütgendorfs an die zuständigen Heeresstellen, Udo dies und jenes (leihweise) zu überlassen.

Schon im Oktober 1973 erhält Udo vom Heeresbeschaffungsamt *1 Flugzeug VAMPIRE DH 115, Kennzeichen 5C-YB, abgeflogen und mit Turbine, jedoch ohne Visier, Funkgeräte, Navigationsausrüstung und Hoheitszeichen.* Udo bedankt sich handschriftlich:

Guten Tag Minister General! Vielen Dank für C.U.M. Einsatz – Die Flugzeuge sollen zeigen, daß es C.U.M. gibt. – Bewegung – anbei C.U.M. Erklärung (Vereinsstatut) … Vielen Dank Alles Gute Ihr Udo.

Im Lauf der Zeit kommen – teils geliehen, teils geschenkt, teils angeblich verkauft – noch eine Vielzahl an militärischen Gegenständen dazu: Es gibt dann doch plötzlich eine Funkausstattung für die „VAMPIRE", dann wird das Heeresmaterialamt angewiesen, 100 Kilogramm Kunstharzlack und 25 Liter Kunstharzverdünnung zwecks Abverkauf an die Vereinigung C.U.M. *abzudisponieren*, ein Übergabe-Übernahme-Leihschein aus dem Jahr 1975 zeigt, dass Udo, wieder auf Lütgendorfs Veranlassung, unter anderem zwei Panzerfahrzeuge, einen Sattelschlepper, Tieflader beziehungsweise Sattelschlepper-Zugmaschine, zwei Funkgeräte, Brückenrahmen-Teile, einen eisenbereiften Anhänger und drei Jeeps bekommen hat. Dazu darf er sich noch einen *Düsenjagdbomber SAAB J29F … einschließlich der vorhandenen Funk- und Navigationsausrüstung und Bewaffnung* (!) ausleihen – für Ausstellungszwecke auf dem Flugplatz Aspern.

Dort soll nach Udos Vorstellung sein „C.U.M.-Land" entstehen. Aber auch für Geschäfte mit seinem Militant-Projekt kann sich Udo der Unterstützung durch das Bundesheer sicher sein. Der Militärkommandant von Wien (zu dieser Zeit Divisionär Karl Schrems) bittet den Botschaftssekretär in Moskau brieflich um Unterstützung für seine diesbezüglichen Aktivitäten:

DER MILITÄRKOMMANDANT VON WIEN　　　　　　　WIEN, am 3.9.1975

Lieber Martin !

Der Überbringer des Briefes ist der Geschäftsführer der Konditorei Demel in Wien, Udo PROKSCH, alias Serge KIRCHHOFER, der Bruder meines Schwiegersohnes.
Ich würde Dich sehr herzlich bitten, ihm eventuell bei Notwendigkeit behilflich zu sein. Soweit ich unterrichtet bin, ist er öfters in Moskau, nachdem die Russen anscheinend an seinem Militant-Projekt Interesse haben.
Ich hoffe, er wird Dir nicht allzu große Mühe bereiten.
Von mir meinen allerherzlichsten Dank für Deine Mühe im voraus.
Friedl und ich waren heute mit HAUBL's in der Maria Theresien Kaserne und haben uns ausgeplaudert.
Wir hoffen, daß es Ursula, Dir und den Kindern gut geht und Ihr Euch in Moskau wieder eingewöhnt habt. Seid Ihr schon übersiedelt oder steht Euch dies noch bevor?
Wir sind noch in Klosterneuburg, nachdem das Wetter noch immer sommerlich warm ist. Nachdem unsere Jungen auf Urlaub gehen, dürfen wir uns um die Enkelkinder bemühen.
Ursula und Dir recht liebe Grüße, natürlich auch von Friedl

Dein Karl

Anlieferung einer Bordkanone für das Flugzeug „Vampire"

Von der ursprünglich angestrebten Forschungs- und Entwicklungstätigkeit im Verein C.U.M. ist zunächst offiziell keine Rede mehr, dafür finden in Aspern mehrere Fallschirmspringer-Veranstaltungen statt. Dafür nutzt Udo seine Freundschaft zum Weltmeister und fünffachen österreichischen Staatsmeister im

Fallschirmspringen Hans Huber, der auch regelmäßiger Gast bei Udos ausschweifenden Festen ist. Und auch die Asperner Bewerbe und Vorstellungen arten in gelegentlich feucht-fröhliche Events aus. Schließlich ist eine Bedingung für die Teilnahme am sogenannten „C.U.M.-5000-Cup", dass die Gewinner *ein Viertel der Dotierung nicht allein – dafür aber sofort – versaufen* müssen. Aber das ist nur die Fassade: Im Lauf der Jahre überlässt Lütgendorf Udo militärische Gegenstände, mit denen man schon eine beachtliche Privatarmee ausstatten könnte – wenn auch nicht nach dem neuesten Stand der Technik. Wo das alles abgeblieben ist? Selbst das Heer will bei seinen diesbezüglichen Nachforschungen nichts mehr davon gefunden haben, und Udo selbst beteuert später, man habe ihm das meiste davon gestohlen. Naheliegender ist die Vermutung, dass das meiste davon „exportiert" wurde – auch auf der „Lucona" wird später noch Platz für einige der Teile verfügbar sein, und Kontakte dafür hat Udo reichlich.

Die Fallschirmspringer-Demonstrationen und Wettbewerbe werden nämlich auch exportiert, zum Beispiel nach Kuwait. Bei dieser Gelegenheit soll gleich noch ein „offizielles" Geschäft angebahnt werden: Man will dem ölreichen Wüsten-Emirat ein Müllabfuhr-System nach Wiener Vorbild verkaufen, von dessen Qualität sich der zweite Staatssekretär für Tourismus und Information Mr. Saleh Shebab auch bei einem Besuch in Wien überzeugen kann – die Einladung in den Club 45 ist selbstverständlich Teil des Besuchsprogramms.

Für die Organisation und die Kontaktanbahnung von Bewerb und Geschäft (das selbstredend nicht zustande kommt) kann Udo auf einen bewährten Mitarbeiter setzen.

Fayez Chlache

Der aus Syrien stammende Technik-Student jobbt ab 1968 als Nachtportier im Demel, später hilft er überall aus, wo Not am Mann ist. Fayez Chlache ist aber auch ein politischer Aktivist. Nach dem Sechstagekrieg 1967 beginnt er, sich mit Aktivitäten, Flugblättern und Veranstaltungen für die Sache der Palästinenser einzusetzen. Gleichzeitig hält er im Demel Augen und Ohren offen, sammelt eifrig Eindrücke und Dokumente und wird später auch ein Buch darüber verfassen: Im Herbst 1990 erscheint „Hauptquartier Demel – im Auftrag Herr Udo" von Fayez Chlache. Darin schildert er auch, wie Udo ihn 1975 mit einer heiklen Aufgabe betraut: Der Technik-Student soll für Udo Material zum Thema Erzaufbereitung sammeln, er soll ein Fließschema und eine Anlagen-Zusammensetzung erstellen. Abgeltung: 1000 Schweizer Franken monatlich, bar auf die Hand direkt von Udo, Reisespesen extra. Nach einigen Recherchen wird dem Mann die Sache zu heiß, und Udo hat mittlerweile ohnehin andere „Lieferanten" für seine Pläne gefunden. Aber eines ist Chlache klar: Dass „Herr Udo" tatsächlich – über welche Mittelsmänner auch immer – selbst eine Uranerz-Aufbereitungsanlage auf die Beine stellen will, erscheint ihm als ein schier unmögliches Unterfangen.

Als er später in einer von Udos mittlerweile zahlreichen Firmen auf einem Gelände in Piesting etwas für ihn erledigen soll, fallen Chlache die teilweise umlackierten Altmaschinen-Teile auf. Ihm wird klar, schreibt er, dass *hier im großen Stil gepfuscht wird. ... Kein Planungsbüro, kein Montagewerk* – und er sieht seine bösen Vorahnungen bestätigt.

Vielleicht ist ja das jener Bereich, der im C.U.M.-Verein unter dem Kapitel „Forschung und Entwicklung" angeführt ist. Es soll der finale Coup im Leben Udos werden, mit dem bekannten Ausgang: Ein Tiefseetauchteam mit Roboter entdeckt schließlich das Wrack auf dem Meeresgrund, die Aufnahmen der Explosionsstelle bestätigen die Vorwürfe der Anklage. In diesen Ermittlungen stellt sich auch heraus, dass die angebliche Uranerz-Aufbereitungsanlage eine große Kunststoff-Extruderanlage zur Ummantelung von Fernwärmerohren ist. Diese erste und einzigartige Anlage hat die Firma Cincinnati Milacron, Wien-Penzing, konstruiert und gebaut, um Fernwärme auf dem österreichischen Markt zu platzieren. Sie ist jedoch nie in Betrieb genommen worden. Udo Proksch hat von der Anlage gewusst, da er seinerzeit für die Herstellerfirma gearbeitet hat, und erwirbt sie acht Jahre nach der Erstellung zum Schrottwert.

Der „Fall Lucona"

… ein banales Verbrechen und eine gigantische Vertuschung
(Hans Rauscher, „Der Standard", 10. März 2010)

Bis zu dieser Erkenntnis über einen der spektakulärsten Kriminalfälle der heimischen Geschichte müssen viele Jahre vergehen. Erst nachdem die Verschwörungstheoretiker zum Großteil verstummt sind (weil sie entweder nicht mehr leben oder sich nicht mehr äußern wollen), kann dieses Kapitel mit der nötigen Distanz eingeordnet werden. Hans Pretterebner wird noch zum Ziel politischer Anfeindungen, weil er in seinem Buch minutiös die Zusammenhänge schildert. Heute gibt es nur noch wenige, die Udo die Organisation und Planung eines sechsfachen Mordes nicht zutrauen wollen.

Uranerz-Aufbereitungsanlage im Modell

Wobei das Delikt „Mord" ja „nur" die offenbar unvermeidliche Begleiterscheinung eines gigantischen Versicherungsbetruges ist, der am Ende nicht gelingt.

Wie schon im Vorwort erwähnt, ist die gesamte Planung, Organisation und Abwicklung des vermeintlichen Geschäfts mit der angeblichen Uranerz-Aufbereitungsanlage nicht Teil des ansonsten umfassenden Archivs. Trotzdem darf die Geschichte darüber hier nicht fehlen.

Der Untergang

1971 bis 1977. Vordergründig ist Udo in dieser Zeit mit vielen verschiedenen Projekten beschäftigt: den Demel kaufen, mit Niki Lauda ein österreichisches Auto bauen, an Imelda Marcos Spitäler verkaufen, den Verein C.U.M. betreiben, im Club 45 Hof halten und, und, und. Gleichzeitig zieht er im Hintergrund die Fäden für einen Deal, der das Geschäft seines Lebens werden sollte. Die nötige Kompetenz holt er sich in Person eines Kollegen aus seiner Zeit bei Wilhelm Anger: Hans Peter Daimler. Der Mann, der immer aussieht wie ein seriöser Geschäftsmann mit Anzug und Goldrandbrille, wird zu seinem wichtigsten Partner in dieser Zeit.

Am Sonntag, dem 23. Januar 1977 sinkt das Motorschiff „Lucona" nach einer heftigen Explosion an Bord innerhalb weniger Minuten im Indischen Ozean, etwa auf der Höhe der Malediven. Von den zwölf Personen an Bord kommen sechs ums Leben, sechs können gerettet werden. Das Schiff transportiert laut Frachtpapieren die maschinelle Ausrüstung einer Anlage zur Aufbereitung von uranhaltigem Erz samt zusätzlichen Maschinen, Geräten und Plänen für Errichtung und Betrieb. Käuferin ist die Firma North Pacific Trading Ltd. in Honkong, Verkäuferin die Firma Zapata SA Suisse, vertreten durch Udo Proksch. Kaufpreis: zirka 31 Millionen Schweizer Franken (etwa 24 Millionen Euro).

Der Kaufvertrag wird am 21. Juli 1975 abgeschlossen. Versichert ist die Fracht bei der „Versicherungsanstalt der Österreichischen Bundesländer", die Versicherungsprämie bezahlt die Verkäuferin. Nach dem Untergang der „Lucona" will die Zapata ihre vermeintlichen Ansprüche geltend machen, aber die Versicherung verlangt Unterlagen zum Nachweis des Wertes der Ladung. Und damit kommt die Sache – sehr langsam, aber doch – ins Rollen.

Recherchen der Versicherung, des Privatdetektivs Dietmar Guggenbichler sowie kritischer Journalisten von „Wochenpresse" und „profil" fördern schließlich zutage, dass die Zweifel der Versicherung durchaus berechtigt sind. Dennoch wird Guggenbichler erst 1983 Anzeige gegen Udo Proksch erstatten, wegen Betrugs, Mordes und Beihilfe zu diesen Verbrechen. Damit läuft eine sagenhafte politische Interventionsmaschinerie an, die die Republik bis dahin noch nie gesehen hat.

Die Vertuschung

Im Auftrag der Bundesländer-Versicherung stoßen Sachverständige auf immer mehr Ungereimtheiten: Die meisten versendeten Teile sind im Vergleich zum üblichen Handelswert viel zu teuer, manche Teile passen überhaupt nicht so recht zu einer Uranerz-Aufbereitungsanlage und von vielen Bestandteilen können keine Rechnungen vorgelegt oder kein Ursprungsnachweis erbracht werden. Trotzdem prallen zunächst mehrere Anträge auf gerichtliche Voruntersuchungen am Veto von Justizminister Harald Ofner (FPÖ) ab. Seine Begründung wird legendär: *Die Suppe ist zu dünn*, sagt er. Erst 1985, sieben Jahre nach dem Untergang der „Lucona", werden Udo und sein langjähriger Kompagnon Hans Peter Daimler verhaftet. Aber Udo kann sich auf sein Netzwerk verlassen: Leopold Gratz, zu dieser Zeit Außenminister (später Nationalratspräsident), bestätigt vor Gericht, die Fracht der „Lucona" gesehen zu haben. Proksch und Daimler kommen wieder frei.

Im Herbst 1986 werden die beiden neuerlich verhaftet, nach vier Tagen wieder freigelassen, und beide Männer tauchen unter.

In dieser Zeit greift Vater Proksch wieder einmal intensiv in die Tasten und verfasst zur Verteidigung seines Sohnes umfangreiche Dossiers: Dass die „Lucona" untergegangen sei, sei ja keineswegs nachgewiesen, es sei zu hinterfragen, warum sich die Bundesländer-Versicherung die Ladung nie genau angesehen habe. Udo werde von konservativen Medien verfolgt, die ÖVP stemple den Emporkömmling mit SPÖ-Beziehungen aus politischen Motiven zum Massenmörder. Und er schreibt an die Herausgeberin der deutschen Wochenzeitung „Die Zeit", Marion Gräfin Dönhoff, um sich über einen Artikel von Sigrid Löffler zu beschweren: *Die Dame ist Mitarbeiterin des Wiener PROFIL. Sie hat in ihrem Artikel nur die bekannten Auslassungen des PROFIL, der WOCHENPRESSE und des KURIER, damit die, von der BUNDESLÄNDER-VERSICHERUNG erwünschte Vision der Causa*

Proksch, der ZEIT verkauft. Und er beklagt, dass sich die Zeitung damit zu *einer im Grunde infamen Aussage gegen unseren Sohn Udo Proksch mißbrauchen ließ.*

1987 heißt der Justizminister Egmont Foregger, und plötzlich gibt es keinen Widerstand mehr gegen die Anklage-Erhebung. Wieder ein Jahr später – elf Jahre sind seit dem Untergang der „Lucona" vergangen – wird der Haftbefehl auf Proksch und

---

den 15.April 1985

Frau
Dr. Marion Gräfin D ö n h o f f
Herausgeber "DIE ZEIT "
Pressehaus
Postfach 10 68 20
D - 2000 H a m b u r g 1

Hochverehrte Marion Gräfin Dönhoff !

Nun hat **Die Z E I T** in ihrer Ausgabe vom 29. März 1985,auf Seite 67 ("Modernes Leben"),unter dem Titel: "Kopf hoch,Udo! - Ein undurchsichtiger Waffenhändler und ein treuer Außenminister",einen Artikel von Sigrid Löffler veröffentlicht.

Die Dame ist Mitarbeiterin des Wiener PROFIL.Sie hat in ihrem Artikel nur die bekannten Auslassungen des PROFIL ,der WOCHENPRESSE und des KURIER ,damit die, von der BUNDESLÄNDER - VERSICHERUNG erwünschten Vision der Causa Proksch,der Z E I T verkauft.

Frau Löffler hat das oberste Gesetz jedes anständigen Journalismus, jedes Problem von beiden Seiten darzustellen,nicht nur die angreifende Partei,sondern auch die angegriffene Seite zu hören,und sich in Kenntnis beider Ansichten eine eigene Meinung zu bilden,leichtfertig und verantwortungslos verletzt.Sie erwies sich als geistig bestechlich

Frau Löffler hat der Z E I T einen Artikel angeboten,dessen Inhalt sie nicht nur n i c h t recherchierte,sondern,das darf angenommen werden,den sie bewußt im Sinne der einen Seite in diesem Rechtstreit, zu Gunsten dieser Seite,geschrieben hat.Dieser Artikel,in der Z E I T veröffentlicht,**verletzt die bisherige Tradition der Z E I T, die sich immer um Wahrheit und Objektivität** sich **bemühte,und dies seit ihrem Bestehen.**

In diesem Zusammenhang noch der Hinweis,daß Ihr Mitherausgeber,der ehemalige **Bundeskanzler Schmidt,** als dieser noch Verteitigungsminister war,unseren Sohn in Köln kennen lernte,als dieser,ihm,in Anwesenheit von Herrn Wolf von Amerungen den damaligen österreichischen Verteitigungsminister Freiherr von Lütgendorf **vor**stellte und damit den Kontakt zwischen den beiden Ministern herbeiführte.

Zum Schluß: **Ich sehe meinen Brief als einen sehr persönlichen Brief an eine Frau,** deren persönliches Schicksal ich kenne und der meine **ganze Hochachtung und Verehrung** seit vielen Jahren gehört,an. Ich glaube,Sie werden meine Darstellung verstehen und meine Frau und mich in unserer Sorge um unseren Sohn begreifen. Wir sind von seinem Recht überzeugt. Wir sind auch überzeugt davon,daß die Österreichische Justiz sich noch in der Lage sieht,durchaus unbeirrt von der massiven Medienjustiz,dennoch Recht zu sprechen.

Bitte entschuldigen Sie auch die Länge dieses Briefes.Ich glaube, Sie verstehen auch meine Betroffenheit als Vater,daß auch die Z E I T sich zu einer,im Grunde infamen Aussage gegen unseren Sohn Udo Proksch mißbrauchen ließ.

In aufrichtiger Verehrung - I h r

Rudolf Proksch
u. Frau Amalia

Daimler ausgeschrieben. Daimler stellt sich im April 1989 den deutschen Behörden in Kiel, Proksch wird am 2. Oktober 1989 am Flughafen Wien-Schwechat verhaftet, nachdem er versucht hat, unter dem falschen Namen „Semrad" mit stark verändertem Aussehen illegal nach Österreich einzureisen.

Da liegen bereits die Ergebnisse des parlamentarischen Untersuchungsausschusses vor, sie umfassen fast 10.000 Seiten und zeigen, wie sich einige der wichtigsten Politiker des Landes für Udo ins Zeug geworfen haben.

Leopold Gratz tut noch mehr, als nur die Echtheit der „Lucona"-Fracht zu bestätigen. Er besorgt in Rumänien falsche Dokumente und fingierte Unterlagen.

In der Stellungnahme der Abgeordneten Dr. Michael Graff, Dr. Felix Ermacora und Dr. Gerfried Gaigg zum Untersuchungsausschuss heißt es zusammenfassend: *Außenminister Leopold Gratz war ein persönlicher Freund von Udo Proksch und hat sich durch diese Freundschaft zu Handlungen bewegen lassen, die seinem Amt und seinem Ansehen abträglich waren und ihn letztlich seine Funktion als Nationalratspräsident gekostet haben. Die Beschaffung von Dokumenten aus Rumänien über das Außenministerium und die Staatsanwaltschaft, in Wahrheit aber als Hilfeleistung für die Verteidigung, sollte einen verzweifelten Entlastungsversuch der Verteidigung als hochoffizielle Aktion staatlicher Behörden erscheinen lassen und so die Justiz beeindrucken. ... Zu weit gehende Loyalität hat Leopold Gratz veranlasst, sein Amt und Prestige für Proksch zu riskieren.*

Im „Lucona"-Prozess wird Gratz wegen falscher Zeugenaussage zu einer Geldstrafe von 450.000 Schilling verurteilt. Er zieht sich völlig aus der Politik zurück und stirbt 2006 im Alter von 76 Jahren an den Folgen eines Herzinfarktes.

Karl Blecha, damals Innenminister, erteilt laut Untersuchungsausschuss *ihm nicht zustehende Weisungen an die Staatsanwaltschaft, die Erhebungen gegen Proksch und Daimler sofort einzustellen.* Er lässt Privatdetektiv Guggenbichler und Buchautor

Pretterebner bei Veranstaltungen von der Staatspolizei überwachen und sich persönlich die Berichte darüber vorlegen. Und über ihn heißt es in der Stellungnahme zum Untersuchungsausschuss:

Der sozialistische Innenminister Karl Blecha hat sich dazu hergegeben, die Strafverfolgung des Udo Proksch zu behindern und durch willfährige Beamte behindern zu lassen. Er hat dem Parlament auf parlamentarische Anfragen wiederholt unwahre und irreführend unvollständige Antworten gegeben. Er hat zur Vertuschung seines Fehlverhaltens einem altgedienten Beamten einen Maulkorb umgehängt und eine belastende Urkunde beiseite geschafft, wozu er sich der irregeleiteten Loyalität eines jungen Mitarbeiters bediente. Er hat dem Ausschuss die Existenz dieser Urkunde die längste Zeit verschwiegen und als Zeuge mehrfach unrichtige Angaben gemacht. Er hat mit Zeugen des Ausschusses vor deren Einvernahme unangebrachte Kontakte gepflogen. Er hat die Staatspolizei missbräuchlich in den Dienst seiner persönlichen Interessen gestellt und den Buchautor Pretterebner am laufenden Band staatspolizeilich beobachten lassen.

Mit Hans Pretterebner und Hans Peter Daimler nach Entlassung aus der U-Haft, 1986

Karl Blecha muss 1989 sein Ministeramt niederlegen. Im „Lucona"-Prozess wird er freigesprochen. Im Zuge der unmittelbar auf den Fall „Lucona" bekannt gewordenen Noricum-Affäre gerät er in den Verdacht illegaler Waffengeschäfte. An den kriegführenden Irak werden zu dieser Zeit über getarnte Empfängerländer Artilleriegeschütze geliefert – was nach österreichischem Gesetz nicht zulässig ist. Blecha wird wegen Urkundenunterdrückung und Fälschung von Beweismitteln zu einer auf drei Jahre bedingten Freiheitsstrafe von neun Monaten verurteilt.

Als Obmann des sozialdemokratischen Pensionistenverbandes bleibt er aber eine gewichtige Stimme in der österreichischen Innenpolitik.

Auch die Rolle des bereits verstorbenen früheren Verteidigungsministers Karl Lütgendorf wird durchleuchtet: Er habe Proksch Heeresmaterial und Sprengstoff zur Verfügung stellen lassen und – vielleicht auch, ohne es zu wissen – die Begehung eines schweren Verbrechens ermöglicht.

Der Untersuchungsausschuss rechnet auch noch mit Justizminister Harald Ofner ab – er sei unter dem Einfluss des Freundeskreises um Udo Proksch und dessen guten Verbindungen zur SPÖ-Spitze zu schwach gewesen – und mit weiteren Spitzenbeamten der Justiz, darunter der damalige Präsident des Arbeits- und Sozialgerichts Wien, Dr. Karl Heinz Demel (die Namensgleichheit mit Udos Café ist rein zufällig). Er wird als *Prototyp eines Emporkömmlings aus dem Club 45* beschrieben, der zwischen öffentlichem Amt und Freunderlwirtschaft keine korrekte Trennlinie zu ziehen verstand. Er habe sein Amt zugunsten von Proksch in die Waagschale geworfen, sei der eigentliche Koordinator und Drahtzieher hinter der Verteidigung des Udo Proksch gewesen und habe zudem als Briefträger zwischen Innenminister Blecha und U-Häftling Proksch fungiert. Demel wird zu fünf Monaten bedingt und 288.000 Schilling Geldstrafe verurteilt. In der Folge suspendiert man den Gerichtspräsidenten bei gekürzten Bezügen vom Dienst.

Damit sind gleich mehrere Führungspersönlichkeiten des „Club 45" teils schwer angeschlagen, teils verurteilt, Udo in Haft. Das ist auch das offizielle Ende des „Herrenclubs nach britischem Vorbild", der so viele Jahre lang im Zentrum der heimischen Innenpolitik steht. Der Club wird 1992 endgültig aufgelöst.

Der Nachweis von Udos Schuld am „Lucona"-Desaster gelingt dem Gericht nach fast 60 Prozesstagen, und nach der spektakulären und letztlich erfolgreichen Suche nach dem Schiffswrack im Indischen Ozean. Dafür müssen aber auch die komplizierten Geflechte des Geschäftes entwirrt werden – und die hat Udo wirklich meisterhaft gestrickt.

Das Scheingeschäft

Um einigermaßen zu verstehen, wie Udo auf die Idee kommt, mit wertlosem alten Schrott, einem Schiff und einer Versicherungspolizze viel Geld zu verdienen, muss man viel früher in seinem Leben beginnen.

Es ist Anfang der 1970er Jahre – die Brillengeschäfte laufen bestens, das Projekt XP 19 gibt Anlass zu den schönsten Hoffnungen. Da kommt Udo – schon damals mithilfe mächtiger politischer Freunde, die allerdings zu dieser Zeit in der niederösterreichischen ÖVP zu finden sind – in den Besitz eines seit Jahren stillgelegten Kohlebergwerks, der Hohe Wand Steinkohle Bergbaugesellschaft im niederösterreichischen Oberhöflein. Das Land Niederösterreich bürgt für einen Millionenkredit und soll vom Geld nie mehr etwas sehen. In Oberhöflein soll eine Brillenfabrik namens Optico entstehen. Die Firma wird steuerschonend als Tochter einer schweizerischen Briefkastenfirma gegründet. Und die wiederum heißt Zapata S.A. – jene Firma also, die später als Verkäuferin im „Lucona"-Geschäft auftreten soll. Die Fäden in der Schweiz liegen bei einem Mann, dessen Name schon geläufig ist: Max Peterhans, der Multi-Briefkastenfirmen-Manager. Die

Optico produziert zwar kurzzeitig Brillen in Oberhöflein, geht aber nach wenigen Jahren pleite, nachdem sich Udo und sein Kompagnon Hans Peter Daimler kräftig aus der Spesenkasse bedient haben. Aber mit dem alten Bergwerksgelände ist Udo auch in den Besitz der dazugehörigen – wenn auch völlig veralteten – Maschinen und von detaillierten Plänen für eine konventionelle Erz-Aufbereitungsanlage gekommen.

Als sich der Konkurs der Optico abzuzeichnen beginnt, streckt Udo seine Fühler nach dem Gelände einer landwirtschaftlichen Genossenschaft zur Verwertung von Harzprodukten aus, gar nicht weit von Oberhöflein entfernt, in Piesting bei Wiener Neustadt. Auch bei diesem Kauf kann er sich mit einem „Sanierungskonzept" die Unterstützung durch die niederösterreichische Politik sichern, er übernimmt zu einem Spottpreis nicht nur das Gelände in Piesting, sondern auch die zugehörige Handelsfirma Pinosa und lässt die Berkwerksanlage aus Oberhöflein zerlegen und nach Piesting transportieren.

Udo „bedankt" sich bei den niederösterreichischen Landespolitikern in einem Leserbrief an die „Wochenpresse": Er bezieht sich auf einen Artikel, in dem die Politikerbezüge des Landes aufs Korn genommen werden, und tritt zu deren Verteidigung an:

Die Leistungen der in Ihrer Ausgabe genannten Politiker sind für Kenner der niederösterreichischen Situation von größtem Wert und sollten also fast substanzmäßig … ordentlich und neidlos honoriert werden. Auf Sicht stellt dies eine lohnende Investition des niederösterreichischen Landes dar. Resümee: Zahlen Sie den Spitzenpolitikern (Managern) des Landes mehr!

In Piesting wird schließlich hinter einer eigens errichteten Mauer zum Schutz vor fremden Einblicken die Oberhöfleiner Bergwerksanlage neu lackiert und in Kisten verpackt. Die Unterlagen für die Erz-Aufbereitungsanlage werden in Pläne für eine Uranfabrik umfunktioniert. Um die Tonnage einer solchen Anlage annähernd zu erreichen, kauft und schnorrt Udo von allen möglichen Stellen – auch vom Bundesheer – schrottreifes Mate-

Serge Kirchhofer

WOCHENPRESSE   Nr. 40   4. Oktober 1972

Politikerbezüge (Nr. 39)

Kirchhofer

Zu dem in Ihrer von mir sehr geschätzten WOCHENPRESSE erschienenen Artikel über Politikerbezüge des Landes Niederösterreich nehme ich nachfolgend Stellung:

„Was für den Bauern sein Hof, ist für den Beamten sein Amt". Doch für Landesspitzenpolitiker, das heißt Manager in höchstverantwortlichen Positionen, die für das gesamte Wohlergeben des Landes Niederösterreich arbeiten, trifft dies nicht zu. Der Beamte oder Politiker wird zum vollverantwortlichen Spitzenpolitiker (Manager). Der Bauer oder Fabrikant hortet Substanz. Er besitzt Grund, Gebäude und Maschinen und hinterläßt seinen Erben wertvolles Gut. Der Spitzenpolitiker hortet Verantwortung und trägt diese für sein Land, für die Wirtschaft, den Aufbau und die Zukunft des Landes Niederösterreich, das besonders durch die starke Behinderung zwischen 1945 und 1955 (Staatsvertrag) benachteiligt ist. Dieses Land braucht Spitzenpolitiker, die die Qualität von Spitzenmanagern haben und auch noch mit S 100.000,— schlecht bezahlt sind — egal ob sie dieser oder jener Partei angehören. Die Leistungen der in Ihrer Ausgabe genannten Politiker sind für Kenner der niederösterreichischen Situation von größtem Wert und sollten also fast substanzmäßig (Bauernhof, Industrie) ordentlich und neidlos honoriert werden. Auf Sicht stellt dies eine lohnende Investition des niederösterreichischen Landes dar. Resümee: Zahlen Sie den Spitzenpolitikern (Managern) des Landes mehr!

Wenn man Spitzenpolitiker wählt, dann hat man die Pflicht, sie zu schützen und zu fördern, denn nur so können sie äußerste Leistungen und Kreativität geben.

Serge KIRCHHOFER
1010 Wien, Walfischgasse 12

Firmengelände Pinosa in Piesting

rial zusammen und sammelt es in Piesting. Darunter ist auch eine alte Kunststoffanlage, die Proksch zum Schrottwert von der Firma Cincinnati-Milacron übernimmt.

Mit detailreicher Akribie werden mithilfe weiterer Strohmänner und Scheinfirmen die Bücher frisiert, ein reger Zahlungsverkehr wird fingiert und Udo beginnt überall vom großen Geschäft mit der „Yellow-Cake"-Anlage zu erzählen, das er demnächst mit einer internationalen Firma in Hongkong abwickeln werde.

Die Käuferin der Anlage, die Firma North Pacific Trading Ltd., entpuppt sich freilich auch als nichts anderes als eine Briefkastenfirma – gegründet durch einen weiteren Strohmann von Udo.

Was hier in wenigen Zeilen erzählt ist, muss Udos Aufmerksamkeit jahrelang beansprucht haben. Und im Fall „Lucona"

*Gleichenfeier der Cincinnati Milacron Austria Gesellschaft mbH
Laxenburger Straße, Wien, 1978*

laufen nicht nur die Fäden des Scheingeschäfts, des Verkaufs der aufpolierten Schrottanlage von Udo an sich selbst zum Zweck des Versicherungsbetruges, zusammen. Auch andere Aktivitäten in Udos Leben bekommen plötzlich einen Sinn: Kontakte. Reisen. Die großen Mengen an Kunstharzlack, die er von Lütgendorf geschenkt bekommt. Transportfahrzeuge. Und natürlich Sprengstoff.

Die Bilder vom gesunkenen „Lucona"-Wrack werden eindeutig zeigen, dass an Bord eine Explosion stattgefunden hat, wenn auch bis zuletzt Vermutungen kursieren, es hätte auch eine Rakete sein können. Sogar Kanzler Kreisky spricht noch davon, dass ein Geheimdienst das Schiff versenkt haben könnte.

Die österreichischen Gerichte kommen zu einem anderen Urteil. Udo wird 1991 zu 20 Jahren Haft verurteilt, im Berufungsverfahren 1992 wird die Haftstrafe auf „lebenslänglich" ausgedehnt. Er verbüßt sie in der Justizstrafanstalt Graz-Karlau. Sein

Kommentar zum Urteil: *Da kann man nur noch „Heil Hitler"
sagen.*

Hans Peter Daimler wird erst 1997 – nach einem fünf Jahre dauernden Monsterprozess – vom Kieler Landgericht zu 14 Jahren Haft verurteilt. Ihm wird nach einem Teilgeständnis minutiös die Fälschung tausender Dokumente nachgewiesen.

Udo und Jörg Haider

Hans Pretterebner, der Udos „Lucona"-Deal in allen Details in seinem Buch beschreibt, wird für seine Recherchen und auch seine Angriffe gegen die SPÖ von der Oppositionspartei FPÖ mit einem Nationalratsmandat belohnt, das er von 1994 bis 1995 innehat. Parteichef ist zu dieser Zeit bereits Jörg Haider. Mit ihm verbindet Rudolf Proksch offenbar eine Art väterliche Freundschaft, er hat als VdU-Mann der ersten Stunde später vermutlich gute Kontakte in die FPÖ.

Dass Haider ausgerechnet Proksch-Jäger Pretterebner in den Nationalrat holt, erzürnt Udos Vater maßlos. Seinem Ärger macht er erst 1988 brieflich Luft:

Lieber Jörg! Ich möchte keinen Mißton in unserer Freundschaft!! ... Für Aktionen jedoch, in denen der Sohn Deines Freundes, also mein Sohn Udo, aus reiner politischer Opportunität, bewußt in die Schußlinie gezogen wird, ja, man sich auf ihn, stellvertretend für andere, derzeit nicht als Gegner erwünschte politische Gruppierungen und Personen, einschießt, dafür fehlt mir jegliches Verständnis.

Der „Fall Lucona" sei durch die Machinationen der Bundesländer-Versicherung zum Fall Proksch gemacht worden – die Bundesländer-Versicherung ist zu dieser Zeit durch millionenschwere getürkte Schadensmeldungen ihres Chefs Kurt Ruso selbst im Zentrum eines riesigen Skandals –, die Herren brauchten für ihre eigenen Geschäfte einen sichtbaren und namentlichen

Feind, und Pretterebner habe eben dieses Feindbild hergestellt, durch sein schmutziges Buch. Die ÖVP, fabuliert Rudolf Proksch in dem Brief an Jörg Haider weiter, habe in dieses Geschäft bedeutende Summen investiert. *Eine Bitte daher an Dich: Vergiß den Namen U d o P r o k s c h ! Mache, was Dir nötig erscheint, aber laß den Namen Proksch aus dem politischen Spiel! Pretterebner hat auch mich in seinem dreckigen Buch mit Kübeln voll Lügen überschüttet. Er ist <u>kein</u> Partner für Dich! ... Willst Du Dich tatsächlich für diese Unperson stark machen? Willst Du, wenn Du Dich an seine Seite stellst, Dir Deine Finger schmutzig machen??? Ich glaube, dies ist Deiner nicht würdig!!* Eine Kopie dieses Briefes lässt Vater Proksch seinen Sohn mit dem Vermerk zukommen: *ein Brief in den luftleeren Raum!*

Etwa ein Jahr später (22. November 1989) findet auch Udo selbst einen Anlass, an Haider zu schreiben, der es mittlerweile zum Kärntner Landeshauptmann gebracht hat. Mit dem Absender *Udo R. Proksch, z. Zt. Lager: Graues Haus Wien Nr.: 326/2505/89 20 qu Vr 8024/84 P. O. W.* richtet sich Udo an den Landeshauptmann, er habe mit Freude von seinem Erfolg am Parteitag in Kärnten gehört: *99 Prozent für Sie! – Ein fast stalinistisch-bolschewistischer Prozentsatz – doch warum nicht unter Freunden? Trotz dieses Erfolges möchte ich mir erlauben, Sie sehr geehrter Herr Haider (mit all Ihren Titeln) bitten, nicht allzu leichtfertig mit meinen Freundschaften umzugehen.*

In diesem Fall bezieht sich Udo auf Bundeskanzler Franz Vranitzky, über den Haider bei seiner Parteitagsrede sagt, er habe bald nur noch einen Freund, und das sei Udo Proksch. *Merken Sie sich eines: Schlagen Sie nicht zu oft unter die Gürtellinie, und zu Ihrer Behauptung, Herr Vranitzky (mit all seinen Titeln) sei mein Freund, kann ich nur sagen: Das ist nicht wahr. Ich wollte, es wäre so! ... Ich achte den Herrn Bundeskanzler und schätze ihn!*

Ausführlich schildert Udo, dass Vranitzky sich bemüht habe, seinen einstigen Förderer Wilhelm Anger auch auf seine – Udos

RUDOLF PROKSCH
CHEFREDAKTEUR
A-5020 SALZBURG
KLESSHEIMER ALLEE 100

für Udo! VAT.
*(mit Deinen (Interst-
wilde!)*

den 25. Jänner 1988

Herrn
Jörg Haider
Bundesparteiobmann der F P Ö

Lenischgasse 4
A - 9020 K l a g e n f u r t / Kärnten

Lieber J ö r g !

Ich möchte keinen Mißton in unserer Freundschaft !!
Als politischer Mensch - österreichischer Prägung -habe ich Verständnis für so manches politisches Hick-Hack. Ich glaube auch den Unterschied zwischen politischer Taktik und Strategie zu kennen.
Für Aktionen jedoch,in denen der Sohn Deines Freundes, also mein Sohn Udo,aus reiner politischen Oportunität, bewußt in die Schulinie gezogen wird,ja,man sich auf ihn,stellvertretend für andere,derzeit nicht als Gegner erwünschte politische Gruppierungen und Personen, einschießt, dafür fehlt mir jegliches Verständnis.

Der "Fall LUCONA " wurde durch die Machinationen der "Bundesländer= Versicherung" zum "Fall Proksch" gemacht. Die Herrn brauchten für ihre eigenen "Geschäfte" einen sichtbaren und namentlichen Feind.

Herr Pretterebner stellte dieses Feindbild,nicht erst durch sein dreckiges Buch,sondern, schon vor Jahren damit beginnend,durch seine "Politischen Briefe" und seine Artikel,namentlich oder unter anderen Namen erscheinend,her. Und dies nicht nur im Auftrage der "Bundes= länder Versicherung". Die Ö V P hat in dieses "Geschäft" be= deutende Summen investiert.

Es ging nie um Udo Proksch! Es ging immer um andere Personen oder Institutionen,etwa den " C l u b 4 5 ",ein Lieblingsthema des Herrn Pretterebner.
Der C V suchte auf der Gegenseite (SPÖ) ein ihm vergleichbares Gegenstück. Pretterebner schuf es,der ÖVP zu Diensten. U d o wurde, durch Pretterebner und seinesgleichen in den der "Bundesländer Ver= sicherung" nahen Zeitungen und Medien,zur Zielscheibe ihrer Angriffe hochstilisiert. Sie brauchten einen,hinter dem tatsächlich k e i n e Macht stand. Hinter U d o stand keine Macht!! Freunde,die ihm nahe stehen,sind in solchen Fällen keine Macht!!!

- 2 -

Eine Bitte daher an Dich: Vergiß den Namen U d o P r o k s c h !
Mache ,was Dir nötig erscheint,aber laß den Namen Proksch aus dem
politischen Spiel!

Pretterebner hat auch mich in seinem dreckigen Buch mit Kübeln
voll Lügen überschüttet.
Er ist kein Partner für Dich! Er ist die personifizierte Un=
seriösität! Er ist ein Mann,gänzlich ohne Gewissen,also ge=
wissenlos durch und durch. Ihm fehlt jegliches Rechtsbewußtsein!

Willst Du Dich tatsächlich für diese Unperson stark machen? Willst
Du,wenn Du Dich an seine Seite stellst,Dir Deine Finger schmutzig
machen??? Ich glaube,dies ist Deiner nicht würdig!!

Du bist im politischen Felde für die Sauberkeit in der Politik
eingetreten.Deine Erfolge kommen von dieser Sicht des politischen
Wirkens. Willst Du Dich von Dir selber entfernen? Willst Du Dich
selber verraten? Ich wiederhole: dies ist Deiner nicht würdig!!

Bitte denke darüber nach!!!

           D e i n   *R. Pro*
           (Rudolf Proksch)

*Jedoch: ein Brief in
den luftleeren Raum!*

           Vati

– Initiative hin vor der Pleite zu bewahren, und er erinnert Haider dann an folgende, politisch-pikante Angelegenheit:

Das dritte Mal sprach ich mit ihm und mit anderen SPÖ-Politikern (Sinowatz, Gratz, Blecha usw.) in Ihrem Auftrag, oder sagen wir besser: auf Ihren Wunsch hin.

Sie erinnern sich: Sie wollten sich, so sagten Sie mir bei Ihren diversen Besuchen im Club 45 und im Demelhouse, mit den Herren der SPÖ arrangieren, um ein positives Gesprächsklima zwischen Ihnen und der SPÖ und deren Parteispitze herzustellen. Ich war begeistert!!!

Zu Ihrer Ehrenrettung möchte ich sagen, daß Sie vielleicht unseren Club 45 nicht sofort als solchen erkannt haben mögen, da Sie ja die Geheimratstiege mit Pfeife und im Jodlermantel hochstiegen. Sehr fesch und mir persönlich sympathisch! Wir aßen damals im Leopold Gratz-Zimmer zu Mittag – dort erinnerte eine kleine Messingtafel an seine Zeit als Club-Präsident – Sie waren voll des Lobes für Gratz. Er hat damals für Sie gesprochen – und andere auch. Und diese Männer (aufrechte Sozialisten und Demokraten) werden sich daran erinnern, wenn es zum Kampf kommt.

Einzelheiten über Haider habe er zu diesem Zeitpunkt nicht gekannt, nur sein Vater, *Mitbegründer Ihrer Partei, die damals noch VDU hieß*, habe ihm über Haider berichtet. Bei dem erwähnten Gespräch habe Udo ihm prophezeit, dass ein Drittel SPÖ, ein Drittel ÖVP und ein Drittel FPÖ möglich wären, wenn Haider nur verstünde, mit der *zarten Wurzel Ihrer Partei sorgsam umzugehen.*

Denken Sie stets an die zwei Wurzeln Ihrer Partei. Eine, die dicke und fette, ist die nationalsozialistische; die andere Wurzel sollte die liberale, faire, kreative sein! Am Ende entscheidet die Kreation und die zarte Wurzel des Baumes, die ebenso wichtig ist wie die dicke, fette.

Dass Vranitzky mit Ihnen nicht kann, das ist nicht meine Schuld. Sie haben mich nur gebeten, für die Verständigung zwi-

Wien, am 22.11.1989

Udo R. Proksch
z.Zt.Lager:Graues Haus Wien
NR.: 326/2505/89
20 qu Vr 8024/84
P.O.W.

Sehr geehrter Herr Landeshauptmann !

In meiner Einzelzelle im Wiener Grauen Haus habe ich mit
Freude (für Sie) von Ihrem Erfolg Ihres Parteitages in
Kärnten gehört - per Kopfhörer:eine der guten Taten des
Herrn Broda.
99 Prozent für Sie ! - Ein fast stalinistisch - bolschewis=
tischer Prozentsatz -doch warum nicht unter Freunden ?
Trotz dieses Erfolges möchte ich mir erlauben,Sie sehr geehrter Herr Haider (mit all Ihren Titeln) bitten,nicht allzu
leichtfertig mit meinen Freundschaften umzugehen.

Ich kenne Herrn Bundeskanzler Vranitzky (mit all seinen
Titeln),und zwar von drei Begebenheiten:
Das erste Mal:fand dieselbe im Rahmen einer Rettungsaktion
für eine größere österreichische Privatindustrie statt,der
Firma Wilhelm und Toni Anger,auch "Optyl" genannt: Diese
hatte damals Produktionsstätten in Traun bei Linz,in
Wegscheidt,in Wien,Berlin und bei Passau im Dreiländereck
Deutschland - Österreich -CSSR,in der Nähe des
Dreisesselberges im Bayrischen Wald (Adalbert Stifters
"Hochwald").Diese Firma, ein mittelgroßer östereichischer
Betrieb mit einem weltweiten Vertriebssystem,hatte damals so
an die 3.500 bis 4.000 Arbeiter und Angestellte,die nur
Brillen machten -Ihnen vielleicht unter dem Markennamen wie
Carrera-Porsche-Boeing, Dunhill,Viennaline,Serge Kirchhofer,
Playboy,Christian Dior, Saphira usw.bekannt.
Diese Firma galt es zu retten,wobei sich Herr Vranitzky
(mit all seinen Titeln) als brandneuer Vize in Österreichs
größter Bank,der Creditanstalt - Bankverein,gemeinsam mit
Generaldirektor Dr. Treichl und Herrn Dr. Schmidt - Chiari-
im Auftrag der damaligen SPÖ-Alleinregierung unter Kreisky,
Sekanina,Lanc,Gratz,Blecha,Lütgendorf,Dallinger,Pahr,Rösch
und Androsch -voll einsetzte,um diese Firma vor dem totalen
Bankrott zu bewahren und zu retten und den damals schwer-
kranken Wilhelm Anger,vor einer Aufteilung seines Besitzes
bzw. vor der drohenden Verstaatlichung zu schützen - was
wahrscheinlich noch ärger geworden wäre,wie wir heute alle
wissen,als mündig gewordene Teilhaber unserer verstaatlichten Industrie (siehe: Steyr Daimler Puch,Noricum u.s.w.;doch

darüber mehr ein anderes Mal).
So wurde durch die Hilfe des Herrn Vranitzky(mit all seinen Titeln)das Hab'und Gut eines privaten Unternehmers gerettet, der außerdem der Schwager eines der Ihren,Herrn Hermann Eigruber,ist und dessen Schwester (und Schwägerin von Wilhelm Anger) im Glauben an Sie sogar ein Buch gestaltet und mitfinanziert hat - ich glaube,das Werk hieß "Jörg Haider" oder "Blaue Augen,blondes Haar" oder so ähnlich !?
Es wurde von Herrn Vranitzky (mit all seinen Titeln) natürlich nicht alleine diese Rettungsunternehmen durchgeführt, viele halfen mit,doch er kämpfte damals - egal,welche Ideologie oder welches Parteibuch der Besitzer hatte -um den Erhalt von Arbeitsplätzen und den Erhalt des Anger-Besitzes, denn viele Ratten lauerten bereits auf ein Festessen !
Das zweite Mal:Traf ich Herrn Vranitzky (mit all seinen Titeln),um der damals bereits äußerst maroden Firma Eumig zu helfen ! Leider konnten wir uns in diesem Fall nicht ganz verstehen.Vielleicht hatte er sogar langfristig gesehen recht gehabt.(Ein Bundeskanzler hat immer Recht?!)Das Fragezeichen mache ich deshalb,weil ich mich frage : Wieso eigentlich soll es so sein ?!
Das dritte Mal: sprach ich mit ihm und mit anderen SPÖ - Politikern (Sinowatz,Gratz,Blecha usw.) in Ihrem Auftrag, oder sagen wir besser: auf Ihren Wunsch hin.
Sie erinnern sich : Sie wollten sich,so sagten Sie mir bei Ihren diversen Besuchen im Club 45 und im Demelhouse,mit den Herren der SPÖ arrangieren,um ein positives Gesprächsklima zwischen Ihnen und der SPÖ und deren Parteispitze herzustellen.Ich war begeistert !!!
Zu Ihrer Ehrenrettung möchte ich sagen,daß Sie vielleicht unseren Club 45 nicht sofort als solchen erkannt haben mögen, da Sie ja die Geheimratstiege mit Pfeife und im Jodlermantel hochstiegen.Sehr fesch und mir persönlich sympatisch ! Wir aßen damals im Leopold Gratz - Zimmer zu Mittag -dort erinnerte eine kleine Messingtafel an seine Zeit als Club-Präsident-Sie waren voll des Lobes für Gratz.Er hat damals für Sie gesprochen -und andere auch.Und diese Männer (aufrechte Sozialisten und Demokraten) werden sich daran erinnern,wenn es zum Kampf kommt.
Dieses Gespräch war nicht nur mein Wunsch,sondern auch Ihrer (sonst hätte man Sie ja in einem Käfig zu mir bringen müssen !).
Einzelheiten über Sie habe ich bis dahin nicht gekannt,nur mein Vater (Mitbegründer Ihrer Partei,die damals noch VDU hieß) hat mir über Sie berichtet,und zwar in einer Art,als würde er von einem Sohn sprechen.Durch ihn gab es deshalb Ihnen gegenüber kein Mißtrauen meinerseits,als ich Ihnen prophezeite,daß ein Drittel SPÖ,ein Drittel ÖVP und ein Drittel FPÖ möglich wären,wenn Sie es verstünden,mit der zarten Wurzel Ihrer Partei sorgsam umzugehen.
Denken Sie stets an die zwei Wurzeln Ihrer Partei.Eine,die dicke und fette,ist die nationalsozialistische;die andere Wurzel sollte die liberale,faire,kreaitve sein ! Am Ende

entscheidet die Kreation und die zarte Wurzel des Baumes,
die ebenso wichtig ist wie die dicke,fette.Und die kann nur
wachsen,wenn man sie liebevoll pflegt - die zarte Wurzel !
Ich glaube auch heute noch an Ihr politisches Talent,doch
wenn ich sehe,daß Sie eine Art Lockvogel einsetzen,um sich
reinzuwaschen - für die Bürgerschaft und die sogenannte
"Linke Seite" einen Herrn Weiß für Ihre Richtung opfern,um
sich sozusagen weiß zu waschen - dann kann ich nur sagen :
ein abgekartetes Spiel,würdig eines Herrn Goebbels oder
eines Herrn Berija !! Sie wissen nämlich sehr genau,daß 70
Prozent der Wähler Ihrer Partei genau derselben Meinung
sind wie Weiß - was ja auch ein Glück für Herrn Waldheim
(mit all seinen Titeln) war und ist!
Aber nun zu meiner Bitte an Sie,Herr Haider (mit all Ihren
Titeln). Wenn ich in meiner Zelle im Grauen Haus zu Wien
höre,Herr Vranitzky (mit all seinen Titeln)hätte (bald) nur
mehr einen Freund,nämlich mich,den Udo R. Proksch,dann sage
ich Ihnen,mit diesen Sprüchen am Ende einer doch wichtigen
Rede Ihrerseits werden Sie viele junge,nicht entschlossene
Wähler nicht für sich gewinnen;werden Sie viele verzweifelte
Christen und sozialistische Bürger dieses Landes nicht für
Ihre Partei gewinnen !!
Merken Sie sich eines: Schlagen Sie nicht zu oft unter die
Gürtellinie,und zu Ihrer Behauptung,Herr Vranitzky (mit all
seinen Titeln) sei mein Freund,kann ich nur sagen: Das ist
nicht wahr.Ich wollte,es wäre so !
Ich bitte Sie ,sehr geehrter Herr Haider (mit all Ihren Titeln),dies richtig zu stellen.Ich achte den Herrn Bundeskanzler und schätze ihn !
Daß er mit Ihnen nicht kann,das ist nicht meine Schuld.Sie
haben mich nur gebeten,für die Verständigung zwischen Ihnen
und der SPÖ mit Gratz,Vranitzky,Blecha etc. zu sorgen,ich
habe mein Möglichstes getan.
Ich dachte eigentlich eher,Sie wären ein Freund (oder besser
noch : ein Kamerad),doch : "mit so einem Freund brauche ich
keinen Feind mehr !" - Das ist ein Sprichwort,das ich von
einem Menschen kenne,der durch die Anhaltelager (KZ) Ihrer
Stammwähler (und meines eigenen Vaters) gegangen sind.!

Hochachtungsvoll

Udo R. Proksch

PS.:Sollten Medien dieses Schreiben abdrucken,so bitte ich
um die Überweisung des Zeilenhonorares an das S.O.S
Kinderdorf in Hinterbrühl.

schen Ihnen und der SPÖ mit Gratz, Vranitzky, Blecha etc. zu sorgen, ich habe mein Möglichstes getan.

Ich dachte eigentlich eher, Sie wären ein Freund (oder besser noch: ein Kamerad), doch: „mit so einem Freund brauche ich keinen Feind mehr!" – Das ist ein Sprichwort, das ich von einem Menschen kenne, der durch die Anhaltelager (KZ) Ihrer Stammwähler (und meines eigenen Vaters) gegangen sind! Hochachtungsvoll, Udo R. Proksch

Jörg Haider muss sich später im Parlament immer wieder vorhalten lassen, selbst ein Teil des „Systems Udo Proksch" gewesen zu sein.

Udo also auch als Drahtzieher möglicher Koalitionen? Als Macher von Mächtigen in den diskreten Zirkeln der Club-45-Hinterzimmer? Aus einem späteren Brief Udos aus der Haft an den Journalisten Joachim Riedl wird klar: Alles geschieht auf sein eigenes – Udos – Betreiben.

Lieber Jochen R.! = Joachim Riedl

<u>Du</u> lässt anfragen in <u>meinem schwarzen Schloss</u> – ob ich zu <u>Dr. Bruno Kreisky</u> etwas zu sagen habe – Meine Meinung – eine Geschichte – ein paar Sätze usw. Ja bitte. Einmal, alles nur zu seinen Ehren – für mich war er ein ehrenwerter, ein tapferer und gescheiter Mann – wie man in New York sagt: <u>„a real mensch"</u>, ein Visionär was die politische Zukunft seines Landes und seiner Partei anging – er war es, der damals meine Bestrebungen für richtig und gut befand, mit dem jungen <u>Dr. Jörg Haider</u> nach dessen „Innsbrucker Kür" zu verhandeln – im <u>Demelhouse (Club 45)</u> um diesen für eine Zusammenarbeit zu gewinnen. <u>Dr. B. Kreisky</u> hatte schon sehr früh das politische Talent <u>und die Qualität Jörg Haider</u> erkannt und die Handlungen Haiders mit seiner Erfahrung zu bestücken, sagen wir ihm freundschaftlich entgegen zu kommen, war für <u>Dr. Bruno Kreisky</u> eine Herzenstaktfrage für die Zukunft seines Landes! (Österreich). ... Für mich ist er eine Überlebensmedizin da wo ich bin – Der eine <u>betet</u>, der andere <u>flucht</u>, ich denke an ihn mit großer <u>Achtung und Zuneigung</u>. Er

ist mir so wichtig für mein Hirn wie all die wunderbaren Frauen dieser Welt und all meine Kinder – so ungefähr! Noch etwas Sentimentales: denke ich an Ihn, weine ich manchmal auch um den Verlust dieser kostbaren Kreation! So viele wie er laufen auf dieser Welt nicht herum! – Amen!

Kulissen, Kostüme, Kerker

Simplicius Simplicissimus

Möglicherweise neigt man wegen all seiner Machenschaften dazu, Udos Arbeit als Designer zu unterschätzen. Dabei hat er immerhin einige internationale Preise – vor allem für die Designs seiner Brillen-Verpackungen – abgeräumt. Sein wohl typischstes künstlerisches „Werk" hat er aber in Form dutzender Filmfragmente hinterlassen. Ein Projekt nennt sich „Simplicius Simplicissimus", es ist der Versuch eines Spielfilms, für den sich Udo unter anderem den damals international bekannten Filmstar Marisa Mell angelt.

Das Interessante an diesem Film ist vor allem die Wahl der uralten Vorlage: „Der Abentheuerliche Simplicissimus Teutsch" ist ein Roman und das Hauptwerk von Hans Jakob Christoffel von Grimmelshausen, erschienen 1668/69. Er schildert das abenteuerliche Leben eines seltsamen Vagabunden, der als einfältiger Viehhirte aufwächst und in den Verwirrungen des Dreißigjährigen Krieges zunächst in der Einsiedelei landet, bei seiner Rückkehr in die Stadt als Spion verdächtigt wird, später zum Pagen und dann zum Hofnarren des Gouverneurs aufsteigt, in Gefangenschaft gerät, nach seiner Flucht dank zahlreicher Heldentaten berühmt wird, sein ganzes Geld verprasst, dann als Opernsänger und als Quacksalber Karriere macht und nach weiteren Jahren in diversen Kriegen dieser Welt schließlich mit zahlreichen Erkenntnisgewinnen wieder zum Einsiedlertum zurückkehrt und sein Leben niederschreibt.

Warum sich Udo irgendwann in den 1960er Jahren ausgerechnet diese seltsame Figur als Filmvorlage aussucht, bleibt ein Rätsel.

Mit Schauspielerin Marisa Mell und Tochter Anna Proksch

Udo Proksch mit
Gorilla-Maske
und Napoleon-
Figur

Vielleicht findet er sich im „Simplicissimus" wieder, lang bevor er den größten Teil seines eigenen abenteuerlichen Lebens erlebt hat.

Udo inszeniert seinen Film mit zeitgemäßen Elementen: Fallschirmspringer besteigen im Dreißigjährigen Krieg Hannibals Elefanten und ziehen über die Alpen gegen Cap Kennedy – *Es ist eben nicht immer das rote Telefon.*

Der Streifen bleibt jahrelang in den Archivkisten, bis er im Zuge der Aufarbeitung der Bestände zum Vorschein kommt. In seinem Film „Udo Proksch – Out of Control", der 2010 erscheint, zeigt Regisseur Robert Dornhelm einige Ausschnitte daraus.

Und wenn aus „Simplicissimus" Napoleon wird, wenn er in die Kleider des großen Revolutionärs und Kaisers schlüpft, dann tut er das, weil ihm diese Figur als Vorbild angedichtet wird – und Udo spielt diese Rolle gern für die Öffentlichkeit – ein weiterer Mosaikstein in seinem scheinbar unstillbaren Bedürfnis nach öffentlicher Anerkennung.

Udos „Schwarzes Schloss"

Udo stell Dir vor ich gehe vorige Woche zu der KA-Kripostelle NÖ in den dritten Stock und vor der Türe zum Kriminalmuseum steht ein Modell der Lucona!! Ich lege ... zwei Fotos ... für Dich bei.

Dieser Brief eines Freundes ist eines von wenigen Schriftstücken im Archiv, die aus Udos Haftzeit in der Karlau erhalten sind. Seine eigenen Briefe an Außenstehende kann er offensichtlich nicht kopieren und ablegen, und fast alles, was er dort hinterlassen hat, ist in den Besitz seiner Kinder übergegangen.

Ob er ihnen gegenüber je Reue zeigt? Sich je Gedanken darüber macht, dass seinetwegen sechs Menschen ums Leben kommen?

Im „Schwarzen Schloss", wie er seine Gefängniszelle nennt, lebt jedenfalls – vermutlich mangels anderweitiger Beschäftigung, seine kreative Ader wieder auf. Es ist, als ob sein „Studio für Wer-

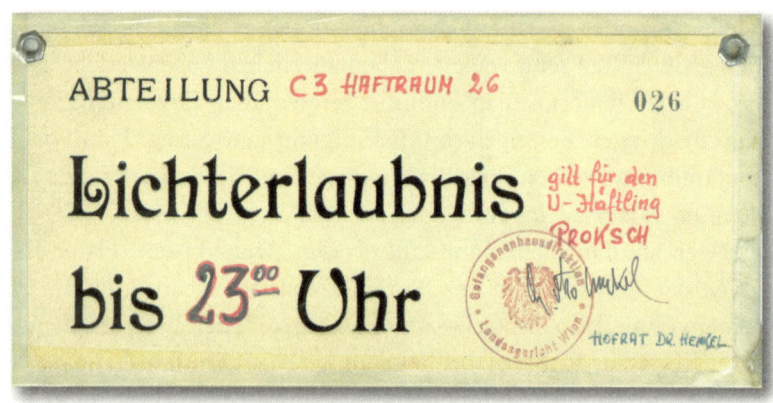

begestaltung" hinter Gittern weiterläuft, nur eben ohne konkrete Aufträge. Er beschäftigt sich mit Farben, Materialien, Mustern und deren Anwendbarkeit, er fertigt Collagen und Übermalungen von Zeitungsartikeln oder Fotopostkarten an, und er verfolgt die Idee, eine Stadt aus Kunststoffbehältern wie Pet-Flaschen und Joghurtbechern zu gestalten, angereichert um Materialien wie Pappmaché, Gips, Glassteine und Silberpapier. Sein Bruder Rüdiger Proksch muss alles Mögliche für ihn herbeischaffen und vorbereiten: genaue Größenangaben, einen Grundriss einer solchen Stadt, das Konzept einer passenden Montagekiste. Die Inspiration aus Russland wird auf seinen Entwürfen augenscheinlich. Erhalten sind auch Aktzeichnungen, Studien seiner eigenen Hände und ein Bild, das er für eine Aids-Benefizveranstaltung 1994 malt.

Daneben beschäftigt er sich als Bibliothekar und ist bei seinen Mithäftlingen sehr beliebt – der Hofnarr aus den besseren Zeiten hält Hof in der Karlau. Erika Pluhar besucht ihn, ebenso wie Niki Lauda und andere.

Und auch das Bundesheer muss in seiner Haftzeit noch einmal Kontakt mit Udo aufnehmen, und das kommt so: Als im Jahr 1997 die Babenberger-Kaserne in Wöllersdorf bei Wiener Neustadt aufgelöst und geräumt wird, findet sich auf einem Reitergemälde der handschriftliche Vermerk *den Offizieren zur Leihe* und auf einem goldenen Klebeetikett der Name des Leihgebers:

Collage für
Aids-Benefizveranstaltung

Stadt aus
Kunststoff

Serge Kirchhofer, Walfischgasse 12, 1010 Wien. Die verantwortlichen Offiziere setzen sich mit den Behörden in Verbindung, mit dem Landesgericht für Strafsachen Wien, mit dem Justizministerium und mit der Finanzprokuratur. Sie bringen in Erfahrung, dass die Republik bereits sämtliche Forderungen gegenüber Udo als uneinbringlich abgeschrieben hat. Um den Leihvertrag zu einem ordnungsgemäßen Abschluss zu bringen, wird in der Folge Udo in der Haftanstalt Karlau kontaktiert, um mit ihm die Modalitäten der Rückgabe auszuhandeln. Udo bedankt sich brieflich und bittet die Herren beim Heer um die Überstellung des Bildes an Erika Pluhar, was dann auch veranlasst wird.

Der plötzliche Tod seiner Tochter Anna im Jahr 1999 setzt ihm schwer zu. Er formuliert seine Trauer in einem Brief an seine zweite Ehefrau Daphne Wagner: *bin nun im elften Jahr in den Schwarzen Schlössern! Die Wegreise der <u>Anna</u> hat mich sehr getroffen – bestimmt derzeit den Ablauf meiner Zeit. Für die <u>Pluhar</u>* (Anm.: Mutter von Anna), *ist es noch um ein wenig, nein, um vieles schrecklicher – ich bin trainiert auf Verlust, auf verlieren, die E.P.* (Anm. Erika Pluhar) *hat einen Freund, eine harte, brutale (manchmal) Kritikerin verloren – Leben im Haus und, und, und. Bei ihrem Besuch hier bei mir vor einer Woche entdeckte sie so ganz plötzlich, den Verlust der Jugend, durch den Abschied der Anna – den Verlust ihrer Jugend – Mir geht sie ab, die Anna. Du kannst Dir vorstellen, was so ein toleranter, weltumarmender Mensch für so eine Figur, wie ich eine bin, bedeutet – ich bin traurig und verwirrt – berührt und denke mir, ob sie wohl lachend gestorben ist. Du kennst ja meine Ideologie – den Versuch, zumindest sterben, muss man trainieren – und lachend sterben noch mehr … .*

Vielleicht sucht Udo in dieser Zeit doch Halt beim Glauben, dem er sein ganzes Leben lang distanziert gegenübergestanden ist. Jedenfalls antwortet der St. Pöltener Diözesanbischof Kurt Krenn auf einen Brief Udos: *Entschuldigen Sie, daß ich erst etwas verspätet dazu komme, Ihnen für Ihr Schreiben und die Fotos zu danken. Sie wollten mir „einfach so" eine kleine Freude machen*

Prof. Dr. Kurt Krenn
Diözesanbischof

S.g. Herrn
Udo P r o k s c h
Herrgottwiesgasse 52
8020 G r a z - Karlau

St. Pölten, am 31. Okt. 2000

Sehr geehrter Herr Proksch!

Entschuldigen Sie, daß ich erst etwas verspätet dazukomme,
Ihnen für Ihr Schreiben und die Fotos zu danken. Sie
wollten mir "einfach so" eine kleine Freude machen - und
das ist Ihnen gelungen. Hoffentlich sind Sie gesund und
guten Mutes und nützen alle Ihnen gebotenen Möglichkeiten,
um physisch und psychisch fit zu bleiben. Wenn Sie Ihrer
Schwester in Salzburg schreiben, sagen Sie ihr Dank für
die Grüße, die ich erwidere."Wenn Dein Herz dich anklagt,
so sollst Du wissen: Gott ist größer als Dein Herz."Diese
Zuversicht lese ich aus Ihren Zeilen, wo es heißt: "Am
Ende werden wir uns alle treffen - ist nur eine Frage des
Glaubens". Ich hoffe, daß Sie im Gebet und Messebesuch
einen guten Kontakt mit Gott pflegen - auch durch entgegenkommenden Umgang mit den Menschen - und daraus viel Kraft
und Lebensmut schöpfen. Mit den besten Wünschen und
Segensgrüßen

Ihr + Kurt Krenn.

A-3100 St. Pölten, Domplatz 1, Telefon 0 27 42 / 52 1 01

– *und das ist Ihnen gelungen. ... „Wenn Dein Herz Dich anklagt, so sollst Du wissen: Gott ist größer als Dein Herz." Diese Zuversicht lese ich aus Ihren Zeilen, wo es heißt: „Am Ende werden wir uns alle treffen – ist nur eine Frage des Glaubens". Ich hoffe, daß Sie im Gebet und Messebesuch einen guten Kontakt mit Gott pflegen – auch durch entgegenkommenden Umgang mit den Menschen – und daraus viel Kraft und Lebensmut schöpfen.*

Das „Herz, das ihn anklagt" – eine einsame Spur von Schuldbewusstsein?

Udos Herz erkrankt jedenfalls schwer und muss operiert werden. Am 18. Mai 2001, gerade einmal sechs Wochen vor seinem Tod, schreibt er – damals schon am Computer – an den Galeristen und Kunstsammler Kurt Kalb: ... *vielen Dank für die animierende Schilderung Ihrer Herzoperation – ohne Wissen über die Operation ist man in diesem „schwarzen Schloss" ein wenig unruhig, die Nächte mit diesen unheimlichen Schmerzen sind lang – man kümmert sich sehr gut um mich, aber wer hat schon solche Operationen hinter sich? ... zur Frage des Bildes bei* <u>Roderich</u> *im Studio, behalten Sie es ein wenig im Auge, meine lieben Brüder haben alles Dekorative das man im Laufe der Zeit bei Ihnen erstanden hat, verkauft usw. – aber was soll's – einmal da, wo ich bin, ist es schwierig und wird immer schwieriger Haus und Hof zusammen zu halten.*

Die Herzoperation soll Udo nicht überstehen. Er stirbt am 27. Juni 2001 in der Strafvollzugsanstalt Karlau.

Eine Art Nachwort:
Udo – ein Simplicissimus?

Ich halt' mich für überdurchschnittlich begabt und nicht ganz deppert und wenn Leonardo ein Genie war, dann bin ich ein kleines Genie.

Ohne seine zweifellos vorhandene kriminelle Energie bliebe von Udo vielleicht der Ruf als bekannter Designer, als Werbe-Guru, als PR-Fachmann, als Lobbyist und Politik-Berater, und natürlich vor allem als Society-Löwe übrig. Eine Art Lebenskünstler, einer, der durchs Leben tänzelt, als wär's ein einziges Fest. Einer, der – um seine mangelnde Körpergröße zu kompensieren – sich als Wichtigtuer inszeniert und sich gern im Kreis von Mächtigen aufhält. Einer, von dem ein Außenstehender nicht verstehen kann, warum sich so viele Frauen zu ihm hingezogen fühlen. Als exzentrisch würde man ihn beschreiben, seine Loge am Opernball wäre vermutlich gleich neben der von Richard Lugner, aber auch nicht allzu weit entfernt von den Sitzplätzen der Minister. Seine „Geschäfte" wären gelegentlich Anlass für gerichtliche Voruntersuchungen, für ihn würde selbstverständlich die Unschuldsvermutung gelten, ein prominenter Anwalt würde ihm das allerbeste Zeugnis ausstellen.

Aber Udo selbst hat es anders bestimmt. Die „Lucona" wird stets in einem Atemzug mit seinem Namen genannt werden, und bis heute – viele Jahre nach seinem Tod – wollen manche ehemalige Freunde und Weggefährten nicht mehr an ihm anstreifen und nie näher mit ihm bekannt gewesen sein. Und die, die bis heute zu ihm stehen, sind auch bis heute von seiner Unschuld überzeugt.

Ohne die sechs Mordopfer der „Lucona" hätte Udo in seinen Briefen, Dokumenten und Fotos nur eine teils unglaubliche, in weiten Strecken skurrile, aber auch immer wieder ganz amüsante Geschichte über einen schrägen Vogel hinterlassen, einen Mann mit Talenten durchaus, der aber nie die Konsequenz hat, das Beste daraus zu machen. Einen Mann, der fast verzweifelt die Liebe von Frauen und die Wahrnehmung der Öffentlichkeit sucht. Einen Mann, der jahrzehntelang Freunden und Förderern das Geld aus der Tasche zieht. Einen Mann, der die ganze Republik zum Narren hält und sich vermutlich selbst köstlich darüber amüsiert.

Lebenslauf

29. Mai 1934 geboren als Rudolf Proksch in Rostock, Mecklenburg
Mutter: Anna Elisabeth Katharina Proksch, geb. Eidt, geb. 1913 in der Rheinpfalz, gestorben 2009
Vater: Rudolf Franz Proksch, geboren 1908 in Baden bei Wien, gestorben 2000
Geschwister: Rüdiger Proksch, geb. 1935
Roderich Proksch, geb. 1938
Rodlinde Proksch, geb. 1941, gestorben 1945
Rodtraut Proksch, geb. 1946

Kinder:
Anna Proksch (aus der Ehe mit Erika Pluhar), geb. 1962, gestorben 1999
Stefan Drusius Ingomar Proksch (aus der Ehe mit Ariane Glatz), geb. 1969, gestorben 1975, aberkannte Vaterschaft
Sohn Benvenuto Ivan Walodia Mc-Rudolf, geb. 1974, und Laura Marizzina Isabelle Leopoldora, geb. 1976 (aus der Verbindung mit Cäcilie Christine Caroline Maria Immaculata Michaela Thadäa Altgräfin zu Salm-Reifferscheidt-Krautheim und Dyck)
Jurij, geb. 1976 (aus der Verbindung mit Dr. Alexandra von Colloredo)

Ausbildung (1939 bis 1958):
Volksschule München
Volksschule Neustift am Walde, Wien
„Deutsche Heimschule für Jungen" Kreuzberg bei Bischofshofen, Salzburg
Hauptschule Lend, Salzburg
Landwirtschaftliche Lehre, Anif, Salzburg
Hilfsarbeiter in einer Aluminium-Gießerei, Lend, Salzburg
Höhere Bundeslehranstalt für Alpine Landwirtschaft, Seefeld, Tirol
Bundesgewerbeschule Salzburg
Max-Reinhardt-Seminar, Gastschüler, Wien
Bergarbeiter im Ruhrgebiet, BRD
Akademie für angewandte Kunst, Wien

Engagements:	Ab 1955 Designer und Art-Director bei der Firma Wilhelm Anger OHG in Traun bei Linz und in Wien Brillenlinien: Viennaline, CARRERA, Serge-Kirchhofer-Schmuckbrillen SK-Goldfinger, SK-Schmuckdesign, SK-Seidentücher, SK-Goldschuhe, SK-Oben-ohne-Kleid, Bubbleman
Firmen:	Ch. Demel's Söhne GmbH Studio für Werbegestaltung, Walfischgasse, Wien Firma OPTICO, Brillenfabrik, Oberhöflein, Niederösterreich Firma KIBOLAC, ideologisches Management und Lizenzhandel, Walfischgasse, Wien Firma PROWIGA Firma PINOSA, Piesting, Niederösterreich Firma ARTPLAST GmbH, Kunststofferzeugnisse, Hutthurm bei Passau, Bayern
Projekte:	Bewerbung um den Posten des ORF-Generalintendanten Mitherausgeber des Magazins „Analyse", internationale Monatszeitschrift für Politik, Kultur und Wirtschaft (Opus Dei) Verein der Freunde der Senkrecht-Bestattung C.U.M. – Civil und Militär Land des Friedens XP 19 Black Mountains, Schwarzenbergplatz Flaktrainer für das Bundesheer, Langenlebarn Kaufversuch Patronenfabrik Hirtenberger, Niederösterreich Kaufversuch Schloss Wyher, Schweiz Entwurf des Leichentuches 1. Klasse für die Stadt Wien

Auszeichnungen:
1956:	Italienischer Modepreis in Venedig, Entwürfe für Druckstoffe
1960:	Silbermedaille Triennale Italien für Brillenmodelle Viennaline
1965:	Staatspreis des Österreichischen Institutes für Verpackungswesen
1964/1965:	EURO=STAR: Europäischer Verpackungswettbewerb

Der „Fall Lucona"
Januar 1977	Die „Lucona" versinkt im Indischen Ozean nach einer Explosion, 6 Tote
Februar 1985	Udo Proksch und Hans Peter Daimler werden erstmals verhaftet
Anfang 1988	Flucht, Gesichtsoperation

Oktober 1989	Rückkehr nach Wien unter dem Namen Semrad, Verhaftung
Januar 1990	Beginn des „Lucona"-Prozesses
März 1991	Verurteilung zu 20 Jahren Haft
Januar 1992	Verurteilung zu lebenslanger Haft im Berufungsverfahren, Einweisung in die Strafvollzugsanstalt Graz-Karlau
Juni 2001	Udo Proksch stirbt nach einer Herzoperation

Namenregister

Aigner, Bruno 227
al-Gaddafi, Muammar 254
Anger, Wilhelm 41, 50, 53–58, 60, 61, 65–67, 71, 95, 97, 122, 123, 125, 282, 296, 300, 320
Antel, Franz 102
Apfalter, Heribert 219, 238
Artmann, H. C. 101
Assmann, Emmerich 144
Augstein, Rudolf Karl 86, 87
Avedon, Richard 68

Bacher, Gerd 107
Badr, Prinz von Saudi-Arabien 259, 260
Bahsler, Rosemarie 188, 189
Bakos, Eva 176
Benning, Achim 219, 238, 240
Benya, Anton 248, 250
Berger, Senta 238
Berzeviczy-Pallavicini, Federico 157–159, 185
Bin Talal, Hassan 197
Blecha, Karl 96, 193, 218, 219, 287–289, 299–303
Bormann, Albert 31, 33, 35
Bormann, Martin 31, 33, 35
Brauer, Arik 95, 114
Breschnew, Leonid 185, 186
Bronner, Gerhard 184
Budakow 97
Burton, Richard 150

Cap, Josef 227

Caroline, Prinzessin von Monaco 197
Carter, Jimmy 185, 186
Castro, Fidel 254
Chlache, Fayez 277, 278
Chruschtschow, Nikita 150
Coeln, Peter 9–11, 14–18
Colloredo-Mannsfeld, Alexandra 83, 85, 216, 319
Coudenhove-Kalergi, Jakob 104, 216

Daimler, Hans Peter 146, 238, 262, 282, 284, 287, 288, 291, 295, 320
Dalí, Salvador 25, 65
Damian, Heinz 200, 210, 214, 219, 231
de Gaulle, Charles 150
Deissen, Eva 84
Demel, Anna 157
Demel, Karl Heinz 219, 289
Dichand, Hans 101, 189
di Lorenzo, Helga Irene 84, 85
Dior, Christian 54, 65, 300
Disney, Walt 107
Dönhoff, Marion Gräfin 284, 285
Dornhelm, Robert 20, 103, 309
Drimmel, Heinrich 265
Dürrenmatt, Friedrich 197, 215

Einem, Gottfried von 101
Erhard, Ludwig 151, 152
Ermacora, Felix 287
Ettrich, Emil 159, 269

Ettrich, Hermine 159–162, 164, 168, 170, 171, 209
Fallenberg, Elisabeth 102
Fatty George (Franz Georg Pressler) 112
Feichtlbauer, Hubert 180, 182
Figl, Leopold 187
Fischer-Karwin, Heinz 103, 104, 213, 214, 220
Fleming, Ian 60
Foregger, Egmont 285
Franz Joseph I., Kaiser 179, 184
Freihofner, Gerald 96
Frieberger, Padhi 15, 237
Friesacher, Michael 41–45
Fröhlich-Sandner, Gertrude 177
Fuchs, Ernst 61
Fux, Herbert 272

Gaigg, Gerfried 287
Gatterer, Claus 220, 227–229, 235
Glasenapp, Nikolaus Jurij von 83, 319
Glatz, Ariane 81, 103, 319
Goethe, Johann Wolfgang von 37, 40
Graff, Michael 287
Gratz, Leopold 84, 85, 100, 141, 177, 193, 207–210, 212, 218, 220, 231, 235, 250, 284, 287, 299–303
Grimmelshausen, Hans Jakob Christoffel von 307
Gromyko, Andrei 253
Guggenbichler, Dietmar 283, 287

Habsburg, Otto 114, 178, 179, 199, 202
Haider, Jörg 190, 295–303

Hajo, Rolf 115
Hannibal 309
Heller, André 103, 236, 238
Hellwagner, Gerhard 228, 229, 235, 243
Herzberg 152
Hirohito, Kaiser 196
Hitler, Adolf 35, 150–152, 295
Holaubek, Josef 96
Hörbiger, Christiane 238
Hrdlicka, Alfred 101, 221
Huber, Hans 113, 183, 272, 276
Hubmann, Franz 68
Hundertwasser, Friedensreich 61, 101, 240
Hunt, James 215, 217

Jahnsson, Carl Gustav 73
Jonquères d'Oriola, Pierre 105, 106
Jürgens, Curd 238
Jürgens, Udo 150

Kalb, Kurt 99, 238, 314
Karajan, Anita von 178, 179
Karajan, Eliette von 197
Katschthaler, Hans 42
Kennedy, John F. 150
Kennedy-Onnasis, Jackie 70
Kino-Gschöpf, Kitty 115
Kirchhofer, Serge 15, 40, 53, 54, 58–60, 64–66, 69, 70, 86, 88, 102–104, 108, 109, 111, 112, 114, 131, 135, 140, 142, 143, 151, 165, 166, 179, 194, 196, 211, 212, 254, 256, 259, 261, 274, 292, 301, 312, 314, 320
Kirchschläger, Rudolf 137
Klaus, Josef 35
Koller, Dagmar 178, 179
Kramreiter, Pedro 102

Kreisky, Bruno 85, 136, 138–143, 178, 179, 184–187, 197, 207, 215, 218, 227, 235–241, 251–254, 262, 294, 300, 303, 304
Krejci, Herbert 241–243
Krenn, Kurt 312–314

Lanc, Erwin 222, 249, 250, 300
Lanner, Sixtus 41, 46
Lauda, Niki 101, 191, 199, 202, 215, 217, 239, 254, 257–262, 282, 310
Ledl, Lotte 103, 106
Lefèbvre, Janou 105
Lehmann, Alexander R. 133, 134
Lenin, Wladimir 185
Leonardo da Vinci 317
Lernet-Holenia, Alexander 185
Lichtner-Hoyer, Peter 70, 71, 125
Löffler, Sigrid 284, 285
Lohner, Helmut 101
Lugner, Richard 317
Lütgendorf, Karl Ferdinand 96, 106, 125, 130, 131, 133–138, 141, 144, 146, 178, 179, 222, 269, 270, 273, 276, 286, 289, 294, 300
Lütgendorf, Michael Moritz Frh. v. 136

Maculan, Alexander 117, 119, 205–207, 213, 222, 267, 268
Maimann, Helene 236
Mandl, Fritz 138, 141, 144
Mao Tse-tung 253
Marcos, Ferdinand 251, 252, 254
Marcos, Imelda 251–260, 282
Maria Theresia von Österreich 239

May, Karl 193, 194
Mayerhofer, Wolfgang 195
McCartney, Paul 150
Mell, Marisa 307, 308
Metternich, Klemens Wenzel Lothar Fürst 157, 185
Mikl, Josef 101
Mock, Alois 46, 190
Molden, Ursula 113
Muehl, Otto 15, 115
Muhri, Franz 185

Napoleon Bonaparte 73, 308, 309
Nenning, Günther 189, 190, 193, 223, 232
Nicoletti, Susi 240

Ofner, Harald 284, 289
Orr, Marcus W. 34, 35

Pahlavi, Mohammad Reza, Schah von Persien 70
Payrleitner, Alfred 238
Pelinka, Anton 227
Penn, Irving 68
Peter, Friedrich 185
Peterhans, Max 100, 159–162, 164–166, 168, 170, 176, 290
Pfneudl, Karl Heinz 100, 146
Piringer, Doris 106
Pleterski, Roland 16, 17, 58–60, 65–69
Pluhar, Brigitte, verh. Pleterski 16
Pluhar, Erika 15–17, 60, 78–81, 88, 89, 103–105, 113, 114, 116, 178, 179, 217, 236, 238, 240, 310, 312, 319
Podgorski, Thaddäus 101, 178, 179, 192, 197, 223, 238, 269
Prachensky, Markus 101

Prawy, Marcel 238
Pretterebner, Hans 25, 96, 280, 288, 295–297
Proksch, Anna 78, 308, 312, 319
Proksch, Annelies, geb. Eidt 34, 36–41, 44, 319
Proksch, Roderich 14, 34, 37, 39, 146, 177, 178, 208, 209, 223, 266, 314, 319
Proksch, Rodlinde 34, 37, 38, 40, 319
Proksch, Rodtraut 34, 37, 39, 216, 319
Proksch, Rüdiger 9–11, 13, 14, 17–19, 34, 37, 39, 58, 87, 97, 101, 113, 208, 310, 314, 319
Proksch, Rudolf Franz 13, 30–38, 40, 41, 44, 50, 53, 59, 60, 88, 89, 91, 96, 97, 99, 103, 112, 284–286, 295–299, 301–303, 319
Proksch, Stefan Drusius Ingomar 82, 83, 319
Prutscher, Hans Christoph 258–260

Qualtinger, Helmut 101, 103, 113, 114, 119, 151

Raab, Julius 187
Rainier, Fürst von Monaco 197
Ramsey, Bill 71
Rauscher, Hans 281
Reagan, Nancy 253
Reagan, Ronald 137, 253
Reuss, Netty 102
Riedl, Joachim 303
Rindt, Jochen 15
Rindt, Nina 80, 199
Ruso, Kurt 295

Sacher, Rudolf 100, 146
Sailer, Toni 71
Salm-Reifferscheidt, Ben 83, 319
Salm-Reifferscheidt, Cäcilie 83, 84, 102, 155–157, 173–175, 179, 184, 196, 319
Salm-Reifferscheidt, Laura 83, 319
Saltzman, Harry 102
Sarata, Birgit 104
Sarvath, Prinzessin von Jordanien 197
Schachner, Walter 238
Schärf, Adolf 187
Schenk, Otto 101
Schieder, Peter 216
Schliesser, Roman 81, 101–103, 112–114, 178, 179, 269
Schmeling, Max 197
Schmidt, Friedrich 31
Schneider, Werner 101
Schranz, Karl 71
Schrems, Karl 106, 225, 274
Schwarzenberg, Karl Fürst 266, 267
Schweiger, Heinrich 104
Seeler, Uwe 152
Seibt, Susanne 119
Sekanina, Karl 124, 300
Sellers, Peter 70
Semotan, Elfie 61
Shebab, Saleh 276
Sinowatz, Fred 179, 189, 191, 193, 224, 299, 301
Sokol, Erich 215, 224, 234, 238
Soraya, Königin von Persien 70
Sowinetz, Kurt 101
Stalin, Josef 296
Steger, Norbert 189, 191, 205, 250
Stephani, Karl 139, 140, 142
Stoelck, Günther P. O. 151
Stoß, Franz 113, 114

Strauß, Franz Josef 86, 87
Syberberg, Hans-Jürgen 193, 194

Taus, Josef 46, 184, 239, 267
Taylor, Elizabeth 150, 197
Teuber, Gundi 218
Torberg, Friedrich 238

Vianello, Renzo 235
Vogel, Peter 113, 114, 178, 179, 217
Votzi, Josef 240
Vranitzky, Franz 56, 201, 225, 233, 296, 299, 300–303

Waechter, Eberhard 217
Wagner, Daphne 81, 82, 86–88, 103, 113, 114, 205
Wagner, Nike 217
Wagner, Wieland 81
Wagner, Wolfgang 217
Waldheim, Kurt 173–176, 185, 227
Watzek, Erich 106
Weigel, Hans 215
Wein, Rudolf 95–97, 99–101
Welles, Orson 25
Wilfling, Siegfried 226, 245, 246
Winter, Adolf 226, 245–247
Worm, Alfred 246, 247
Wotruba, Fritz 101

Yokomizo, Haruo 195

Zeller-Zellenberg, Wilfried 179, 184
Zelniczek, Erich 226, 246
Zilk, Helmut 96, 101, 114, 155, 156, 177–179, 198, 226, 232
Zimmermann, Egon 80

Abbildungsverzeichnis

Archiv WestLicht, Wien: S. 11
Kristian Bissuti: S. 69, 271, 279, 288
Hans Böck: S. 80 o., 93, 121, 272 o., 308 u.
Franz Goess: S. 186 u.
Gerhard Heller: S. 251
János Kalmár, Wien: S. 112, 119
Johann Klinger: S. 235, 113
Hans Kopetzky: S. 61
Gerhard Kunze: S. 105 f.
Fred Langenhagen: S. 188
Peter Lehner: S. 23, 187 u., 197, 240, 263, 272 u., 294
Wolfgang Michaels: S. 78
Gino Molin-Pradel: S. 77, 99, 131, 216 u., 217 o.
Peter Noever: S. 147
Othmar: S. 75, 102, 177 u.
Roland Pleterski/Archiv WestLicht, Wien: S. 16, 70, 84 u.
Privataufnahmen: S. 18, 36, 39, 42, 46, 49, 51, 62 f., 80 u., 82 f., 85, 96, 115, 124, 132 f., 145, 153, 177 o., 215, 216 o., 218, 270, 275, 293, 305, 308 o., 311
Harry Redl: S. 79, 146
Andi Schiel: S. 283
R. Schneider-Manns Au: S. 48
Nora Schuster: S. 315
Senert: S. 53
Studio Vodicka, Wien: 186 o., 187 o.
Walter Wobrazek: S. 217 u.

Leider ist es nicht in allen Fällen gelungen, den Fotografen resp. Copyrighthalter zu ermitteln oder zu kontaktieren. Natürlich ist der Verlag in solchen Fällen bereit, berechtigte Ansprüche zu den branchenüblichen Beträgen nachträglich zu begleichen. Alle Angaben nach bestem Wissen und ohne Gewähr.